プリント形式のリアル過去問で本番の臨場感！

広島県

修道中学校

2025年春 受験用

解答集

本書は，実物をなるべくそのままに，プリント形式で年度ごとに収録しています。
問題用紙を教科別に分けて使うことができるので，本番さながらの演習ができます。

JN132150

■ 収録内容

・解答集（この冊子です）

書籍ＩＤ番号，この問題集の使い方，最新年度実物データ，リアル過去問の活用，
解答例と解説，ご使用にあたってのお願い・ご注意，お問い合わせ

・2024（令和６）年度 ～ 2021（令和３）年度　学力検査問題

・リスニング問題音声《オンラインで聴く》　詳しくは次のページをご覧ください。

○は収録あり	年度	'24	'23	'22	'21		
■ 問題※		○	○	○	○		
■ 解答用紙		○	○	○	○		
■ 配点							

全教科に解説があります

※C.T.（放送を中心としたテスト）の音声も収録しています（2024年度は実施なし，放送原稿は非公表）
注）問題文等非掲載：2024年度国語の三と社会の3，2022年度国語の二，2021年度社会の2

問題文などの非掲載につきまして

著作権上の都合により，本書に収録している過去入試問題の本文や図表の一部を掲載しておりません。ご不便をおかけし，誠に申し訳ございません。

本文の一部を掲載できなかったことによる国語の演習不足を補うため，論説文および小説文の演習問題のダウンロード付録があります。弊社ウェブサイトから書籍ＩＤ番号を入力してご利用ください。

なお，問題の量，形式，難易度などの傾向が，実際の入試問題と一致しない場合があります。

教英出版

■ 書籍ＩＤ番号

リスニング問題の音声は，教英出版ウェブサイトの「ご購入者様のページ」画面で，書籍ＩＤ番号を入力してご利用ください。

入試に役立つダウンロード付録や学校情報なども随時更新して掲載しています。

書籍ＩＤ番号　110432

（有効期限：2025年9月30日まで）

【入試に役立つダウンロード付録】
「要点のまとめ（国語／算数）」
「課題作文演習」ほか

【リスニング問題音声】
オンラインで問題の音声を聴くことができます。
有効期限までは無料で何度でも聴くことができます。

■ この問題集の使い方

年度ごとにプリント形式で収録しています。針を外して教科ごとに分けて使用します。①片側，②中央のどちらかでとじてありますので，下図を参考に，問題用紙と解答用紙に分けて準備をしましょう（解答用紙がない場合もあります）。

針を外すときは，けがをしないように十分注意してください。また，針を外すと紛失しやすくなりますので気をつけましょう。

① 片側でとじてあるもの　　② 中央でとじてあるもの

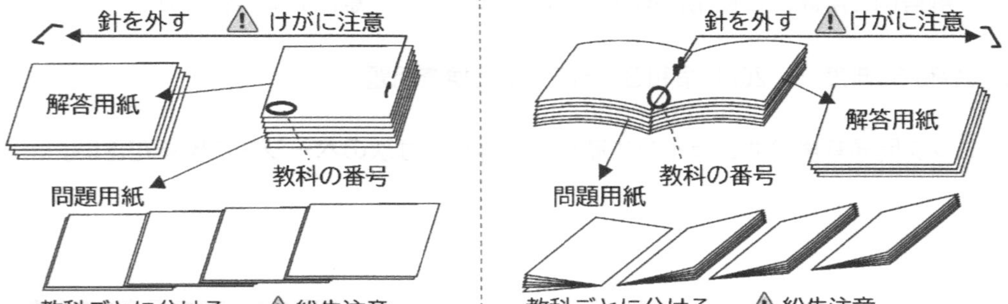

※教科数が上図と異なる場合があります。
解答用紙がない場合や，問題と一体になっている場合があります。
教科の番号は，教科ごとに分けるときの参考にしてください。

■ 最新年度 実物データ

実物をなるべくそのままに編集していますが，収録の都合上，実際の試験問題とは異なる場合があります。実物のサイズ，様式は右表で確認してください。

問題用紙	Ｂ４片面プリント
解答用紙	Ｂ４片面プリント

リアル過去問の活用

～リアル過去問なら入試本番で力を発揮することができる～

本番を体験しよう！

問題用紙の形式（縦向き / 横向き），問題の配置や余白など，実物に近い紙面構成なので本番の臨場感が味わえます。まずはパラパラとめくって眺めてみてください。「これが志望校の入試問題なんだ！」と思えば入試に向けて気持ちが高まることでしょう。

入試を知ろう！

同じ教科の過去数年分の問題紙面を並べて，見比べてみましょう。

① 問題の量

毎年同じ大問数か，年によって違うのか，また全体の問題量はどのくらいか知っておきましょう。どのくらいのスピードで解けば時間内に終わるのか，大問ひとつにかけられる時間を計算してみましょう。

② 出題分野

よく出題されている分野とそうでない分野を見つけましょう。同じような問題が過去にも出題されていることに気がつくはずです。

③ 出題順序

得意な分野が毎年同じ大問番号で出題されていると分かれば，本番で取りこぼさないように先回りして解答することができるでしょう。

④ 解答方法

記述式か選択式か（マークシートか），見ておきましょう。記述式なら，単位まで書く必要があるかどうか，文字数はどのくらいかなど，細かいところまでチェックしておきましょう。計算過程を書く必要があるかどうかも重要です。

⑤ 問題の難易度

必ず正解したい基本問題，条件や指示の読み間違いといったケアレスミスに気をつけたい問題，後回しにしたほうがいい問題などをチェックしておきましょう。

問題を解こう！

志望校の入試傾向をつかんだら，問題を何度も解いていきましょう。ほかにも問題文の独特な言いまわしや，その学校独自の答え方を発見できることもあるでしょう。オリンピックや環境問題など，話題になった出来事を毎年出題する学校だと分かれば，日頃のニュースの見かたも変わってきます。

こうして志望校の入試傾向を知り対策を立てることこそが，過去問を解く最大の理由なのです。

実力を知ろう！

過去問を解くにあたって，得点はそれほど重要ではありません。大切なのは，志望校の過去問演習を通して，苦手な教科，苦手な分野を知ることです。苦手な教科，分野が分かったら，教科書や参考書に戻って重点的に学習する時間をつくりましょう。今の自分の実力を知れば，入試本番までの勉強の道すじが見えてきます。

試験に慣れよう！

入試では時間配分も重要です。本番で時間が足りなくなってあわてないように，リアル過去問で実戦演習をして，時間配分や出題パターンに慣れておきましょう。教科ごとに気持ちを切り替える練習もしておきましょう。

心を整えよう！

入試は誰でも緊張するものです。入試前日になったら，演習をやり尽くしたリアル過去問の表紙を眺めてみましょう。問題の内容を見る必要はもうありません。どんな形式だったかな？受験番号や氏名はどこに書くのかな？…ほんの少し見ておくだけでも，志望校の入試に向けて心の準備が整うことでしょう。

そして入試本番では，見慣れた問題紙面が緊張した心を落ち着かせてくれるはずです。

※まれに入試形式を変更する学校もありますが，条件はほかの受験生も同じです。心を整えてあせらずに問題に取りかかりましょう。

修道中学校

《国　語》

一 ①ちくば　②いただき　③興亡　④群衆　⑤縦横　⑥補う　⑦破局　⑧探査　⑨敬う　⑩暗証

二 問一．イ　問二．a．エ　b．ア　c．ウ　問三．罪ふかき者どもよ、その罪を悟って生きよ　問四．多くのものをぎせいにして人は生きているというもの。　問五．人間　問六．子どもを養う親の立場になって初めて、親に養ってもらっていた時の思いや苦労がわかっていなかったことに気付き、親から受け取ったものの大きさを実感したから。　問七．読み終えたあと一種の爽快さにひたされる　問八．親のお金を使って生活している　問九．能動　問十．ウ　問十一．ウ，エ

三 問一．イ　問二．当時の自分は、「らしさ」にとらわれず、自由でありたかった　問三．今の祇園寺先輩は自由には見えないが、それを言うのは失礼かもしれないと思ったから。　問四．女の子　問五．「らしさ」にとらわれまいとして、別の「らしさ」にとらわれているということ。　問六．エ　問七．ア

《算　数》

1 (1)①15　②4　③121　④$2\frac{2}{5}$　⑤13　(2)6：9：8　(3)人さし　(4)3360　(5)15　(6)108　(7)96

2 (1)①280　②54　(2)①270　②14.13　(3)12　(4)①右図　②57

3 (1)18　(2)26　(3)3600

4 (1)A／600　(2)13分20秒

5 (1)15　※(2)赤　(3)5

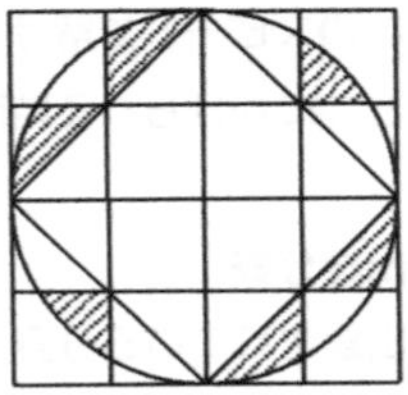

2(4)①の図

※の理由は解説を参照してください。

《理　科》

1 問1．50000　問2．下　問3．ア　問4．ア　問5．イ　問6．気温…ア　理由…陸上にある氷がとけて海に流れこむから。／海水の体積が大きくなるから。などから1つ　問7．イ　問8．イ　問9．エ

2 問1．ウ　問2．イ　問3．エ　問4．(1)右図　(2)味をしみこみやすくするため。(3)ニンジン　問5．(1)(A)イ　(B)イ　(2)時間が経過し　(3)光合成で減った二酸化炭素の量と呼吸で増えた二酸化炭素の量が同じだったから。

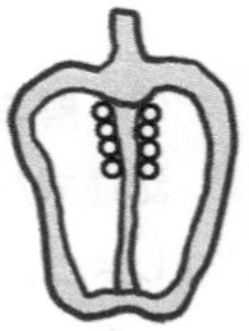

3 問1．40　問2．右下2　問3．(1)①ウ　②ウ　③キ　(2)④小さく　⑤大きく　⑥B　問4．(1)ウ　(2)①ア，カ　②b．38　y．12.3

4 問1．①気体　②蒸発　問2．イ，エ　問3．エ　問4．(1)5.2　(2)51　問5．ア　問6．(1)3.8　(2)1.04

《社　会》

1　問1．a半島…エ　b半島…カ　c半島…イ　d半島…ウ　e半島…ア　f半島…オ　問2．A．静岡　B．大分　C．石川　D．千葉　E．秋田　F．三重　問3．1．茶　2．浜松　3．焼津　4．大井　5．愛媛　6．別府　7．地熱　8．筑後　9．金沢　10．利根　11．銚子　12．成田　13．八郎潟　14．青森　15．白神　16．四日市　17．松阪　18．伊賀　問4．①ひた　②はくさん　問5．夏の南東季節風が，沖合を流れる暖流の黒潮上空で多くの水蒸気をふくみ，紀伊山地にぶつかるときに大雨を降らせるから。

2　問1．1．遣隋　2．卑弥呼　3．菅原道真　4．応仁　5．福沢諭吉　6．伊能忠敬　7．豊臣秀吉　8．鑑真　9．イタリア　10．東郷平八郎　問2．ア　問3．ウ　問4．イ　問5．ウ　問6．エ　問7．ア　問8．カ　問9．エ　問10．満州国は，日本のかいらい国家ではなく独立国家であるということ。

問11．［場所／理由(魅力)］［マツダミュージアム／過去の名車から未来のコンセプトカーまでを見学しながら，日本の産業を支えてきた自動車産業を紹介することができるから。］［大州雨水貯留池／野球場の地下に建設された雨水貯留池を見学することで，せまい日本ならではの土地の有効活用の例を示すことができるから。］などから1つ

問12．き

3　問1．オバマ　問2．①エ　②ニューヨーク　③8月6日　④ウ　⑤イ　⑥ゼレンスキー　⑦パリ協定　⑧ア　⑨ウ　⑩全員平等に行う支援なので，無償で配る必要性が低い人にも支援が行われるから。　⑪イ

《2024　国語　解説》

二

問一　詩の後半の「にんじんのしっぽ」「鳥の骨」などの部分に、体言止めが用いられている。体言止めは、余韻《よいん》や余情を出すため、名詞（体言）で言い終わる方法。

問三　お経は、仏様の教えなどを文章にまとめたものである。お経の「中身をぎりぎり凝縮《ぎょうしゅく》すると～罪ふかき者どもよ、その罪を悟《さと》って生きよ、ということではないのかしら」とあるので、この部分から抜《ぬ》き出す。

問四　詩に「食わずには生きてゆけない。　メシを　野菜を　肉を」とあるように、人は多くの命をいただき、それらを犠牲《ぎせい》にして生きている。――線部②の少し後に「ひたすら覆《おお》いかくそうとしてきたのが文明なら」とある。文明の発達とともに分業が進み、農作物を収穫《しゅうかく》したり家畜の命を奪《うば》ったりする様子を、都市部に住む人々が直接見ることは減っている。スーパーでは、魚や肉はきれいにパックされて売られていて、レストランでは、米や野菜は調理された状態で出てくる。そのため、自分が命をいただいているという意識はうすれてしまう。このようにして、自分は多くの命を犠牲にして生きているという事実は、文明によって覆いかくされるのである。

問五　詩に「師を　金もこころも」「台所に散らばっている」とあることからわかるように、この詩は人間のくらし、生について書かれている。

問六　愕然《がくぜん》とは、とても驚《おどろ》くこと。スネをかじるとは、親などから生活費を出してもらって生活すること。「自分が今度はかじられる番になって」とは、自分が親になり、子どもを養う番になってという意味。「くさりの輪のようにつながってゆく生」とは、親から子へ、子から孫へとつながっていく生である。詩には「にんじんのしっぽ　鳥の骨　父のはらわた　四十の日暮れ」とある。「にんじんのしっぽ」や「鳥の骨」は、食事という形で多くの命をいただいてきたことを表し、「父のはらわた」は、親に養ってもらったこと、お金だけでなく多くのものをいろいろな形で受け取ってきたことを表している。「くさりの輪のようにつながってゆく生のくりかえし」の中で、自分が親になり、子どもを養う番になった四十歳《さい》の作者は、自分が親から受け取ってきたものの大きさ、そして当時の親の思いや苦労に気付くのである。

問七　最後の２段落の内容から、「浄化《じょうか》装置がしこまれて」いるこの詩が「浄化作用《カタルシス》を与《あた》えてくれる」ことで、読み手は「読み終えたあと一種の爽快《そうかい》さにひたされる」ことがわかる。

問九　直前に「受動的」とあるので、「受動」の対義語である「能動」が入る。

問十　――線部⑤の後に「少し敏感《びんかん》な人なら、じぶんの喜びがしばしば他人の悲しみの上に立っていることに気づかずにはいられないでしょう」「自分もまたある時は誰《だれ》かに食われる存在であると思って、せいいっぱい生きるしかありません」などとあるので、ウが適する。

問十一　学さんは「別のテーマを書いた作品じゃないかな」と言っているが、「シジミ」と「くらし」は、どちらも、人は多くの命をいただき、それらを犠牲にして生きているということについて書いている。また、「獣《けもの》」と「鬼《おに》ババ」という表現にも、テーマの共通性が見られる。よって、ウは正解。また、園子さんは、「『くらし』はなじみのない言葉が多用されている」と言っているが、「なじみのない言葉」はあまり出てこない。よって、エも正解。

三

著作権上の都合により文章を掲載《けいさい》しておりませんので、解説も掲載しておりません。ご不便をおかけし、誠に申し訳ございません。

—《2024　算数　解説》

1　(1)①　与式＝16－３＋２＝**15**

②　与式$=(\frac{1}{4}+\frac{13}{5}\times\frac{5}{4})+\frac{5}{8}\div 1\frac{1}{4}=(\frac{1}{4}+\frac{13}{4})+\frac{5}{8}\times\frac{4}{5}=\frac{7}{2}+\frac{1}{2}=$ **4**

③　与式＝1.1×1.1×１×２＋1.1×1.1×３×４＋1.1×1.1×５×６＋1.1×1.1×７×８＝

1.1×1.1×(２＋12＋30＋56)＝1.21×100＝**121**

④　与式より，$\frac{41}{5}-\frac{3}{4}\times□=8\div\frac{5}{4}$　　$\frac{41}{5}-\frac{3}{4}\times□=8\times\frac{4}{5}$　　$\frac{3}{4}\times□=\frac{41}{5}-\frac{32}{5}$　　$□=\frac{9}{5}\times\frac{4}{3}=\frac{12}{5}=$ **$2\frac{2}{5}$**

⑤　□＝(289－３)÷22＝**13**

(2)　**【解き方】Ａの３倍とＢの２倍が等しいのだからＡ：Ｂ＝２：３，Ａの４倍とＣの３倍が等しいのだからＡ：Ｃ＝３：４である。**

Ａを２，Ｂを３とすると，Ｃは$2\times\frac{4}{3}=\frac{8}{3}$だから，Ａ：Ｂ：Ｃ＝２：３：$\frac{8}{3}$＝**６：９：８**

(3)　**【解き方】親指の番号の規則性を考える。**

親指は，１番目→９番目→17番目→25番目→……，と変化していくから，親指の番号は１から始まり８ずつ増えていく。2024÷８＝253だから，親指は１＋2024＝2025(番目)にもなる。

よって，2024番目は親指の１つ前の**人さし指**である。

(4)　**【解き方】1560円の本を買ったあとの残金を60％と100－60＝40(％)に分けたので，このときの残金は最後に残ったお金の$\frac{100}{40}=\frac{5}{2}$(倍)である。**

1560円の本を買ったあとの残金は，最初に持っていたお金の$\frac{3}{14}\times\frac{5}{2}=\frac{15}{28}$である。したがって，1560円は最初に持っていたお金の$1-\frac{15}{28}=\frac{13}{28}$である。よって，最初に持っていたお金は，$1560\div\frac{13}{28}=$ **3360**(円)

(5)　**【解き方】直角三角形ＢＣＥにおいてＢＥ：ＣＥ＝２：１だから，三角形ＢＣＥは１辺がＢＥの正三角形を半分にしてできる直角三角形なので，３つの角は30°，60°，90°である。また，三角形ＢＣＥと三角形ＢＦＥは合同だから，右のように作図できる。**

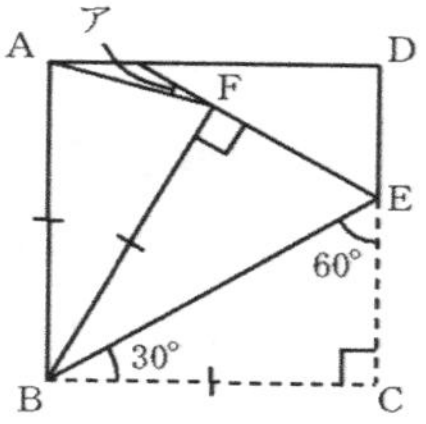

角ＦＢＣ＝角ＥＢＣ×２＝30°×２＝60°だから，角ＡＢＦ＝90°－60°＝30°

三角形ＡＢＦはＢＡ＝ＢＦの二等辺三角形だから，角ＡＦＢ＝(180°－30°)÷２＝75°

よって，角ア＝180°－90°－75°＝**15°**

(6)　**【解き方】月曜日のページ数(100)を基準にして，それより何ページ多いかを表にまとめると，右のようになる。**

曜日	月	火	水	木	金
ページ数	＋０	＋１	＋５	＋15	＋19

月～金の５日間について，100ページより多く読んだ分の平均は，(０＋１＋５＋15＋19)÷５＝８(ページ)だから，５日間で１日平均100＋８＝**108**(ページ)読んだ。

(7)　右図のように辺の長さがわかる。底面積が３×４÷２＝６(㎠)で，高さが16㎝だから，体積は，６×16＝**96**(㎤)

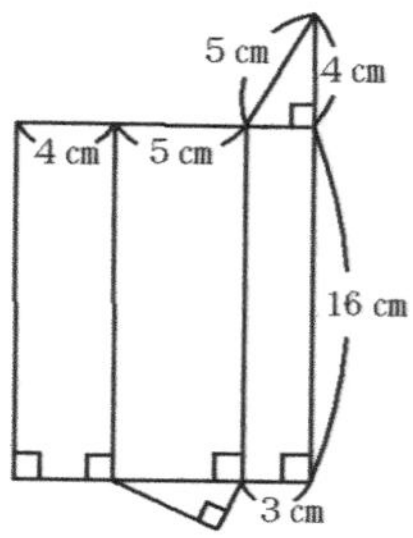

2　(1)①　**【解き方】「サッカー」に注目する。**

「サッカー」のおうぎ形の中心角が90°だから，「サッカー」の人数は全体の$\frac{90°}{360°}=\frac{1}{4}$である。よって，学年の生徒の人数は，$70\div\frac{1}{4}=$ **280**(人)

②　**【解き方】「ドッジボール」の割合を％で表す。**

「サッカー」の割合は$100\times\frac{1}{4}$＝25(％)だから，「ドッジボール」以外の割合の合計は，25＋20＋40＝85(％)

よって，「ドッジボール」の割合は100－85＝15(％)だから，角ア＝360°×$\frac{15}{100}$＝**54°**

(2)① **【解き方】辺ＢＣが何度動いたかを考える。**

辺ＢＣが回転して辺ＤＣの位置まで移動したので，回転した角度は，$360° - 90° =$ **270°**

② **【解き方】Ａが動いたあとは，半径がＡＣ＝３㎝で中心角が 270°のおうぎ形の曲線部分である。**

$3 \times 2 \times 3.14 \times \frac{270°}{360°} = \frac{9}{2} \times 3.14 =$ **14.13**(㎝)

(3) **【解き方】横に１回，縦に１回進むよりは，斜めに１回進んだ方が移動距離が短いので，斜めの道は必ず通る。**

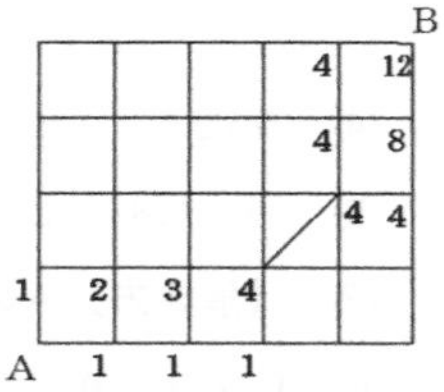

ある点への行き方の数は，その点の左側の点までの行き方の数と，その点の下側の点までの行き方の数の和に等しくなる。したがって，それぞれの点への行き方の数は右図のようになるから，Ｂへの行き方は **12** 通りある。

(4)① 図形Ｂと図形Ｃの斜線部分の重なりは，円と図形Ｃの白い正方形にはさまれた部分である。

そのうち，図形Ａで斜線となっている部分が，３重に重なる部分である。

② **【解き方】①でかいた図の斜線部分の一部を右図のように移動させる。求める面積は，(円の面積)－(図形Ｃの白い正方形の面積)の$\frac{1}{2}$である。**

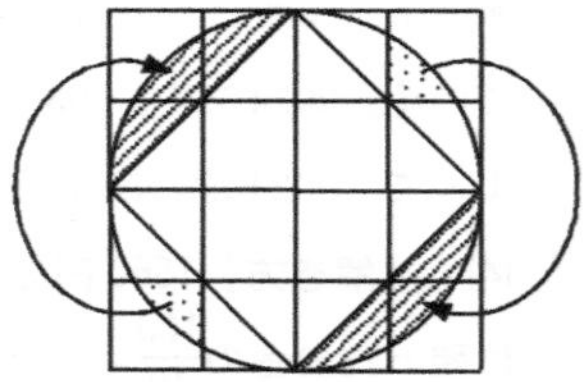

円の半径は $20 \div 2 = 10$(㎝)だから，円の面積は，$10 \times 10 \times 3.14 = 314$(㎠)

図形Ｃの白い正方形はひし形だから，その面積は，$20 \times 20 \div 2 = 200$(㎠)

よって，求める面積は，$(314 - 200) \times \frac{1}{2} =$ **57**(㎠)

3 (1) **【解き方】ひもをゆっくりと引き上げていったときに水面の高さが変化し始めるのは，おもりが水の中から出始めたときである。**

グラフより，ひもを 10 ㎝引き上げるとおもりの上の面が水面に届いたとわかる。このときおもりの下の面は水そうの底面から 10 ㎝はなれているので，おもりの高さは，$28 - 10 =$ **18**(㎝)

(2) **【解き方】おもりを 10 ㎝引き上げた後は，おもりを水から出していくにつれて水面の高さは下がっていくが，おもりが完全に水から出ると，水面の高さは変化しなくなる。**

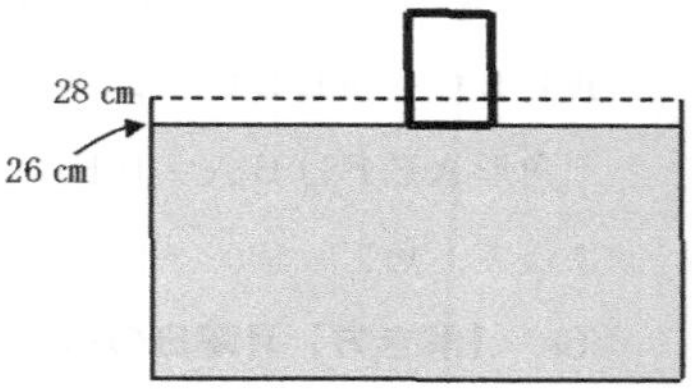

水面はアの高さまで下がった後は変化しなくなったので，おもりは，26 ㎝引き上げたときに右図のように完全に水の中から出た。よって，ア＝**26**

(3) **【解き方】(水の体積)＋(おもりの体積)＝(水そう全体の容積)である。**

(2)の図より，おもりの体積は，水そうの高さ $28 - 26 = 2$ (㎝)分の容積と等しい。

よって，おもりの体積は，$40 \times 45 \times 2 =$ **3600**(㎤)

4 (1) まず浅野氏の移動時間を調べる。浅野氏の上りの速さは分速 40m，下りの速さは分速(40×1.5)m＝分速 60m である。浅野氏はＡからＰまで $3000 \div 40 = 75$(分)かかり，Ｐで５分休憩し，ＰからＢまで $2000 \div 60 = \frac{100}{3} = 33\frac{1}{3}$(分)かかる。

次に山田氏の移動時間を調べる。山田氏の上りの速さは分速 50m，下りの速さは分速(50×1.5)m＝分速 75m である。山田氏はＡからＢまで$\frac{10}{50} \times 60 = 12$(分)かかり，ＢからＰまで $2000 \div 50 = 40$(分)かかる。この時点で出発から $12 + 40 = 52$(分)たっているが，浅野氏はまだＰに着いておらず，２人は $3000 - 40 \times 52 = 920$(m)はなれている。この後さらに $920 \div (40 + 75) = 8$ (分後)に出会うから，頂上ＰからＡ登山口へ向けて $75 \times 8 =$ **600**(m)の地点で出会う。

(2) (1)より，浅野氏は出発してからＡにもどってくるまでに，$75 + 5 + 33\frac{1}{3} + 12 = 125\frac{1}{3}$(分)かかる。

山田氏はＡからＢまで 12 分かかり，ＢからＰまで $2000 \div 40 = 50$(分)かかり，ＰからＡまで $3000 \div 60 = 50$(分)か

かるから，12＋50＋50＝112(分後)にAに着く。

よって，求める時間は，$125\frac{1}{3}$分－112分＝$13\frac{1}{3}$分＝13分($\frac{1}{3}$×60)秒＝**13分20秒**

5 (1) **【解き方】１回目と２回目の両方で裏返されたカードの枚数と，１回目も２回目も裏返されなかったカードの枚数の合計を求める。**

１回目と２回目の両方で裏返されたカードは，２と３の公倍数のカードだから６の倍数のカードである。それは30÷６＝５(枚)ある。

１回目も２回目も裏返されなかったカードは，２の倍数でも３の倍数でもない数のカードである。まず２または３の倍数が何枚あるかを調べる。２の倍数は30÷２＝15(枚)，３の倍数は30÷３＝10(枚)あるが，これを足して15＋10＝25(枚)とすると，公倍数の６の倍数のカードを二重に数えたことになる。したがって，２または３の倍数は25－５＝20(枚)ある。よって，１回目も２回目も裏返されなかったカードは，30－20＝10(枚)ある。

以上より，求める枚数は，５＋10＝**15(枚)**

(2) 30の約数は１，２，３，５，６，10，15，30の８個あるので，30のカードは，２，３，５，６，10，15，30の倍数それぞれを裏返すときに裏返される。よって，全部で７回裏返される。奇数回裏返されるので，最初が白色だから，最後は**赤色**になる。

(3) **【解き方】１の倍数のカードは裏返さないので，(2)より，約数が偶数個あるカードは奇数回裏返し，最後は赤色になる。約数が奇数個のカードは偶数回裏返し，最後は白色になる。したがって，約数が奇数個のカードの枚数を求める。**

右の説明のように，平方数《へいほうすう》(同じ整数を２個かけあわせてできる数)の約数は奇数個，それ以外の数の約数は偶数個ある。30以下の平方数は，１×１＝１，２×２＝４，３×３＝９，４×４＝16，５×５＝25の５個ある。よって，求める枚数は**５枚**である。

> **平方数の約数の個数**
> 約数はふつう２個１組で見つかる。
> 例えば，12の約数は，１と12÷１＝12，２と12÷２＝６，３と12÷３＝４のように６個３組ある。
> したがって，約数はふつう偶数個ある。
> しかし，平方数の約数は奇数個ある。
> 例えば，16の約数は，１と16÷１＝16，２と16÷２＝８，４と16÷４＝４となり，最後は４が２回出てくるため，４個２組と１個だから，全部で５個ある。

《2024　理科　解説》

1 **問１**　100年で４cmの割合でたい積するとき，20m→2000cmたい積するのにかかる時間は$100\times\frac{2000}{4}$＝50000(年)である。

問３　砂は直径0.06mm～２mmのつぶである。大きさが異なるつぶが同時に海に流れこんだとき，大きいつぶの方が重く，はやくしずむため，下にたい積する。

問５　どろ(直径0.06mm以下)，砂(直径0.06mm～２mm)，れき(直径２mm以上)はつぶの大きさで区別される。れきと砂では砂の方がつぶが小さいので，海岸から遠い地点から海岸に近い地点に変化した後で火山が噴火《ふんか》したことがわかる。海岸から近い地点ほど海の深さは浅いので，だんだん浅くなったと考えられる。

問７　火山に近い地点ほど火山灰の層は厚くなる。図２の火山灰の層の厚さに着目すると，XとYは同じで，Zが最もうすいから，図１の各地点の位置関係より，火山は図１の左側，つまり西側にあると考えられる。

問８　火山灰の層の厚さは，Yとその真北に位置するXで同じだから，Zとその真北に位置するWでも同じ厚さになると考えられる。

問９　火山灰の下のれきの層の上面の標高に着目する。図１と図２より，Xでは405－15＝390(m)，Yでは400－

10＝390(m)，Ｚでは410－1＝395(m)である。よって，この地域の地層は，南北方向にはかたむきがなく，東から西へ向かって低くなるようにかたむいていることがわかる。よって，Ｗにおける火山灰の下のれきの層の上面の標高はＺと同じ395mであり，Ｗの地表の標高は415mだから，地表から415－395＝20(m)の深さから出てくる。

2 問３　ピーマン，ナス，トマトなどはナス科の植物である。

問４(1)　へたの下にわたと呼ばれる部分があり，種子はわたについている。　(3)　火が通りにくい野菜からいためる。ここでは，ニンジン→ピーマン→キャベツの順にいためればよい。

問５(1)　緑色のつぶでは，光が当たると二酸化炭素と水を材料にしてでんぷんと酸素をつくり出す光合成が行われる。また，植物はヒトと同じように，酸素を吸収して二酸化炭素を放出する呼吸を行う。　(A)アルミニウムはくでおおうことでホウレンソウに光が当たらなくなるので，光合成は行われず，呼吸だけが行われ，二酸化炭素の量が増える。　(B)観察より，赤色のピーマンには赤色のつぶが見られた(緑色のつぶが見られなかった)から，赤色のピーマンに光を当てても光合成は行われず，呼吸だけが行われ，二酸化炭素の量が増える。　(3)　修さんは，緑色のピーマンには緑色のつぶがあるため，光を当てることで光合成が行われ，二酸化炭素の量が減って，指示薬の色が赤色になると予想したが，このような予想になるのは，呼吸で増える二酸化炭素の量を考えていない，または呼吸で増える二酸化炭素の量の方が少ないと決めつけているためである。ここでは実験結果が黄赤色になっていて，これは二酸化炭素の量が変化しなかったということだから，光合成で減った二酸化炭素の量と呼吸で増えた二酸化炭素の量が同じだったと考えられる。

3 問１　支点の左右でてこを下向きにかたむけるはたらき〔おもりの重さ(g)×支点からの水平距離《きょり》(cm)〕が等しいとき，てこは水平につり合う。つり合っているときは穴の番号を支点からの水平距離と考えてよいので，左下４に30gのおもりをつり下げたときのてこの左側を下向きにかたむけるはたらきは30×４＝120である。よって，右下３につり下げたおもりがてこの右側を下向きにかたむけるはたらきも120になるように，120÷３＝40(g)にすればよい。

問２　50gのおもりをつり下げる前のてこの左側を下向きにかたむけるはたらきは100×５＝500，右側を下向きにかたむけるはたらきは100×４＝400だから，右側を下向きにかたむけるはたらきの方が500－400＝100小さい。よって，50gのおもりをつり下げる穴は右下の100÷５＝２である。

問３(1)　棒の中央につり下げた60gのおもりの重さは，棒の両はしにある右下２と右下５に等しく分かれて30gずつかかる。てこの左側では70×３＝210，右側では30×２＋30×５＝210となり，てこを下向きにかたむけるはたらきが等しくなる。　(2)　60gの重さは，つり下げた点から棒の両はしまでの距離の逆比に分かれてかかる。つまり，おもりを右の方へ動かすと，おもりが遠ざかっていく右下２にかかる重さは30gからだんだん小さくなり，おもりが近づいてくる右下５にかかる重さは30gからだんだん大きくなる。支点からの水平距離が大きい右下５にかかる重さが大きくなるほど，てこの右側を下向きにかたむけるはたらきが大きくなるので，てこはＢの向きにかたむく。

問４(1)　２つのおもりの重さがまとまってはたらく点を重心といい，重心が支点よりも下にあると，ななめになって安定した状態で止まる。図３－２のとき，左下６と右下６を結ぶ直線上で，支点の真下にある点が２つのおもりの重心である。　(2)①　イ×…右のおもりの重さが120gのときのxの長さは，100gのときのxの長さより大きい。　ウ×…右のおもりの重さが大きくなるとａの角度は増えていくが，比例の関係ではない。　エ×…右のおもさりの重さが大きくなるとyの長さは小さくなるが，反比例の関係ではない。　オ×…右のおもりの重さが120gのとき，(右のおもりの重さ÷左のおもりの重さ)の値が120÷100＝1.20であるのに対し，(ａ÷ｂ)の値は1.68であり，ほぼ等しいとはいえない。　②　b．表より，（a＋b）の値は150で一定であることがわかるから，aの角度が112度のとき，bの角度は150－112＝38(度)である。　y．①の力より，(右のおもりの重さ÷左のおもりの重さ)の値と(x÷y)の値はほぼ等しいから，右のおもりの重さが150ｇのときの(右のおもりの重さ÷左のおもりの重さ)の値は150÷100＝1.50だと考えられる。よって，xの長さが18.4cmのとき，yの長さは18.4÷1.50＝12.26…→12.3cmである。

4　問2　イやエの発電では，水を液体から気体に変化させるために熱を使い，体積が大きくなって出ていく水蒸気がタービンを回転させて発電している。なお，アは流れる水，オは風によってタービンを回転させて発電している。また，ウは光のエネルギーを直接電気にかえている。

問3　エ×…ろ過する液はかき混ぜずに，上ずみ液から注ぐ。

問4(1)　海水の塩分の濃《こ》さは3.4％だから，153×0.034＝5.202→5.2ｇとなる。　(2)　(1)解説より，とけている塩分は5.202ｇであり，水を蒸発させてもこの重さは変化しない。よって，塩分が5.202ｇとけていて，濃さが5.1％の水溶液《すいようえき》の重さは5.202÷0.051＝102(ｇ)だから，153－102＝51(ｇ)の水が水蒸気になった。

問5　水が蒸発しやすい条件を選べばよい。

問6(1)　塩分100ｇ中の塩化ナトリウムの重さが78ｇだから，塩化ナトリウムを100ｇふくむ塩分の重さは$100\times\frac{100}{78}=\frac{5000}{39}$(ｇ)→$\frac{5}{39}$kgである。よって，塩分が$\frac{5}{39}$kgとけていて，濃さが3.4％の海水の重さは$\frac{5}{39}$÷0.034＝3.77…→3.8kgである。　(2)　塩化マグネシウムの重さが海水にふくまれる塩分の重さの$\frac{10}{100}=\frac{1}{10}$(倍)であることに着目する。問4(1)解説より，海水150mL(153ｇ)にとけている塩分は5.202ｇだから，海水300mLにとけている塩分はその2倍の5.202×2＝10.404(ｇ)であり，ここから得られる塩化マグネシウムはその$\frac{1}{10}$倍の1.0404→1.04ｇである。

《2024　社会　解説》

1　問1　a＝エ　b＝カ　c＝イ　d＝ウ　e＝ア　f＝オ　a．「ワサビの産地」「熱海」などから静岡県の伊豆半島である。b．「温泉」＝別府温泉，「くじゅう連山」「日田市」などから大分県の国東半島である。c．「輪島塗」「珠洲焼」「七尾ろうそく」などから石川県の能登半島である。d．「野田市」「日本でも有数のテーマパーク」などから千葉県の房総半島である。e．「県東部の田沢湖」「米代川」などから秋田県の男鹿半島である。f．「2016年5月に先進国首脳会議が開かれ」「真珠の養殖」などから三重県の志摩半島である。

問2　A＝静岡県　B＝大分県　C＝石川県　D＝千葉県　E＝秋田県　F＝三重県　地名や県名をしっかりと関連付けておこう。

問3　(1)茶　(2)浜松　(3)焼津　(4)大井　(5)愛媛　(6)別府　(7)地熱　(8)筑後　(9)金沢　(10)利根　(11)銚子　(12)成田　(13)八郎潟　(14)青森　(15)白神　(16)四日市　(17)松阪　(18)伊賀　(1)鹿児島県と静岡県の茶の生産量の合計は，全体の70％程度になる。(2)浜松市は，楽器・オートバイなどの生産がさかんである。(3)焼津港は，カツオとマグロの遠洋漁業の基地として知られる。(4)江戸時代，「箱根八里は馬でも越すが，越すに越されぬ大井川」とうたわれた。江戸の防備のために橋をかけなかったとする説もあるが，実際には川幅が広く，技術的に難しかったとされている。(5)大分県の海の向こうにある，みかん栽培のさかんな県は愛媛県である。(6)温泉がわき出す観光都市から別府市と判断する。(7)大分県には，国内最大級の地熱発電所である八丁原地熱発電所がある。(8)筑後川は，日田を通って筑紫平野から有明海に注ぐ河川である。(10)「流域面積全国一」から利根川である。(11)「水あげ量全国一の漁港」から銚子港である。水あげ量は多いが，単価の安い魚種が多いため，焼津港より水あげ金額は少なくなる。(12)「日本で最も国際線航空機の発着がさかん」から成田国際空港である。(13)八郎潟では，1960年前後に干拓が進められ，全国から入植者が集まった。⒁⒂秋田県と青森県の県境に白神山地がある。⒃三重県四日市市で「四日市ぜんそく」が発生した。⒄「松阪牛」は「まつさかうし」または「まつさかぎゅう」と読む。⒅三重県の伊賀，滋賀県の甲賀は忍者発祥の地とされる。

問５　「(南東)季節風」「紀伊山地」は必ず盛り込みたい。「暖流である黒潮(日本海流)」まで入れれば，なおよい。

2 問１　１＝遣隋　２＝卑弥呼　３＝菅原道真　４＝応仁　５＝福沢諭吉　６＝伊能忠敬　７＝豊臣秀吉　８＝鑑真　９＝イタリア　10＝東郷平八郎　　１．小野妹子は，隋の煬帝からの返書をなくしたとして，推古天皇に見せなかったと言われている。２．邪馬台国の女王卑弥呼が，魏に朝貢し，「親魏倭王」の称号，金印，百枚あまりの銅鏡を授かったことが，『魏志』倭人伝に書かれている。３．遣唐使に任命された菅原道真は，唐への航海が危険であること，唐が衰退していることを理由として，遣唐使の派遣の停止を天皇に進言し，これが聞き入れられた。４．雪舟は，「天橋立図」「秋冬山水図」などの水墨画で知られる。５．2024 年７月に新紙幣が発行され，一万円紙幣の肖像は福沢諭吉から渋沢栄一に変更された。６．伊能忠敬は，17 年の年月をかけて全国を測量してまわり，彼の死後に弟子たちが『大日本沿海輿地全図』として完成させた。７．伊東マンショ・千々石ミゲル・原マルチノ・中浦ジュリアンの４名は，九州の大友氏などのキリシタン大名の命を受けてローマ教皇に謁見し，1590 年に帰国した。

８．阿倍仲麻呂は，遣唐使として唐に渡り，長らく玄宗皇帝に仕え，その後，鑑真らとともに帰国を図った。鑑真の乗った船は帰国できたが，仲麻呂の乗った船は，暴風雨で東南アジアに流され，帰国することができなかった。

９．日独伊三国同盟は，1940 年に成立した。

10．日露戦争において，日本海海戦で日本海軍がロシアのバルチック艦隊を一方的に破ったことで，連合艦隊司令長官である東郷平八郎が，国内外で英雄視された。

問２　ア　　中国や朝鮮半島からの渡来は，縄文時代晩期から始まったから，縄文土器の製造と渡来人は関係ない。

問３　ウ　　魏・呉・蜀の三国が争っていた時代を三国時代という。三国の領地は右図を参照。

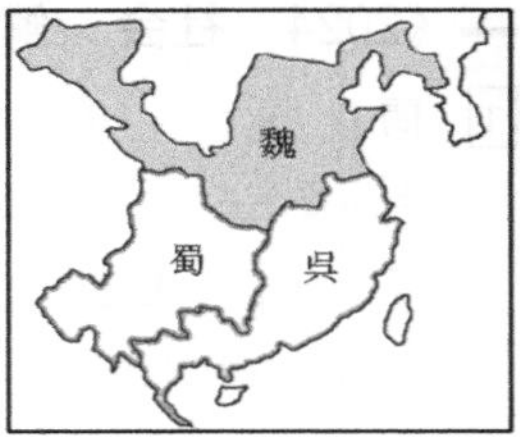

問４　イ　　Ｘ．正しい。Ｙ．誤り。ひらがなは漢字をくずしてつくられた。漢字の一部を省略してつくられた文字はカタカナである。

問５　ウ　　室町幕府の第８代将軍の足利義政のあとつぎ問題と，管領をめぐる守護大名の権力争いから応仁の乱が起きた。

問６　エ　　アは野口英世，イは北里柴三郎，ウは津田梅子。

問７　ア　　Ｘ．日露戦争前の記述として正しい。Ｙ．第二次世界大戦末の記述として正しい。

問８　カ　　Ⅲ．1612 年→Ⅱ．1637 年→Ⅰ．1639 年

問９　エ　　Ⅱ．７世紀中頃→Ⅲ．７世紀末→Ⅰ．８世紀

問12　き　　い(239 年)→あ(607 年)→く(724 年)→う(894 年)→え(1467 年)→き(1590 年)→か(1821 年)→お(1858 年)→こ(1904 年)→け(1933 年)

3 問１　オバマ　　バラク・オバマ大統領は，アメリカ合衆国の第 44 代大統領で，「核なき世界」への働きかけを評価されて，ノーベル平和賞を受賞している。広島平和記念公園を初めて訪問したアメリカ合衆国の大統領でもある。

問２①　エ　　Ｇ７のメンバーは，日本・アメリカ合衆国・イギリス・フランス・ドイツ・イタリア・カナダ。

②　ニューヨーク　　国際連合には，総会・安全保障理事会・経済社会理事会・信託統治理事会・国際司法裁判所・事務局の６つの主要機関があり，オランダのハーグにある国際司法裁判所以外は，ニューヨークの国連本部にある。

③　８月６日　　1945 年８月６日午前８時 15 分に広島に，８月９日午前 11 時２分に長崎に原子爆弾が投下された。

④　ウ　　ア．誤り。内閣総理大臣は，国会議員の中から国会議員の指名に基づいて天皇が任命する。イ．誤り。国務大臣は内閣総理大臣が任命する。エ．誤り。法律を制定できるのは国会だけである。

⑤　イ　　核兵器を「持たず　つくらず　持ちこませず」とする考え方を非核三原則という。

⑦　パリ協定　　京都議定書では，先進国だけに温室効果ガスの排出削減の義務が課されたが，パリ協定では，すべての国に，温室効果ガスの排出削減の目標設定と努力が義務化された。

⑧　ア　　イは(国連)平和維持活動，ウは国連児童基金，エは国連環境計画の略称。

⑨　ウ　　絶対と相対の意味の違いを理解しよう。

2023 解答例 令和５年度　修道中学校

《国　語》

一　問一．①禁止　②指揮　③収納　④清潔　⑤厳　⑥並　⑦注射　⑧就職　⑨朗読　⑩個性

問二．①イ　②ウ　③ア　④オ　⑤エ

二　問一．認知についての認知　　問二．イ　　問三．Ｘ．エ　Ｙ．ア　Ｚ．イ　　問四．まだメタ理解が不十分な小学一年生は、自分が理解できたかどうかを判断できないから。　　問五．(例文)近いうちに再テストがあるだろうから、今度は合格点を取れるように、漢字ドリルをやり直そうと思った。

三　問一．絵実ちゃん、位置決めて　　問二．ａ．ウ　ｂ．オ　　問三．大胆に絵を描ける絵実に嫉妬していたが、自分たちの作品をよそのクラスの生徒たちからほめられて、メンバーの一人として絵実のすごさをほこらしく思ったから。　　問四．エ　　問五．絵実が良いという意味で「いい」と言ったのを、だめだと断る意味にとらえたのが、昔からネガティブな輝らしいと思ったから。　　問六．ア

《算　数》

1　(1)①10　②89991　③$\frac{1}{5}$　④$\frac{14}{25}$　⑤２　⑥75　　(2)33　　(3)56　　(4)84　　(5)625　　(6)６　　(7)45

2　(1)342　　(2)①0.57　②13.42　　(3)①20　②30

3　(1)７　　(2)50　　(3)32，20

4　(1)５／Ａ，１　　(2)Ａ／20

5　(1)３　　(2)０　　(3)4855

《理　科》

1　問１．(1)(う)，(え)　(2)(か)　(3)か．右下　き．右上　　問２．(1)①(あ)　②(お)　③(あ)　④(う)　⑤(う)　⑥(い)　⑦(い)　(2)Ⅰ．ア　Ⅱ．ウ　Ⅲ．ウ　Ⅳ．イ　Ⅴ．ウ　Ⅵ．ウ　(3)イ　　問３．Ⅶ．エ　⑧(う)

2　問１．(1)㋑　(2)㋓　　問２．①㋐　②㋒　③㋓　　問３．ウ　　問４．イ　　問５．オ　　問６．ウ，オ

問７．(1)ア　(2)①Ｂ　②10時間よりも長く連続して光が当たらない時間

3　問１．ア　　問２．(1)①309　②208　③10　④50　⑤119　⑥167　(2)イ　　問３．あたためてから

4　問１．Ａ　　問２．とかしたあとの水溶液１ミリリットルあたりにとけているとかす前のものの重さ。

問３．50　　問４．0.16　　問５．黄　　問６．48　　問７．313　　問８．⑥43　⑦緑　　問９．⑧60　⑨青

問10．Ｅ．0.072　Ｆ．0.032

《社　会》

1 問1．A．ク　B．シ　C．ソ　D．ア　E．オ　F．サ　問2．1．諏訪湖　2．サロマ湖　3．シラス台地　4．石炭　5．銚子　問3．Ⅰ．岡山市　Ⅱ．札幌市　Ⅲ．千葉市　Ⅳ．山形市　Ⅴ．鹿児島市　Ⅵ．長野市　問4．X．イ　Ⅰ．エ　Ⅱ．ウ　Ⅲ．カ　問5．エ　問6．強い冬の北西季節風から家屋や農地を守るため。問7．魚のエサとなるプランクトンが多く発生する場所であること。

2 問1．1．足利義満　2．聖徳太子　3．卑弥呼　4．種子島　5．北条時宗　問2．②D　③B　④F　⑤A　⑥E　問3．⑴B，F　⑵エ　問4．ア　問5．イ　問6．ウ　問7．隋　問8．ア　問9．イ　問10．②D　③E　④C　⑤A　問11．Ⅰ．C，A　Ⅱ．A，B　Ⅲ．E，C　問12．X．イギリス　Y．清　Z．ロシア　問13．エ　問14．イ　問15．ヨーロッパで第1次世界大戦が起きたことで，ヨーロッパからは船や鉄鋼，ヨーロッパ列強が後退したアジア市場からは，綿織物などの注文が増えたから。

3 問1．1．AI　2．バイデン　問2．カ　問3．ア　問4．①佐藤栄作　②グテーレス　③拒否権　④⑴ウ　⑵権力がらん用され，国民の権利をおびやかすことを防ぐため。　⑤こども家庭庁　⑥ウ　⑦キューバ　⑧エ　問5．イ

《C. T.》

1

学年　クラス　出席番号

3 年 02 組 32 番

姓名（漢字）

修道　学

姓名（フリガナ）

シュウト゛ウ　マナフ゛

生年月日

平成 23 年 03 月 02 日

2 問1．体育　問2．3　問3．11，35　問4．7　問5．170
問6．特定の曜日の授業ばかりが減ってしまうという問題が解消される。

3 問1．10　問2．すごろく　問3．D／4000　問4．12　問5．主役のあなたをおもてなし

4 問1．う　問2．キ　問3．く　問4．カC

5 問1．ア　問2．そのわく星に生命が発生する確率　問3．数値…0.01　百分率…1　問4．10
問5．地球に人類が存在していることから，ドレイクの計算式において，数値が0になるものは1つもなく，Nは0よりも大きくなるから。

《2023　国語　解説》

二 問一　[①] の 12～14 行後で「メタ認知《にんち》とは、認知についての認知、認知をより上位の観点からとらえたものと言えます～認知をもう一段上からとらえることを意味します」と述べていることから、下線部。

問二　――線部②の直前で「自分の頭の中にいて、冷静で客観的な判断をしてくれる『もうひとりの自分』といったイメージを描《えが》いてみると、少しわかりやすくなるかと思います」と述べたことの例にあたるので、イが適する。

問三Ｘ　「メタ記憶《きおく》」は、「『どのように覚えたら忘れにくいか』『覚えたことを思い出せそうか』などと考える」というものなので、エが適する。　Ｙ　「メタ理解」は、「『私は～内容を理解できているか』『どのような順序で学ぶと理解しやすいか』などと考えることや、理解に関連する知識」なので、アが適する。　Ｚ　「メタ学習」は、「学習をさらに一段上からとらえた思考や知識～たとえば『どうすればよりよく学べるか』と考えることや、それについての知識」なので、イが適する。

問四　重要な説明をわざと抜《ぬ》いてわからなくしてあるのに、質問はないと答えた「彼《かれ》ら」が誰《だれ》であるかは、「小学一年生ではなかなか説明不足に気づかない」とあることから読みとれる。このことについて「一年生ではまだメタ理解が十分に働かず、自分が理解できたかどうかをきちんと判断できないということです」と述べていることからまとめる。

問五　「メタ認知とは、認知についての認知、認知をより上位の観点からとらえたもの～自分自身や他者の認知について考えたり理解したりすること、認知をもう一段上からとらえること～冷静で客観的な判断をしてくれる『もうひとりの自分』といったイメージ」であることをふまえて、具体的に考えてみよう。

三 問一　貴理《きり》が言った「絵実《えみ》ちゃん、位置決めて」には、「何の」位置かがふくまれていない。「何の」を言わなくても絶対に通じると思っているのである。また、とうとつにこのように言える関係であることが読みとれる。

問三　「うれしい」と思ったのは、「よそのクラスの生徒たち」が、自分たち「Ｃ組の絵」を「なんかすげえな」とほめたから。「やはりうれしい」の「やはり」が意味することを考える。この前で、輝《てる》は、絵実に対して「こんなふうに大胆《だいたん》に描けたらいいなと思う。悔《くや》しさがこみ上げる。そう、悔しい」と「嫉妬心《しっとしん》」を自覚した。そのように「ジェラシーさえ感じていたはずなのに」、つまり、個人としては絵実に嫉妬の気持ちをいだいていても、絵実が中心になって描いている自分たちの絵をほめられれば、メンバーの一人として絵実のすごさを誇《ほこ》りに思うのである。この気持ちを説明する。

問四　【ここまでのあらすじ】にあるとおり、絵実は「青一色」で竜の下絵を描いたのである。「青いチョークを手にした絵実が」「指はすでに真っ青だ」「シャツの袖《そで》もスカートも青いチョークで汚《よご》れていた」なども参照。輝は、――線部②の直前で「何かが足りない気がする……」と思い、考えたあとで「白を使ってもいいんじゃないかな」と提案している。この流れから、エのように考えたのだと読みとれる。

問五　【登場人物】の説明にあるとおり、麗華は「輝の幼《おさな》なじみ」である。麗華は直前で「輝は相変わらずネガティブなんだから」と言っている。【登場人物】の説明に、輝は「何事にもネガティブ（消極的・否定的）な男子」だと書かれているとおり、麗華は、輝が昔からネガティブであることをよく知っているのである。絵実が言った「いい」が良い意味か悪い意味かわからないのに、「やっぱ、だめか」とすぐに悪いほうにとってしまったのを見て、いかにも輝らしいと思ったということ。

問六　ア．「水面から全身が現れた竜」が誤り。――線部ａの直後に「絵実の描いた竜は～身をくねらせながら水の上をめざす」とある。「水の上をめざす」のだから、水面から全身が現れていないはず。　イ．「堅人《けんと》と治哉《はるや》は、絵実に命じられて海の色を塗《ぬ》る」とあること、心配のあまり力が入って「チョークを折ってしまった」輝に絵実が「あせるな」と言ったこと、「(絵実が)堅人と治哉に白いチョークを渡《わた》した。真似《まね》てやれ、という指示だ」とあること、輝が絵実に「ＯＫ？」と聞いていること、貴理に言われて文字を書く場所を決めていることなどから、「全体の動きを指示していた」と言える。　ウ．本文中に「輝の仕事は小さな生物たちを描くことだ。バイカモ～魚たち。貝」とあることに適する。　エ．本文中に「絵実は竜の鱗《うろこ》にも白を入れる。それから、堅人と治哉に白いチョークを渡した。真似てやれ、という指示だ」とあることから読みとれる。　オ．本文中に「貴理は絵実の世話を焼く。黒板消し～チョーク～タオルを渡したり」とあることに適する。

《2023　算数　解説》

1 (1)①　与式＝５×(23－７×３)＝５×(23－21)＝５×２＝**10**

③　与式＝$\frac{30}{240}+\frac{10}{240}+\frac{5}{240}+\frac{3}{240}=\frac{48}{240}=\mathbf{\frac{1}{5}}$

④　与式＝$(\frac{7}{5}+\frac{7}{25})\times\frac{4}{7}-\frac{7}{3}\div\frac{5}{3}\div\frac{7}{2}=(\frac{35}{25}+\frac{7}{25})\times\frac{4}{7}-\frac{7}{3}\times\frac{3}{5}\times\frac{2}{7}=\frac{42}{25}\times\frac{4}{7}-\frac{2}{5}=\frac{24}{25}-\frac{10}{25}=\mathbf{\frac{14}{25}}$

⑤　与式より，$7-\square\times\frac{3}{2}=\frac{5}{2}\times\frac{8}{5}$　　$\square\times\frac{3}{2}=7-4$　　$\square=3\times\frac{2}{3}=\mathbf{2}$

⑥　与式の左側の比は，$(\frac{5}{15}+\frac{3}{15}):\frac{5}{8}=\frac{8}{15}:\frac{5}{8}=64:75$ となるので，□＝**75**

(2)　左から１列目にある数は，上から１行目が１×１＝１，上から２行目が２×２＝４，上から３行目が３×３＝９，…となるので，上から６行目で左から１列目にある数は６×６＝36 である。

上から６行目にある数は，左から６列目までは，一番左の数から１ずつ小さくなるので，上から６行目で左から４列目にある数は，36－１×(４－１)＝**33**

(3)　図ｉのように 64 個に切り分けた立方体を，上から１段目，２段目，３段目，４段目として考える。１段目と４段目は４×４＝16(個)すべての立方体が１面以上青色の絵の具が塗《ぬ》られており，２段目と３段目は図ⅱ(真上から見た図)の色付き部分の 12 個の立方体が１面以上青色の絵の具が塗られている。よって，求める個数は，16×２＋12×２＝**56**(個)

図 i

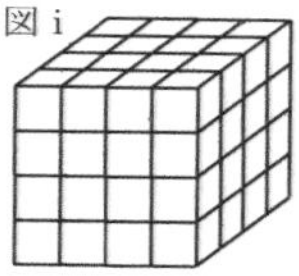

図 ii

(4)　**【解き方】(平均点)＝(合計点)÷(教科数)，(合計点)＝(平均点)×(教科数)で求められる。**

算数を除いた４教科の合計点は 82.5×４＝330(点)だから，５教科の合計点は，330＋90＝420(点)

よって，５教科の平均点は，420÷５＝**84**(点)

(5)　縮尺《しゅくしゃく》が 250 分の１の地図では，１㎝が実際には 250 ㎝になるので，１㎠が実際には 250 ㎝×250 ㎝＝2.5ｍ×2.5ｍ＝6.25 ㎡になる。よって，求める面積は，100×6.25＝**625**(㎡)

(6)　**【解き方】高さの等しい三角形の底辺の長さの比は，面積の比に等しいことを利用する。**

ＢＣ：ＤＣ＝(三角形ＡＢＣの面積)：(三角形ＡＤＣの面積)＝４：３だから，ＤＣ＝ＢＣ×$\frac{3}{4}$＝16×$\frac{3}{4}$＝12(㎝)

ＤＣ：ＥＣ＝(三角形ＦＤＣの面積)：(三角形ＦＥＣの面積)＝２：１だから，ＥＣ＝ＤＣ×$\frac{1}{2}$＝12×$\frac{1}{2}$＝**６**(㎝)

(7)　**【解き方】右のように記号をおく。正方形の１つの内角の大きさは 90°，正五角形の１つの内角の大きさは 180°×(５－２)÷５＝108°である。**

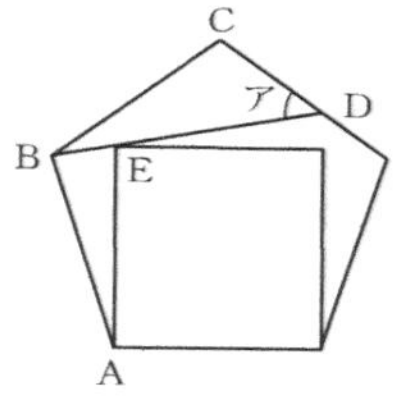

三角形ＡＢＥはＡＢ＝ＡＥの二等辺三角形で，角ＢＡＥ＝108°－90°＝18°だから，

角ＡＢＥ＝(180°－18°)÷２＝81°　　よって，角ＣＢＤ＝108°－81°＝27°

三角形ＢＣＤの内角の和より，角ア＝180°－108°－27°＝**45°**

2 ⑴ **【解き方】０，２，４，６，７，８，９のみを使う３けたまでの整数が何個あるのかを考える。**

１けたの整数は，２，４，６，７，８，９の６個ある。

２けたの整数は，十の位の数の選び方が２，４，６，７，８，９の６通り，一の位の数の選び方が０，２，４，６，７，８，９の７通りあるから，全部で６×７＝42(個)ある。

３けたの整数は，百の位の数の選び方が６通り，十の位と一の位の数の選び方がそれぞれ７通りあるから，全部で６×７×７＝294(通り)ある。したがって，求める個数は，６＋42＋294＝**342**(個)

⑵① 斜線《しゃせん》を付けた部分の面積は，半径１cmの円の$\frac{1}{4}$のおうぎ形の面積の２倍から，１辺が１cmの正方形の面積をひけばよいので，１×１×3.14×$\frac{1}{4}$×２－１×１＝1.57－１＝**0.57**(㎠)

② **【解き方】半径１cmの円の面積の５倍から，重なった部分である①で求めた面積の４倍をひけばよい。**

１×１×3.14×５－0.57×４＝15.7－2.28＝**13.42**(㎠)

⑶ 図Ｂの立体は，５つの面と５本の辺が１つの頂点に集まっている。

立体の面の数を５×12＝60とすると，１つの面を３回数えていることになるので，立体の面の数は，60÷３＝**20**

立体の辺を５×12＝60(本)とすると，辺１本を２回数えていることになるので，立体の辺は，60÷２＝**30**(本)

3 **【解き方】水そうを正面から見た図について，図ｉのように作図すると，グラフの15分の時点で㋐の部分に水が全て入り，㋑の部分に水が入り始めることがわかる。**

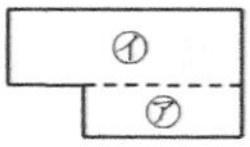

⑴ ㋐の底面積は70×100＝7000(㎠)だから，給水《きゅうすい》を始めてから10分後は，7000×20＝140000(㎤)だけ水が入っている。１Ｌ＝10cm×10cm×10cm＝1000㎤だから，140000㎤＝140Ｌである。

蛇口《じゃぐち》からは10分で21×10＝210(Ｌ)の水が出るので，排水口からは10分で210－140＝70(Ｌ)の水が排水される。

したがって，求める割合は，毎分(70÷10)Ｌ＝毎分**７Ｌ**

⑵ ⑴より，毎分(21－７)Ｌ＝毎分14Ｌの割合で水そうに水が入ることがわかる。

給水を始めてから15分後の底面からの高さは20×$\frac{15}{10}$＝30(cm)だから，㋑は底面積が70×(40＋100)＝9800(㎠)で高さが80－30＝50(cm)の直方体だとわかる。㋑の体積は9800×50＝490000(㎤)，つまり，490Ｌだから，求める時間は，15分後からさらに490÷14＝35(分後)の，15＋35＝**50**(分後)である。

⑶ **【解き方】(水そうの容積)－(沈《しず》めた立体の体積)で，水そうに入った水の量を求めることができる。**

㋐の部分の体積は70×100×30＝210000(㎤)，つまり，210Ｌだから，水そうの容積は，210＋490＝700(Ｌ)

沈めた立体は，たて30cm，横40cm，高さ40－30＝10(cm)の直方体と，たて30cm，横40－30＝10(cm)，高さ30cmの直方体を合わせた立体なので，体積は，30×40×10＋30×10×30＝21000(㎤)，つまり，21Ｌである。

よって，水そうに入った水の量は700－21＝679(Ｌ)だから，求める時間は，679÷21＝32$\frac{1}{3}$(分)，つまり，32分($\frac{1}{3}$×60)秒＝**32分20秒**である。

4 ⑴ 初めて壁《かべ》ＡＢにぶつかるのは，球がＩの位置に移動したときである。

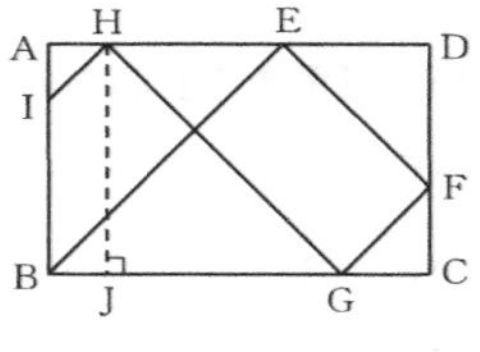

ＡＢ＝ＡＥ＝４ｍ，ＤＥ＝ＤＦ＝6.5－４＝2.5(ｍ)，ＣＦ＝ＣＧ＝４－2.5＝1.5(ｍ)，ＪＧ＝ＪＨ＝４ｍ，ＡＨ＝ＡＩ＝6.5－1.5－４＝１(ｍ)

よって，始めて壁ＡＢにぶつかるのは**５**回目で，「**角Ａから１ｍ**」となる。

⑵ **【解き方】⑴の続きを丁寧《ていねい》に作図してもよいが，以下のように考えるとよい。**

長方形ＡＢＣＤを上下左右の長方形と対称になるように並べ，転がした球の跳《は》ね返りを考えず，直進させる。

このときに転がした球が最初にぶつかった角の位置で球が止まる。

４と6.5の最小公倍数は52なので，長方形ＡＢＣＤをたてに52÷４＝13(個)，横に52÷6.5＝８(個)並べることで，転がした球が右図の●印の角で止まるとわかる。

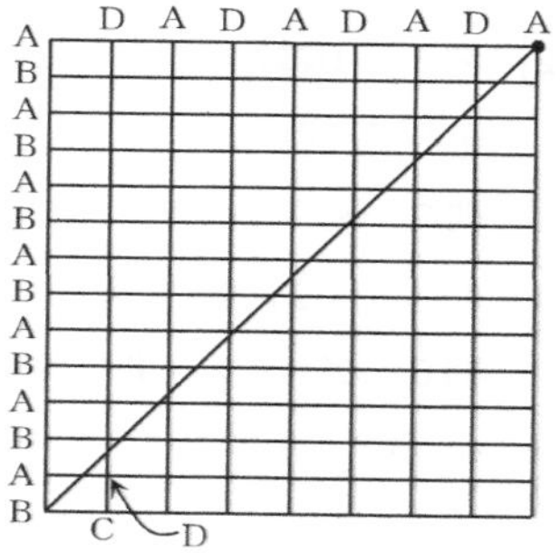

よって，球が止まるのは角**Ａ**である。

また，球が止まるまでに，たての壁に８－１＝７(回)，横の壁に13－１＝12(回)ぶつかるので，球が止まるのは７＋12＋１＝**20**(回目)にぶつかったときである。

5 (1)　４番目の数は，６＋９＝15を７で割った余りなので，１である。

５番目の数は，１＋９＝10を７で割った余りなので，**3**である。

(2)　**【解き方】(1)の続きを考え，規則性を見つける。**

６番目の数は，３＋９＝12を７で割った余りなので，５である。

７番目の数は，５＋９＝14を７で割った余りなので，０である。

８番目の数は，０＋９＝９を７で割った余りなので，２である。

よって，この数の並びは，「２，４，６，１，３，５，０」の７個の数の並びをくり返す。2023÷７＝289より，2023番目までに，「２，４，６，１，３，５，０」をちょうど289回くり返すから，2023番目の数は**0**である。

(3)　**【解き方】(2023個の数の合計)－(取り除いた404個の数の合計)で求める。**

(2)より，2023個の数の合計は，(２＋４＋６＋１＋３＋５＋０)×289＝6069

取り除く数は，「３，６，２，５，１，４，０」の７個の数の並びをくり返す。404÷７＝57　余り５より，「３，６，２，５，１，４，０」を57回くり返して取り除き，その後３，６，２，５，１と取り除くから，取り除いた404個の数の合計は，(３＋６＋２＋５＋１＋４＋０)×57＋３＋６＋２＋５＋１＝1214

したがって，求める数は，6069－1214＝**4855**

《2023　理科　解説》

1 **問１(1)**　月は太陽の光を受けて光って見える。上弦《じょうげん》の月は夕方，南の空で西の地平線付近にある太陽からの光を受けて右側半分が光って見えるので，(う)である。上弦の月が西の地平線付近にあるときは(え)のように見える。

(2)　三日月は夕方，南西の空で西の地平線付近にある太陽からの光を受けて右下が光って見えるので，三日月が西の地平線付近に近づくと(か)のように見える。　**(3)**　(2)解説より，(か)は右下に動いてやがて西の地平線にしずむ。また，(き)は明け方に東の地平線付近に見える月で，右上に動いて高度を上げていく。

問２　①午前６時には太陽が東の地平線付近にあるので，南の空にある月は左側半分が光って見える。なお，このような月を下弦の月という。　②Ⅰ．午前１時のＡ国では，下弦の月が東の地平線付近に(お)のように見える。③５時間の午前６時には，南の空で(あ)の形の下弦の月が見える。　④Ⅲ．新月→三日月(約３日後)→上弦の月(約７日後)→満月(約15日後)→下弦の月(約22日後)→新月(約29.5日後)の順に満ち欠けするので，下弦の月の15日後の午後６時には南の空で(う)の形の上弦の月が見える。　⑤ⅣⅤ．南の空にあった上弦の月は５時間後に西の地平線付近で(え)のように見え，午後６時のＡ国では上弦の月が南の空で(う)のように見える。　⑥⑦Ⅵ．上弦の月の７日後は満月(い)である。満月は太陽と反対の方向に見えるので，明け方西の空に見える。このときＡ国は真夜中ごろだから，満月が南の空に見える。

問３　南半球では，月が東の地平線からのぼり，北の空を通って，西の地平線にしずむ。また，月は北半球と左右反対に見える。よって，日本で南の空に下弦の月が見えるとき，南半球の中緯度にあるＢ国では，北の空で右側半分が光る月(う)が見える。

2 問１　⑴おしべの先の花粉ができる㋑の部分をやくという。　⑵めしべの根元の㋓の部分（しぼうという）の中に種子ができる。

問２　図２はヘチマのめ花である。め花のめしべの先の部分である①（柱頭という）と同じ部分は㋐，②（がく）と同じ部分は㋒，③（しぼう）と同じ部分は㋓である。

問６　ア，イ×…Ⅱでは実や種子ができなかったので，つぼみのときや花がさき終わってしぼんでからは受粉していない。　ウ○…Ⅰは花がさき終わるまで袋《ふくろ》を取っていないので，自分の花粉で受粉して実や種子ができたと考えられる。　エ×，オ○…Ⅲではおしべを切り取られたが，他のアサガオの花粉で受粉し，実や種子ができた。

問７⑴　花がさく時期は，アブラナが春，ヘチマ，ヒマワリが夏，ホウセンカが夏から秋にかけてである。よって，夜の長さがしだいに短くなる（昼の長さがしだいに長くなる）時期につぼみをつけて花をさかせるのは，アブラナである。　⑵①　アサガオは７月～８月にかけて夜の長さが長くなっていくときにつぼみをつけて花をさかせるので，アサガオがつぼみをつけるのは，夜の長さが10時間よりも長いＢのときである。　②　Ｃではつぼみをつけず，Ｄではつぼみをつけたので，連続して光が当たらない時間が10時間よりも長くなると，このアサガオはつぼみをつけると考えられる。

3 問１　ア×…長いゴムひもを使う理由は，同じ１本の長いゴムひもを使うことで，ゴムひもを伸《の》ばす長さ以外の条件を同じにするためである。

問２⑴　①238－167＝71 より，238＋71＝309 となる。なお，380－71＝309 と求めてもよい。　②ゴムひもの強さが２倍になるので，車の移動距離も２倍の 104×２＝208（㎝）となる。　③④ゴムひも１ｍでは，$25\times\frac{1}{2.5}=10$（㎝）伸びていることになるから，５ｍでは 10×５＝50（㎝）伸びているのと同じである。　⑤238÷２＝119

⑥ゴムひもを半分に折り重ねて 20 ㎝伸ばすと，40 ㎝伸びたのと同じだから，車が動いた距離は 167 ㎝である。

⑵　ゴムひもを伸ばす長さが 40 ㎝のときの車が動いた距離は 20 ㎝のときの 167÷54＝3.09…倍である。同様に，ゴムひもを半分に折り重ねて 30 ㎝伸ばすと，60 ㎝伸びたのと同じだから，車が動いた距離は 309÷104＝2.97…倍となる。よって，ゴムひもを伸ばす長さが図２と同じときに，車が移動した距離がおよそ３倍になっているイが正答となる。

問３　ゴムひもをあたためるとちぢんで，伸びにくくなっていた部分が伸びやすくなる。

4 問１　Ａは１÷20＝0.05（ｇ/mL），Ｂは２÷50＝0.04（ｇ/mL）となるので，Ａの方が大きな値を示す。

問３　0.2×250＝50（ｇ）

問４　８÷50＝0.16（ｇ/mL）

問５　ＢＴＢ溶液《ようえき》は酸性で黄色，中性で緑色，アルカリ性で青色に変化する。塩酸は酸性の水溶液だから，水酸化ナトリウム水溶液との中和によって緑色（中性）になるまでは，水溶液は黄色（酸性）である。

問６　表より，残った固体の重さはＣまたはＤの体積に比例することがわかるので，$12\times\frac{160}{40}=48$（ｇ）となる。

問７　Ｃ：Ｄ＝40：50＝４：５の体積比でちょうど中和するので，Ｃ250mL とちょうど中和するＤは $250\times\frac{5}{4}=$ 312.5→313mL となる。

問８　Ｄ180mL とちょうど中和するＣは $180\times\frac{4}{5}=144$（mL）である。このとき食塩は $12\times\frac{180}{50}=43.2$→43ｇできる。残った塩酸は気体の塩化水素が水にとけた水溶液だから，水溶液をじゅうぶんに加熱すると食塩だけが残る。食塩に水を加えてできた水溶液（食塩水）は中性だから，ＢＴＢ溶液を加えると緑色になる。

問９　Ｃ120mL とちょうど中和するＤは $120\times\frac{5}{4}=150$（mL）だから，表より，食塩は 36ｇでき，Ｄは 300－150＝150（mL）残っている。150mL のＤには水酸化ナトリウムの固体が 150×0.16＝24（ｇ）とけているので，ビーカーには 36＋24＝60（ｇ）の固体が残る。水酸化ナトリウムと食塩をとかすと水溶液はアルカリ性になるので，青色になる。

問10　ちょうど中和したときに食塩が24ｇできたので，同じ重さの食塩ができた表のⅡのＣ，Ｄの体積とＥ，Ｆの体積をそれぞれ比べる。0.18ｇ/mL のＣ80mL とＥ200mL にとけている塩化水素の重さが同じだから，Ｅの濃《こ》さは $0.18\times\frac{80}{200}=0.072$（ｇ/mL），0.16ｇ/mL のＤ100mL とＦ500mL にとけている水酸化ナトリウムの重さが同じだから，Ｆの濃さは $0.16\times\frac{100}{500}=0.032$（ｇ/mL）となる。

—《2023　社会　解説》—

1　**問１**　Ａ＝ク　Ｂ＝シ　Ｃ＝ソ　Ｄ＝ア　Ｅ＝オ　Ｆ＝サ　　Ａ．「八ヶ岳」「野辺山原」「レタス」などから長野県と判断する。Ｂ．「庄内平野」「はえぬき」「つや姫」などから山形県と判断する。Ｃ．サロマ湖に面する市（＝北見市）出身の選手を含むチーム（＝ロコ・ソラーレ）が，北京オリンピックで初めて銀メダルをとった種目＝カーリングなどから北海道と判断する。Ｄ．茶の栽培は静岡県と鹿児島県でさかんである。豚肉の生産は鹿児島県や宮崎県でさかんである。これと「桜島」から鹿児島県と判断する。Ｅ．石油化学コンビナートは，茨城県・千葉県・神奈川県・三重県・大阪府・岡山県・広島県・山口県・大分県などに分布する。この中でブドウやモモの生産がさかんな県は岡山県である。Ｆ．黒潮と親潮がぶつかる太平洋の三陸海岸沖から千葉県沖までが好漁場となっている。

問３　Ⅰ＝岡山市　Ⅱ＝札幌市　Ⅲ＝千葉市　Ⅳ＝山形市　Ⅴ＝鹿児島市　Ⅵ＝長野市　　Ⅰ．１年を通して降水量が少なく，冬でも比較的暖かいことから，瀬戸内の気候の岡山市である。Ⅱ．年降水量は比較的少なく，６月・７月の降水量が少ないことと，冬の寒さが厳しいことから北海道の気候の札幌市である。Ⅲ．夏の降水量が多いことから太平洋側の気候の千葉市である。Ⅳ．夏の降水量が比較的多く，冬の気温が低いことから東北地方の太平洋側の気候に近い。これは山形市の雨温図である。山形市は内陸部に位置するため，日本海沿岸の都市ほど冬の降水量が多くならない。Ⅴ．比較的温暖で夏の降水量が多いことから，太平洋側でも南部に位置する鹿児島市である。Ⅵ．１年を通して降水量が少なく，冬に冷えこむことから，内陸の気候の長野市である。

問４　Ｘ＝イ　Ⅰ＝エ　Ⅱ＝ウ　Ⅲ＝カ　　高度経済成長期，日本は原料を輸入し製品を輸出する加工貿易が主体であった。1960 年代は軽工業がさかんでせんい品の輸出が多かったが，自動車を中心とした機械類の輸出がさかんになるにつれて，せんい品の輸出量は減っていった。

問５　エ　　現在の貨物輸送量は，自動車＞船舶＞鉄道＞航空の順に多い。

問６　海岸沿いには，海から内陸への潮風や飛砂などをおさえるために，針葉樹林が海岸防災林としてよく植えられる。日本海側の沿岸部には特に，冬の強い季節風から家屋や農地を守るために，北東から南西方向にならんで針葉樹林が植えられている。

2　**問１**　⑴足利義満　⑵聖徳太子　⑶卑弥呼　⑷種子島　⑸北条時宗　　⑴写真は金閣である。足利義満は，将軍職を辞したあと，倭寇の取り締まりを条件として，明の皇帝から朝貢形式による貿易を許された。その際，倭寇と正式な貿易船を見分けるために勘合と呼ばれる合い札を利用した。⑵聖徳太子は，「日出処の天子…」で始まる国書を，小野妹子にもたせた。⑶卑弥呼に親魏倭王の称号と100枚の銅鏡などを授けたことが，『魏志』倭人伝に記されている。⑷1543 年，ポルトガル人を乗せた中国船が，種子島につき，日本に初めて鉄砲（火縄銃）が伝来した。⑸フビライからの服属要求を，鎌倉幕府の第８代執権の北条時宗が退けると，２度に渡って元軍が北九州を襲った。１度目の文永の役では，火器と集団戦法に苦しみ上陸を許したが，２度目の弘安の役では，石塁をつくって備えていたため，１度目より多くの元軍が襲ってきたが上陸を許さなかった。

問２　②＝Ｄ　③＝Ｂ　④＝Ｆ　⑤＝Ａ　⑥＝Ｅ　　年代・時代の古い順に並べれば，Ｄ（弥生時代）→Ｂ（飛鳥時代）→Ｆ（鎌倉時代）→Ａ（室町時代）→Ｅ（戦国時代）→Ｃ（江戸時代）となる。

問3(1)　BとF　　聖武天皇が出した大仏造立の詔である。大仏造立の詔は奈良時代に出された。

(2)　エ　　清少納言が『枕草子』を書いたのは，平安時代のことである。

問4　ア　　DとBの間は弥生時代から飛鳥時代までだから，アの縄文時代の内容はあてはまらない。

問5　イ　　BとFの間は飛鳥時代から鎌倉時代までだから，イがあてはまらない。イは室町時代に雪舟が描いた水墨画『天橋立図』である。

問6　ウ　　歌舞伎は，江戸時代にさかんになったものだから，室町時代にあてはまらない。

問8　ア　　源氏の将軍は，頼朝－頼家－実朝の三代で途絶えた。

問9　イ　　(X)は豊臣秀吉だから，イの織田信長の記述があてはまらない。

問10　②＝D　③＝E　④＝C　⑤＝A　　Aは日中戦争(1937年開始)，Bは東京オリンピック(1964年)，Cは第一次世界大戦(1914 年開始)，Dは日清戦争(1894 年)，Eは日露戦争(1904 年)。日本が日ソ共同宣言に調印し，国際連合に加盟したのは1956年だから，B以外をD→E→C→Aの順に並べる。

問11　Ⅰ．CとA　Ⅱ．AとB　Ⅲ．EとC　　Ⅰ．国際連盟からの脱退の通告は1933年，正式脱退は1935年のことである。Ⅱ．真珠湾攻撃は1941年12月8日に始まった。Ⅲ．関税自主権の完全回復は，1911年のことである。

問12　X＝イギリス　Y＝清　Z＝ロシア　　X．ロシアの南下政策をけん制するために，1902年，日本とイギリスは日英同盟を結んだ。Y．日清戦争の講和条約である下関条約において，日本は朝鮮の独立の承認・賠償金・リャオトン半島・台湾・澎湖諸島などを獲得した。Z．日露戦争の講和条約は，アメリカのT．ローズベルト大統領の仲介によって，アメリカ東部のポーツマスで開かれた。

問13　エ　　⑥は1956年だから，1950年に始まった朝鮮戦争があてはまらない。アは1960年，イは1968年，ウは1964年のことであった。

問14　イ　　日露戦争に反対した人物として，歌人の与謝野晶子，社会主義者の幸徳秋水，キリスト教徒の内村鑑三を覚えておきたい。

問15　ヨーロッパやアジアからの需要が増えたことで，輸出量が輸入量を上回る好景気(大戦景気)となったが，戦争終結後にヨーロッパの経済が復興すると，その反動で不景気に陥ったことも覚えておきたい。

3　問1　(1)＝AＩ　(2)＝バイデン　　(1)AＩ(人工知能)の出現によって，単純労働が機械化され，それらの職業についている人々が失業すると言われている。

問2　カ　　日本は，アメリカの核の傘の下にあるため，核兵器禁止条約に参加していない。核拡散防止条約(NPT)は核兵器不拡散条約とも言い，核保有国(アメリカ・イギリス・フランス・ロシア・中国)以外の核兵器保有を禁止しようとする条約である。中距離核戦力全廃条約は，アメリカとソ連との間で調印した条約である。

問3　ア　　円安は，日本の輸出企業と外国から日本への海外旅行者(インバウンド)に有利にはたらき，日本の輸入企業と日本から海外への海外旅行者に不利にはたらく。イ，ウ，エはいずれも円高のときにあてはまる。

問4②　グテーレス　　アントニオ・グテーレスは，ポルトガル出身の第9代国連事務総長である。

③　拒否権　　安全保障理事会の常任理事国は，アメリカ・イギリス・フランス・ロシア・中国の5か国で，非改選である。この5か国には「五大国一致の原則」があり，1か国でも議案に反対するとその議案は廃案となる拒否権がある。　④(1)　ウ　　「日本列島改造論」や日中共同声明の調印を行ったのは，岸信介首相ではなく田中角栄首相である。　(2)　三権分立は，フランスのモンテスキューが『法の精神』の中で唱えたものである。

⑥　ウ　　以前はロシアを含めたG8であったが，ウクライナとのクリミア問題からロシアがG8から外された。

⑦　キューバ　　1962 年，ソ連がキューバに核ミサイル基地を建設していることが発覚し，アメリカがキューバを

海上封鎖したことから，米ソの緊張状態が高まり，核ミサイルの発射ボタンに手がかかっていると言われるほど危険な状態となった一連の出来事をキューバ危機という。　⑧　エ　　WHOは世界保健機関の略称である。アは国連児童基金，イは国連食糧農業機関，ウは国連教育科学文化機関の略称である。

問５　イ　　２段落目に「食糧危機も心配です」とある。

《2023　C．T．　解説》

1　放送では，受験届の記入時の注意事項《じこう》として，「学年，クラス，出席番号と，生年月日は，算用数字で記入してください。２けたの枠《わく》に１けたの数字を記入する際は，右に寄せて，左にはゼロを記入してください。姓名《せいめい》の漢字は，姓と名の間を１文字あけてください。姓名のフリガナは，カタカナで，姓と名の間は１文字あけ，濁点《だくてん》や半《はん》濁点《だくてん》は１文字分使ってください」と言っている。修道《しゅうどう》学《まなぶ》君のプロフィールは，「学年，クラス，出席番号は，３年２組，32 番です。姓を修道，名を学と言います。姓の漢字は，みなさんが本日受験している学校と同じです。名の漢字は，学習の学です。誕生日は，平成23年３月２日です」と言っている。数字の記入方法，姓名のマスの使い方などに気を付けて記入しよう。

2　問１　出題内容は，「修君が修道に入学して，一番初めに受けることになる授業は何ですか。」である。４月の８日と 11 日はオリエンテーションで授業がなく，12 日のＣ曜日から授業が始まるので，一番初めに受ける授業は体育である。

問２　４月 12 日のＣ曜日の６時間目の数学は身体測定があるため行わないことに注意する。４月 15 日までに行われる数学の授業は，13 日Ｄ曜日の４時間目，14 日Ｅ曜日の２時間目，15 日Ｆ１曜日の１時間目の３回である。

問３　４月 23 日はＡ曜日の１～３時間目まで授業を行う。◎がついた日の１つの授業時間は 50 分で，授業と授業の間の休憩《きゅうけい》時間は２回あるから，求める時刻は，８時 45 分＋50 分×３＋10 分×２＝８時 215 分＝11 時 35 分

問４　４月の体育の授業は，12 日Ｃ曜日の１時間目，14 日Ｅ曜日の５時間目，18 日Ａ曜日の３時間目，20 日Ｃ曜日の１時間目，22 日Ｅ曜日の５時間目，23 日Ａ曜日の３時間目，26 日Ａ曜日の３時間目だから，全部で７回ある。

問５　４月の音楽の授業は，12 日Ｃ曜日の５時間目(60 分)，15 日Ｆ１曜日の４時間目(60 分)，20 日Ｃ曜日の５時間目(50 分)だから，合計すると 60＋60＋50＝170(分)になる。

問６　「１年間を通してみたとき，祝日などによって，特定の曜日の授業ばかりが減ってしまうというような問題点を解消することができます」という先生の発言をふまえる。

3　問１　出題内容は，「最初に必要だと発表された，３班の人数は，何人ですか。」である。

３班は最初，クイズを行い，必要人数は 10 人だと発表している。

問２　出題内容は，「１班が文化祭で行う，もよおしものは，何ですか。」である。１班は最初，輪投げを行うと発表しているが，２班と内容が似ていることから，もよおしものをすごろくに変更《へんこう》すると発表している。

問３　出題内容は，「一番多く予算をもらえる班は何班で，いくらもらえますか。」である。

１班は 2000 円，３班は 1000 円で，残りの 10000－2000－1000＝7000(円)を２班と４班で均等に分け，その後２班から４班に 500 円を移すので，一番多く予算をもらえるのはＤ班で，その金額《きんがく》は 7000÷２＋500＝4000(円)である。

問４　出題内容は，「13 時から 14 時の間にクラスのもよおしものに参加できる２班の人数は，何人ですか」である。話し合いの結果，２班は 15 人のままもよおしものを行うことになり，13 時から 14 時の間は掃除《そうじ》で３人がぬけるので，求める人数は，15－３＝12(人)

問５　出題内容は，「文化祭における，このクラスのテーマは，何ですか。」である。学校のテーマは

「一人ひとりがヒーローアンドヒロイン」で，クラスのテーマは「主役のあなたをおもてなし」である。

4 問１　「ボスがいる建物がある広場を，図１のあ～くの中から１つ選び，記号で答えなさい」という問い。放送では「図１の★印は，最初にあなた（ゲームの主人公修《おさむ》）が立っている公園で，あなたは北を向いています。また，図１の，あ～くは広場です。あなたは，★印から移動を開始します。ボスがいる建物は，そこから，今向いている方向へまっすぐ進み，大通りに出て右に曲がり，２つ目を左に曲がった先の広場にあります」と言っているので，「う」の広場。

問２　「あなたは，ボスとどこで会うことになりますか。最も適するものを，問題用紙の選択肢《せんたくし》ア～キの中から１つ選び，記号で答えなさい」という問い。ボスの秘書が「ボスは，ここ（５階の会議室）にはいません。今，ボスは，観光客を増やそうと，３階にある観光課の人と打ち合わせをしています。あっ，でも，観光課には資料がないから，地下２階の資料室で打ち合わせをしていますよ。ボスに用があるなら，そちらに行ってください」と言っているので，キが適する。

問３　「迷路の入り口がある広場を，図１のあ～くの中から１つ選び，記号で答えなさい」という問い。ボスに会えた修が「迷路に行って，この世界から脱出《だっしゅつ》したいのですが，迷路への行き方と，迷路での道順がわかりません。あなたに聞けばわかると言われて，ここにやって来ました。どうか，教えてもらえませんか？」と聞くと，ボスが「迷路への行き方ですが，まず，大通りまでもどってください。大通りまでもどると，右に曲がり，３つ目の広場に行ってください。そこに，迷路への入り口につながる，地下への階段があります」と答えている。ボスの指示のとおりに図１をたどると，「く」の広場だとわかる。

問４　「迷路の出口は，どの交差点にありますか。問題文でボスが言っていたように，交差点の名前を答えなさい」という問い。問３のボスの説明を聞いて，迷路までは行けそうだと思った修が「ところで，迷路ではどのように進めばいいですか？」と質問している。するとボスは「迷路の地図を見てください。地図に★の印がついているところがありますが，この印がある場所を，アＤの交差点と呼びます。迷路のスタート位置は，ウＥの交差点で，この交差点を，西を向いた状態で始まります。ここから，まっすぐ，次の交差点の，ウＤの交差点まで進んだら，左に進みます。次の交差点まで進むと，今度の交差点は，まっすぐ進みます。次の交差点は右，次は左に進みます。この次の交差点に，出口がありますよ」と答えている。ボスの指示のとおりに図２をたどると，「カＣ」の交差点だとわかる。

5 問１　「ドレイクはオズマ計画でどのようなことをしましたか。最も適するものを問題用紙の選択肢《せんたくし》ア～エの中から１つ選び記号で答えなさい」という問い。ドレイクは地球外生命体の存在を電波受信から確かめるため，電波望遠鏡を使って他の星から出る電波を受け取る観測を行ったので，ア。

問２　「Ｌの数値をドレイクは１としました。これは百分率で表すと 100％という意味です。何が 100％なのでしょうか」という問い。ドレイクの計算式のＬの説明を聞き取る。Ｌは「その惑星《わくせい》に生命が発生する確率」である。

問３　「ドレイクは生命存在が可能な惑星において，生命が知的生物に進化する確率の数値はいくらだと設定しましたか。また，それは何％になりますか」という問い。ドレイクの計算式の説明の中で，「生命が知的生物に進化する確率」はＩのことである。ドレイクはＩを 0.01 と設定した。確率が 0.01 だから百分率で表すと１％である。

問４　「ドレイクの設定では，我々の銀河系に存在し，人類と交信する可能性のある地球外文明の数はいくつになりますか」という問い。ドレイクの計算式に，ドレイクが設定した数値をあてはめて計算する。Ｎ＝Ｓ(10)×Ｐ(0.5)×Ｅ(２)×Ｌ(１)×Ｉ(0.01)×Ｃ(0.01)×Ｔ(10000)＝10(個)となる。

問５　「宇宙人は存在するという立場で，講演の内容をふまえて，宇宙人の存在の根拠《こんきょ》を主張してください」という問い。講演の内容をふまえて宇宙人は存在するという立場でその根拠を書くこと。

2022 解答例
令和４年度

★修道中学校

《国　語》

一　問一．①裁判　②確率　③拝　④動脈　⑤臨時　⑥厚　⑦穀物　⑧眼科　⑨四捨　⑩建築
問二．①イ　②エ　③ウ　④ア　⑤ウ

二　問一．ウ　問二．オ　問三．年齢に煽られたり、期限やタイミングを他人が決めた年齢のルールに委ねたりするなど、勝手なイメージがとりついた数字に翻弄されて、歳を重ねることを嫌う思い。　問四．何歳になってもその段階でしかできないことを選択し、全うすることで、上手に歳を重ねて味がある人になり、自分にしか作れない歴史を刻もうと決意する気持ち。

三　問一．くり返し聞くよりも、一度自分で見る方がよくわかる。　問二．ウ　問三．体でつながった経験があり、おたがいの暮らしや事情や性格をよく知っていて、相談ができる相手。　問四．イ，オ　問五．相手の個性を知らないので、言葉や情報だけのやり取りでは相手の言いたいことや気持ちを想像することができず、疑いを持つようになり、信頼関係を築けないこと。　問六．(例文)社会への信頼がこわれないように働くロボットだ。なぜなら、個人的な信頼関係は人間同士が基本だが、一般的な信頼はロボットに対しても寄せられると思うからだ。

《算　数》

1　(1)19434　(2)$\frac{5}{7}$　(3)0.594　(4)2039　(5)14　(6)7.5　(7)25　(8)69　(9)42.84

2　(1)8　(2)21　(3)①2　②2　(4)周りの長さの和…28.26　面積の和…14.13

3　(1)410　(2)3.5　(3)15，19

4　(1)90　(2)13，24　(3)405

5　(1)ア．8　イ．10　ウ．5　エ．4　(2)右図　(3)4

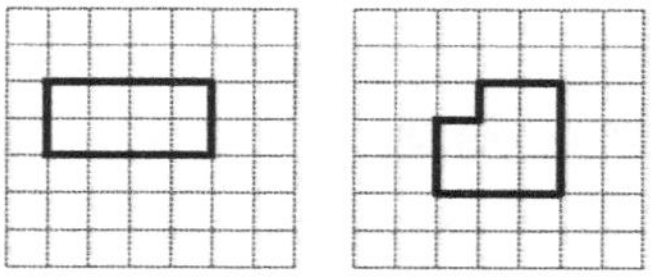

《理　科》

1　問1．イ，ウ　問2．(1)ア，ウ　(2)ア，ウ　(3)ア，エ　(4)ウ　問3．短時間でろ過できる。　問4．27
問5．温度によってとける量があまり変わらない　問6．⑤14.8　⑥12.8　⑦17.2　問7．硝酸カリウムが限度までとけた水溶液　問8．(1)5.2　(2)25

2　問1．2，20，39　問2．オ　問3．ウ　問4．しん食　問5．流れる水のはたらきによって，石が上流から下流に流される間にわれたり，角がけずられたりするから。　問6．ア　問7．カ

3　問1．右グラフ　問2．比例　問3．10　問4．5　問5．100
問6．20　問7．15　問8．8　問9．30

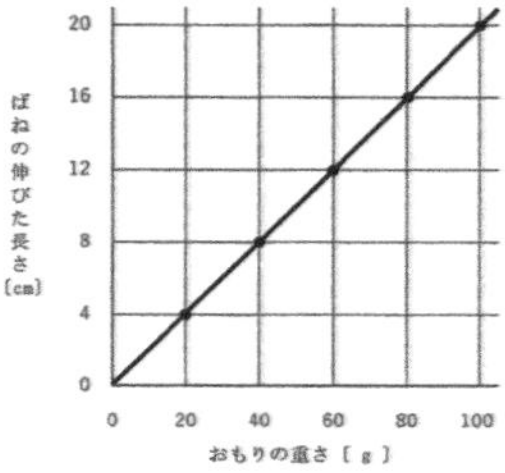

4　問1．(1)だ液　(2)エ　問2．(1)イ，ウ　(2)ウ　問3．イ　問4．エ
問5．じん臓　問6．(1)日光が当たることで，でんぷんをつくりだす。
(2)種の中に，発芽に必要な養分をたくわえているから。　問7．食物連さ

《社　会》

1 問1．A．カ　C．ソ　E．ウ　G．イ　I．ク　K．ケ　M．シ　O．セ　問2．B．チ　D．フ　F．ナ　H．ト　J．ネ　L．ヘ　N．ノ　問3．B．名古屋　C．札幌　H．宇都宮　I．金沢　M．前橋　N．那覇　問4．北西季節風と対馬海流の影響を受けて，夏よりも冬の降水量の方が多いという違い。　問5．⑴積雪で冬の外での農作業ができないため。　⑵水もちが悪く，やせた土が多いから。　問6．自動車

2 問1．⑴三内丸山　⑵古墳　⑶律令　⑷厳島神社　⑸明智光秀　⑹武家諸法度　⑺杉田玄白　⑻津田梅子　⑼伊藤博文　⑽田中正造　⑾大名と家臣　⑿ウ　⒀オ　⒁コ　問2．⑴自分の娘を天皇のきさきとし，生まれた子を天皇に立て，摂政となったから。　⑵三方を山に囲まれ，前方が海に面しているので，守りやすかったから。　⑶江戸から離れた領地を与えられたこと。　⑷17　⑸征夷大将軍　⑹1945　⑺聖武天皇　⑻西郷隆盛　⑼貴族院　⑽B　⑾H　⑿J

3 問1．A．みどり　B．山　C．文化　問2．ウ　問3．①イ　②ウ　③ア→エ→ウ→イ　④イ　⑤12，23
⑥成人年齢が引き下げられたが，飲酒が可能な年齢は二十歳のままなのに，飲酒を認めている点。
⑦X．武力　Y．放棄　⑧ピクトグラム　⑨納税の義務／子女に教育を受けさせる義務
問4．週休2日制と合わせて3連休となり，余暇が過ごしやすくなるから

《C．T．》

1 問1．90　問2．イ　問3．ウ　問4．スクールバンド　問5．入班を考えている者は，来週水曜日の放課後に行われる入班説明会に必ず出席すること，という指示。　問6．オ

2 問1．ホワイトボードの前　問2．ウ　問3．イ，エ　問4．ア，イ，エ　問5．40　問6．ウ

3 問1．ウ　問2．イ　問3．⑤÷①〔別解〕⑥÷③

4 問1．諳誦　問2．イ　問3．メモリー　問4．1つのことについて覚えなければいけない情報量が多いうえに，それがたくさんある　問5．⑴イ　⑵イ　⑶ア　⑷イ

5 問1．13　問2．路面電車　問3．臨時バスとフェリー　問4．11，40
問5．しかの写真をとること／あなご飯を食べること

6 問1．8　問2．④－2，④－4，④－7　問3．記号…④－2　面の数…10

2022 解説 令和4年度 修道中学校

←解答例は前のページにありますので，そちらをご覧ください。

《2022　国語　解説》

二　著作権に関係する弊社《へいしゃ》の都合により本文を非掲載《ひけいさい》としておりますので、解説を省略させていただきます。ご不便をおかけし申し訳ございませんが、ご了承《りょうしょう》ください。

三　**問一**　「如《し》かず」は、およばない、かなわない、という意味。「百聞《ひゃくぶん》」(数多く聞くこと)は、「一見《いっけん》」(一度見ること)におよばない、つまり、人からくり返し聞くよりも、一度自分の目で見る方がよくわかるということ。

問二　「一般的《いっぱんてき》な信頼《しんらい》」とは、「自分が暮らしている社会への信頼～たとえば～まさか毒や針が仕込《しこ》まれているとは思わないだろう～まさか後ろから押《お》されるとは思っていないだろう。こういったことはまずこの社会では起こらないという、一般の人々への信頼」だと説明されている。これと同様の信頼が見られるのは、おつりをもらえないことはないだろうと考えている、ウ。アの「友達が～貸してくれるだろう」、イの「自分を支えてくれる家族を信じて」は、「個別的な信頼(個人的な信頼)」。エは、「一般的な信頼」とも「個別的な信頼」とも異なる話である。

問三　本文最後の段落で「150 人に入る仲間は、少なくとも個別の信頼を寄せる相手だ。おたがいの暮らしや事情や性格をよく知っていて、相談ができる間柄《あいだがら》である」と述べていることに着目する。この「150 人」については、本文の中ごろで「150 人がどうやら個人的な信頼を寄せられる上限らしい～名前ではなく顔が浮《う》かぶというところが重要で、それは過去にいっしょになにかをしたり、喜怒哀楽《きどあいらく》をともにしたりした間柄ということだ。つまり～体でつながった経験が必要なのである」と述べている。

問四　――線部④の前後で「いまだに人間の脳は 150 人ぐらいの人々と暮らすようにできている～150 人を超《こ》える人々と簡単に個人的な信頼関係を結べるわけではない。情報機器を通じてつながる人々と、顔や性格を知って信頼関係を結ぶ人々とを分けて、ちがうつきあいをしなければならない時代なのである。たとえば、150 人の外にいる名前だけの仲間とは、それぞれが都合のいい情報を交《か》わし合うだけにとどめるべきだ。おたがい、相手の暮らしに深入りせず、悩《なや》みも相談するべきではない。きわめてドライにつきあうことを心がけたほうがいい」と述べていることに、ア、ウ、エは適する。また、「個別の信頼を寄せる相手」とは「頻繁《ひんぱん》に連絡《れんらく》を取り合う必要がある」と述べていることから、個人的な信頼関係のない「150 人の外にいる名前だけの仲間」とはそうする必要がないということが読みとれるので、カも適する。筆者が最後の段落で「情報機器は頻繁に連絡を取り合うのには便利だが、信頼関係を保つにはやはり直接会って親交を深めなければならない」と述べているのは、「150 人に入る仲間」(個別の信頼を寄せる相手)についてなので、イは適さない。――線部③の直前の段落で「このような犯罪はみんなが共同で暮らしている社会の信頼を根底からくずすことになるので、厳しく取《と》り締《しま》らなくてはならないのだ」と述べているが、これは「150 人の外にいる名前だけの仲間」について言ったものではないので、オは適さない。

問五　――線部の直後で、親しくない人と「親しくなろうとしてスマホを多用しても、うまくいくとは限らない～正しいかどうか～どんな気持ちで言っているのか、なぜこんなことを言うのか、疑いだしたらきりがない」と述べている。「相手の個性を知っていれば～相手の顔が浮かぶから、だいたいのことは想像できる」が、それができないのである。つまり、信頼関係が築けないということであり、そのような相手と、直接会わずに言葉や情報だけのやり取りをしていると、トラブルに発展する可能性があるということ。

《2022　算数　解説》

1　(2)　与式より，$(\square-\frac{3}{10})\div\frac{29}{2}\times35=4-3$　　$(\square-\frac{3}{10})\div\frac{29}{2}=1\div35$　　$\square-\frac{3}{10}=\frac{1}{35}\times\frac{29}{2}$

$\square=\frac{29}{70}+\frac{3}{10}=\frac{29}{70}+\frac{21}{70}=\frac{50}{70}=\frac{5}{7}$

(3)　1 L＝10dL＝1000mL だから，与式＝1.6 L－(12.4÷10) L＋(234÷1000) L＝1.6 L－1.24 L＋0.234 L＝0.594 L

(4)　**【解き方】35 で割ると 9 余る数は，35 の倍数より 9 大きい数である。**

2022÷35＝57 余り 27 より，2022 に近い 35 の倍数は，35×57＝1995 と 1995＋35＝2030 である。

よって，35 の倍数より 9 大きい数のうち，2022 に近い数は，1995＋9＝2004 と 2030＋9＝2039 で，2022－2004＝18，2039－2022＝17 だから，より 2022 に近い数は 2039 である。

(5)　右のように記号をおく。ひし形の向かい合う角の大きさは等しいので，

角イ＝49°　　折って重なる角の大きさは等しいので，角ウ＝角イ＝49°，

角エ＝角オ＝(180°－84°)÷2＝48°

三角形の内角の和より，角カ＝180°－49°－48°＝83°

角カ＝角キ＝83° なので，角ア＝180°－83°×2＝14°

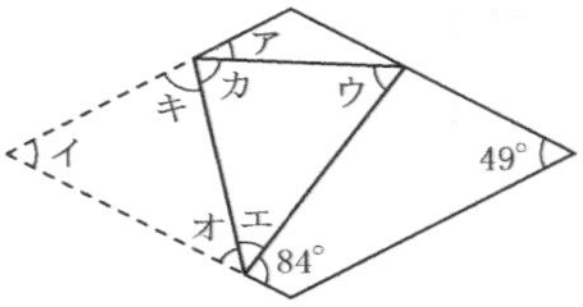

(6)　**【解き方】食塩水の問題は，うでの長さを濃度《のうど》，おもりを食塩水の重さとしたてんびん図で考えて，うでの長さの比とおもりの重さの比がたがいに逆比になることを利用する。**

右のようなてんびん図がかける。2％の食塩水と加えた食塩水の量の比は 210：120＝7：4だから，a：b＝4：7である。a＝4－2＝2(％)だから，$b=2\times\frac{7}{4}=3.5$(％)

よって，加えた食塩水の濃度は，4＋3.5＝7.5(％)

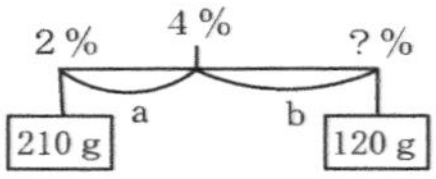

(7)　**【解き方】正方形ＡＢＣＤの１辺の長さを１として，正方形ＡＢＣＤと正方形ＥＦＧＨの面積を求める。**

正方形ＡＢＣＤの面積は，1×1＝1

三角形ＡＥＨ，ＢＦＥ，ＣＧＦ，ＤＨＧの面積はともに，3×4÷2＝6だから，正方形ＥＦＧＨの面積は，1＋6×4＝25　　よって，正方形ＥＦＧＨの面積は正方形ＡＢＣＤの面積の，25÷1＝25(倍)である。

(8)　Ａさん，Ｂさん，Ｃさん，Ｄさんの４人の合計点は 72.5×4＝290(点)

Ｄさん，Ｅさん，Ｆさんの３人の合計点は 68×3＝204(点)

Ｄさんの得点は 80 点なので，６人の合計点は，290＋204－80＝414(点)

よって，６人の平均点は，414÷6＝69(点)

(9)　**【解き方】円板の中心が通る線について，図１は右図の太線，図２は右図の太点線となる。**

太線と太点線について，直線部分の長さは，たての長さ，横の長さともに太線の方が 3×2＝6(cm)ずつ長い。

また，太線の曲線部分の長さの和は，半径が３cmの円の円周に等しく，3×2×3.14＝18.84(cm)である。よって，円板の中心が通る線の長さは，図１の方が図２より 6×4＋18.84＝42.84(cm)長くなる。

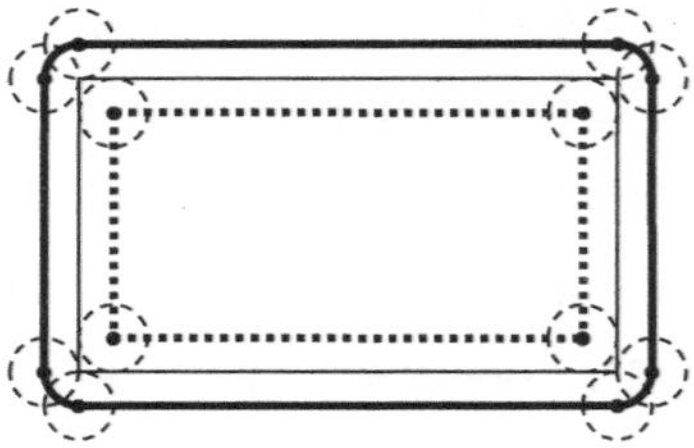

2　(1)　Ａさんだけが自分の名前が書いてあるカードになった場合，Ｂさん，Ｃさん，Ｄさんのカードをそれぞれｂ，ｃ，ｄとすると，(Ｂさん，Ｃさん，Ｄさん)へのカードの配り方は，(ｃ，ｄ，ｂ)(ｄ，ｂ，ｃ)の２通りある。Ｂさん，Ｃさん，Ｄさんだけが自分の名前が書いてあるカードになった場合の他の３人へのカードの配り方も２通りずつあるので，求めるカードの配り方は，2×4＝8(通り)ある。

⑵　**【解き方】長方形イの面を下にしたときの図について，水が入っている部分を右図の太線のようにわけ，下の部分をA，上の部分をBとする。Bの部分の高さを考える。**

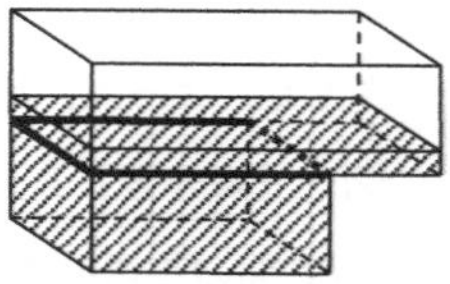

長方形アの面を下にしたときの図より，水の体積は，35×60×15＝31500(cm³)

Aの部分の水の体積は35×40×18＝25200(cm³)だから，Bの部分の水の体積は，

31500－25200＝6300(cm³)

Bの部分の底面積は35×60＝2100(cm²)だから，Bの部分の高さは，6300÷2100＝3(cm)

よって，求める水の深さは，18＋3＝21(cm)

⑶　**【解き方】①，②にあてはまる数をそれぞれa，bとして，⑤に入る数をaとbで表す。**

③＝①＋②＝a＋b，④＝②＋③＝b＋(a＋b)＝a＋b×2，⑤＝③＋④＝a＋b＋(a＋b×2)＝a×2＋b×3

a×2＋b×3＝10となる整数a，bを探すと，a＝2，b＝2が見つかるから，①，②にあてはまる数はともに2である。

⑷　**【解き方】図iのように破線をひくと，1辺が3cmの正三角形が4つできる。**

図 i

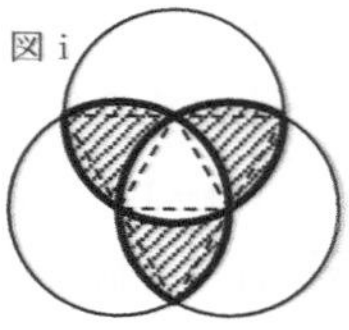

周りの長さは図iの太線部分で，半径が3cm，中心角が60°×3＝180°のおうぎ形の曲線部分の長さの3倍だから，$3\times2\times3.14\times\frac{180^\circ}{360^\circ}\times3=28.26$(cm)

図iiのように太線部分を矢印の向きに移動させると，面積は半径が3cm，中心角が60°のおうぎ形の面積の3倍になるから，

$3\times3\times3.14\times\frac{60^\circ}{360^\circ}\times3=14.13$(cm²)

図 ii

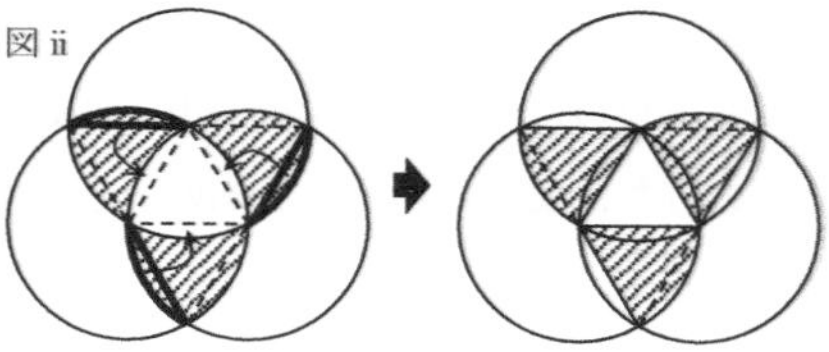

3　⑴　のりしろの幅を2cmにすると，紙を1枚貼《は》り合わせるごとにできる長方形の横の長さが15－2＝13(cm)長くなる。

よって，3枚の紙を貼り合わせると，長方形の横の長さは15＋13×(3－1)＝41(cm)になるから，面積は，

10×41＝410(cm²)

⑵　**【解き方】⑴をふまえ，長方形の横の長さ→のりしろの幅，の順で求める。**

長方形の周りの長さが257cmだから，縦と横の長さの和は257÷2＝128.5(cm)，横の長さは128.5－10＝118.5(cm)

よって，1枚目から10－1＝9(枚)貼り合わせることでの長方形の横の長さが118.5－15＝103.5(cm)長くなったのだから，1枚貼り合わせるごとに長方形の横の長さは103.5÷9＝11.5(cm)長くなる。

したがって，のりしろの幅は，15－11.5＝3.5(cm)

⑶　**【解き方】のりしろの幅が1cmのときと5cmのときの，横の長さが2m＝200cmとなるのに必要な長方形の枚数を考える。**

のりしろの幅が1cmのとき，紙を1枚貼り合わせるごとに長方形の横の長さは15－1＝14(cm)長くなる。

(200－15)÷14＝13余り3より，横の長さは，1枚目からあと13枚貼り合わせると15＋14×13＝197(cm)，14枚貼り合わせると197＋14＝211(cm)になる。よって，紙が1＋13＝14(枚)だと必ず2mより短くなるので，紙が必要な枚数は15枚以上である。

のりしろの幅が5cmのとき，紙を1枚貼り合わせるごとに長方形の横の長さは15－5＝10(cm)長くなる。

(200－15)÷10＝18余り5より，横の長さは，1枚目からあと18枚貼り合わせると15＋10×18＝195(cm)，19枚貼り合わせると195＋10＝205(cm)になる。よって，紙が1＋19＝20(枚)だと必ず2mより長くなるので，紙が必要な枚数は19枚以下である。以上より，必要になる紙は15枚以上19枚以下である。

4　⑴　**【解き方】2人がそれぞれ出発してからすれちがうまでに，2人は合わせて945m(AB間の道のり)進んだ。**

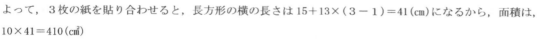

修さんは出発してから５分で135×５＝675(m)進んだから，道子さんは出発してから３分で945－675＝270(m)進んだ。よって，道子さんのジョギングの速さは，分速(270÷３)m＝分速90m

⑵　**【解き方】２人が１度目にすれちがってから２度目にすれちがうまでに，２人は合わせて945×２＝1890(m)(ＡＢ間の往復の道のり)進んだ。**

２人の速さの和は分速(135＋90)m＝分速225mだから，２人が合わせて1890m進むのにかかる時間は，1890÷225＝8.4(分)，つまり，８分(0.4×60)秒＝８分24秒である。よって，求める時間は，５分後＋８分24秒＝13分24秒後

⑶　**【解き方】ＡＢ間を進むのにかかる時間は，修さんが945÷135＝７(分)，道子さんが945÷90＝10.5(分)なので，グラフの続きは右図のようになる。修さんが道子さんに初めて追いつくのは，図の○印の位置である。同じ形の三角形に注目して，Ａからの道のりを考える。**

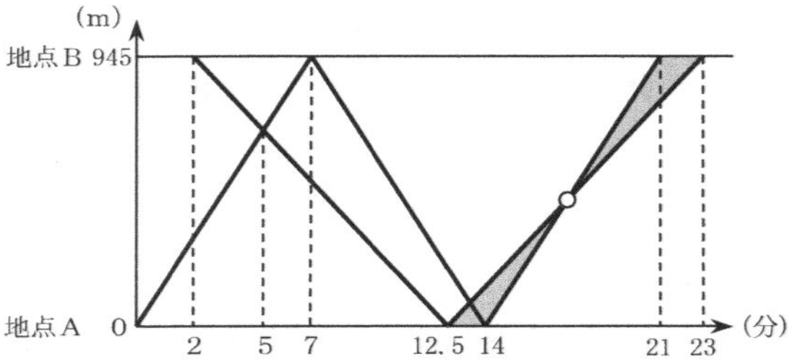

色付きの２つの三角形は同じ形で，辺の長さの比が(14－12.5)：(23－21)＝３：４だから，求める道のりは，Ａから945×$\frac{3}{3+4}$＝405(m)のところである。

5　⑴　４個の正方形をつなぎ合わせると，図①のときに周りの長さがア8cmとなり，図②～④のときに周りの長さがイ10cmとなる。

図①　図②　図③　図④

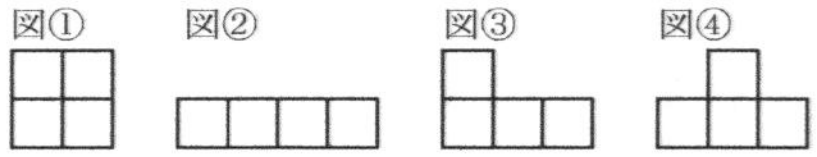

長方形Ｑについて，面積は10㎠以上だから，長方形Ｑの縦と横の長さのうち，長くない方が１cmのときはもう一方は10÷１＝10(cm)以上，長くない方が２cmのときはもう一方は10÷２＝ウ5(cm)以上，長くない方が３cmのときはもう一方は，10÷３＝３余り１より，エ4cm以上となる。

⑵　**【解き方】８個の正方形をつなぎ合わせてできる図形を図形Ｒとし，図形Ｒの全体を含むようなできるだけ小さい長方形Ｓを考える。図形Ｒの面積は長方形Ｓの面積以下だから，長方形Ｓの面積を減らして８㎠にする。**

長方形Ｓの周の長さが12cmとなる場合を考えると，縦と横の長さの和は12÷２＝６(cm)だから，長方形Ｓは図⑤～⑦の３パターンが考えられる。

図⑤　図⑥　図⑦

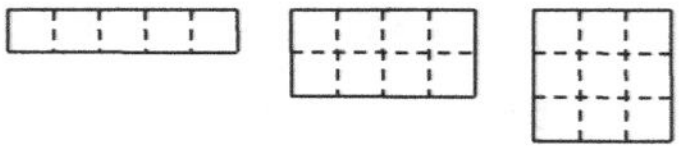

図⑤は面積が５㎠だから，図形Ｒを作ることができない。

図⑥は面積が８㎠だから，このまま図形Ｒとなる。

図⑦は面積が９㎠だから，面積を１㎠減らして図形Ｒを作る。

図⑧のように減らすと図形Ｒができるが，図⑨のように減らしたり，ちょうど真ん中の正方形を取り除いたりすると周の長さが12cmより長くなってしまう。

図⑧　図⑨

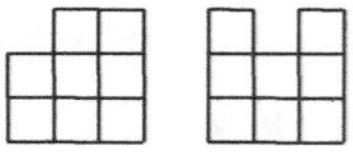

よって，求める図形は，図⑥と図⑧である。

⑶　**【解き方】７個の正方形をつなぎ合わせてできる図形を図形Ｔとし，図形Ｔの全体を含むようなできるだけ小さい長方形Ｕとして，⑵と同様に考える。図⑦の面積を減らして図形Ｔを作るとき，周の長さは増えることはあっても減ることはない(図⑧，図⑨参照)。したがって，長方形Ｕの周の長さは12cm以下である。**

長方形Ｕの周の長さが10cmの場合，図⑩，⑪の２パターンが考えられるが，どちらからも面積が７㎠の図形Ｔを作ることはできない。したがって，図形Ｔを作ることができる長方形Ｕの周の長さは，やはり12cmだけである。⑵の図⑥～⑦から図形Ｔを作る。

図⑩　図⑪

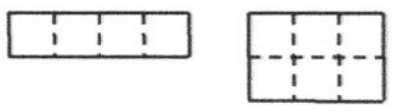

図⑥からは面積を１㎠減らして図形Ｔを作る。周の長さが増えないように注意すると，図⑫を作ることができる。

図⑦からは面積を２㎠減らして図形Ｔを作る。周の長さが増えない

図⑫　図⑬　図⑭　図⑮

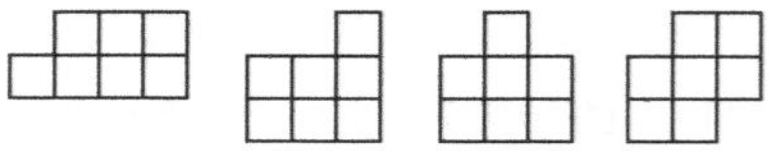

ように注意すると，図⑬～⑮を作ることができる。

よって，図形Tは全部で４個作れる。

《2022　理科　解説》

1 問１　ア×…硫酸銅水溶液《りゅうさんどうすいようえき》(青色)のように，色がついている水溶液もある。　エ×…時間がたっても，水温や水の量が変わらなければ，とけているものが液の下の方に集まるようなことはなく，均一に広がったままである。

問２　(2)気体がとけている水溶液を選べばよい。アはアンモニア，ウは塩化水素がとけている。　(3)アルカリ性の水溶液を選べばよい。イは中性，ウは酸性である。　(4)ウに金属がとけたときに発生する気体は水素である。

問３　液とふれる表面積が大きくなり，効率がよくなる。

問４　表１より，食塩は20℃の水100ｇに37ｇまでとける。よって，ろ紙を通りぬけた液の濃《こ》さは37÷(37＋100)×100＝27.0…→27%である。

問６　ものがとける量は水の量に比例する。表１の20℃の水100ｇにとける量をもとに考えると，20℃の水40ｇに，食塩は$37\times\frac{40}{100}$＝14.8(ｇ)までとけ，硝酸《しょうさん》カリウムは$32\times\frac{40}{100}$＝12.8(ｇ)までとける。よって，加えた食塩10ｇは全部とけたままだが，硝酸カリウムは加えた30ｇのうち，30－12.8＝17.2(ｇ)がとけきれなくなって出てくる。

問８(1)　濃さが20%の食塩水50ｇは，50×0.2＝10(ｇ)の食塩を50－10＝40(ｇ)の水にとかしたものである。問６解説と同様に考えると，40℃の水40ｇに食塩は$38\times\frac{40}{100}$＝15.2(ｇ)までとけるので，あと15.2－10＝5.2(ｇ)とかすことができる。　(2)　表１より，硝酸カリウムは60℃の水100ｇに109ｇまでとけるから，水を蒸発させた後の20℃の水溶液には109－85＝24(ｇ)の硝酸カリウムがとけているとわかる。20℃のとき，硝酸カリウムは水100ｇに32ｇまでとけるから，24ｇの硝酸カリウムをとかすには$100\times\frac{24}{32}$＝75(ｇ)の水が必要である。よって，蒸発させた水は100－75＝25(ｇ)である。

2 問１　１km流れるのに３分20秒→200秒かかるので，42.165kmでは200×42.195＝8439(秒)→２時間20分39秒かかる。

問４　流れる水には，しん食の他に，土砂を運ぶはたらき(運ぱん)と，土砂を積もらせるはたらき(たい積)がある。

問５　川の下流ほど，小さく，丸みを帯びたものが多い。

問６　川の流れがまっすぐなところでは，中央で流れが最も速いため，しん食作用が大きく，底が深くなる。

問７　どろ(直径0.06mm以下)，砂(直径0.06mm～２mm)，れき(直径２mm以上)はつぶの大きさで区別される。つぶが大きいものほど重いので速く沈《しず》む。よって，河口付近の浅い海にはつぶが大きいれきがたい積し，河口からはなれるほどつぶの大きさが小さくなっていく。

3 問１　表１より，おもりの重さが20ｇ大きくなるごとに，ばねの伸《の》びた長さが４cmずつ大きくなることがわかる。

問３，４　20ｇで４cm伸びるから，50ｇでは$4\times\frac{50}{20}$＝10(cm)伸びる。また，１cm伸ばすのに必要な重さは$20\times\frac{1}{4}$＝５(ｇ)である。

問５　斜面《しゃめん》の角度が90度のときは，図１と同じ状態である。このとき，ばねの伸びた長さが20cmであることから，問１グラフより，おもりの重さは100ｇとわかる。

問６　角度が同じであれば，ばねにかかる重さはおもりの重さに比例する。図３で，斜面の角度が30度のときのばねの伸びた長さは10cmだから，おもりの重さを２倍にすると，ばねの伸びた長さも２倍(20cm)になる。

問７　図５のようにばねを直列につなぐと，どちらのばねにもおもりの重さ50ｇがかかる。よって，問３より，ばね１は10cm，図４より，ばね２は５cm伸びるので，伸びの合計は10＋５＝15(cm)になる。

問８，９　問１グラフより，ばね１の長さが22cmになる(２cm伸びる)のは，ばね１に10ｇの重さがかかるときであり，図４より，ばね２の長さが22cmになるのは，ばね２に20ｇの重さがかかるときだから，おもりの重さは10＋20＝30(ｇ)である。また，おもりの重さは，両はしのばねにおもりからの距離《きょり》の逆比に分かれてかかるから，かかる重さの比が，ばね１：ばね２＝10：20＝１：２のとき，おもりからの距離の比は，ばね１：ばね２＝２：１である。よって，おもりは左はしから12×$\frac{2}{2+1}$＝８(cm)のところにつるされている。

4　問１(2)　Ａ液(だ液)にはアミラーゼというでんぷんを分解する物質が含《ふく》まれている。よって，Ａ液とＢ液を混ぜると，Ｂ液に含まれているでんぷんがＡ液によって分解されるため，ヨウ素液を加えても青紫《むらさき》色に変化しない。Ａ液の代わりに水を用いて，でんぷんが分解されない(ヨウ素液を加えると青紫色に変化する)ことを確かめることで，Ａ液が消化にはたらいたとわかる。

問２　アは筋肉によって食べ物を胃に運ぶはたらきがある。また，エでは食べ物の残りかすから水分を吸収して便がつくられる。

問５　二酸化炭素以外の不要物の１つに尿素《にょうそ》がある。体内でできた有害なアンモニアは肝臓《かんぞう》で無害な尿素に変えられる。さらに，尿素はじん臓で水などとともにこしとられて尿になる。

問６(1)　日光があたると，植物は水と二酸化炭素を材料にして，でんぷんと酸素をつくりだす。このはたらきを光合成という。

《2022　社会　解説》

1　Ａ・Ｂは人口の多い大阪府・愛知県であり，韓国人の多いＡを大阪府，ブラジル人の多いＢを愛知県と判断する。Ｃ・Ｏは冬の寒さが厳しい北海道・青森県であり，人口の多いＣを北海道，人口の少ないＯを青森県と判断する。Ｅ・Ｆ・Ｇ・Ｊは夏の降水量が多い太平洋側の気候の静岡県・長崎県・熊本県・鹿児島県であり，水田率の高いＥを熊本県，ブラジル人の多いＦを静岡県，１月の気温が高いＧを鹿児島県，海岸線の長いＪを長崎県と判断する。Ｈ・Ｍは内陸県の栃木県・群馬県であり，水田率の高いＨを栃木県，ブラジル人の多いＭを群馬県と判断する。Ｉ・Ｋは冬の降水量が多い日本海側の気候の富山県・石川県であり，海岸線の長いＩを石川県，海岸線の短いＫを富山県と判断する。Ｎは冬の気温が高く，水田率が圧倒的に低いので，沖縄県と判断する。残ったＤ・Ｌは和歌山県・京都府であり，人口の多いＤを京都府，人口の少ないＬを和歌山県と判断する。

問１　Ａは大阪府のカ，Ｃは北海道のソ，Ｅは熊本県のウ，Ｇは鹿児島県のイ，Ｉは石川県のク，Ｋは富山県のケ，Ｍは群馬県のシ，Ｏは青森県のセを選ぶ。

問２　タは青森県のねぶた祭，チは愛知県の名古屋城，ツは熊本県の阿蘇山，テは石川県の兼六園，トは栃木県の日光東照宮，ナは静岡県の牧之原，ニは鹿児島県の種子島宇宙センター，ヌは富山県の黒部ダム，ネは長崎県の平和祈念像，ノは沖縄県の伝統家屋，ハは北海道のクラーク博士像，ヒは大阪府の通天閣，フは京都府の天橋立，へは和歌山県の那智山青岸渡寺三重塔と那智の滝，ホは群馬県の富岡製糸場。よって，Ｂはチ，Ｄはフ，Ｆはナ，Ｈはト，Ｊはネ，Ｌはヘ，Ｎはノを選ぶ。

問４　北海道・石川県・富山県・青森県は日本海に面している点で共通している。日本海側では，冬の北西季節風が，暖流の対馬海流の上空で大量の水蒸気をふくんだ後，高い山地にぶつかって，大量の雪を降らせる(右図参照)。

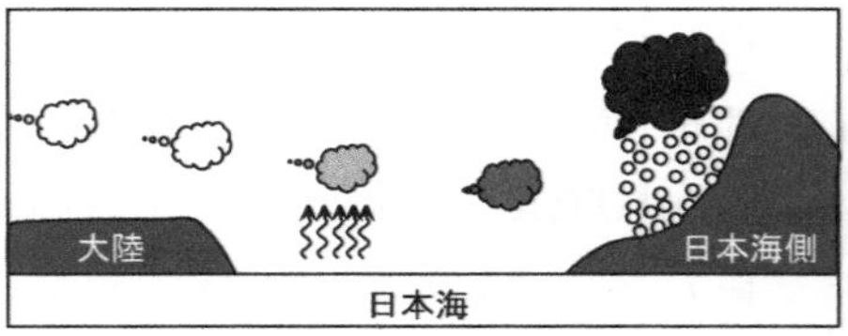

問５(1)　問４の解説参照。　(2)　鹿児島県の大部分は火山灰土のシラス台地で，水はけがよいため稲作に向かず，畜産や畑作がさかんである。沖縄県には大きな河川がなく，降雨量も梅雨期と台風期に集中するため，水不足にな

りやすい。

問6　愛知県・静岡県・群馬県の自動車工場では，多くの日系ブラジル人が働いている。

2　**問1(2)**　日本最大の前方後円墳として大阪府堺市にある大仙古墳が有名であり，仁徳天皇の墓と伝えられている。

(3)　8世紀の始めには大宝律令などがつくられた。律は刑罰に関するきまり，令は政治のしくみや租税などに関するきまりである。　(4)　平安時代末期，平清盛は厳島神社に海路の安全を祈願して経典を納め，日宋貿易を進めた。

(5)　本能寺の変で織田信長を倒した明智光秀は，直後の山崎の戦いで豊臣(羽柴)秀吉に滅ぼされた。

(6)　武家諸法度に違反した大名は，たとえ長く仕えていた者や多くの貢献をした者であっても厳しく処罰され，とくに，参勤交代の制度を追加した徳川家光の時代は武力によって大名を制圧したので，取りつぶされる大名の数が多かった(武断政治)。　(7)　杉田玄白は，前野良沢とともにオランダ語で書かれた『ターヘル・アナトミア』を翻訳し，『解体新書』を出版した。　(8)　津田梅子は，岩倉使節団に従ってアメリカに留学し，帰国後女子英学塾(津田塾大学)を創設した。　(9)　伊藤博文は岩倉使節団の一員として欧米を回り，君主権の強いプロイセン(ドイツ)の憲法を学んで帰国した後，内閣制度を創設し，初代内閣総理大臣に就任した。　(10)　明治時代，足尾銅山から出た鉱毒が渡良瀬川に流れこみ，流域で農業や漁業を営んでいた人々が大きな被害を受けた。衆議院議員であった田中正造は，帝国議会でこの事件を取り上げて政府の責任を追及し，議員を辞職した後も，鉱毒問題の解決に努めた。　(11)　「大名と家臣は，百姓の所持する武具をすべて取り上げ」とある。刀狩によって武器を使って戦うことができなくなったため，武士との身分がはっきりと区別されるようになった(兵農分離)。　(12)　ウを選ぶ。能は，室町幕府3代将軍足利義満の保護を受けた観阿弥・世阿弥親子によって大成された。アは平安時代，イとエとオは江戸時代。　(13)　吉野ヶ里遺跡は佐賀県にある弥生時代の遺跡だから，オを選ぶ。　(14)　関ヶ原は現在の岐阜県の位置にあたるから，コを選ぶ。

問2(1)　藤原道長は，娘の彰子と一条天皇の間に生まれた子の後一条を天皇に立て，自らは天皇の母方の親戚(外戚)として摂政の地位につき実権をにぎった。藤原氏は摂関政治によって勢力をのばした貴族で，藤原道長・頼通親子の頃に最も栄えた。　(2)　鎌倉幕府を開いた源頼朝は，敵に簡単に攻められない工夫として，鎌倉の三方を囲む山の一部を切り開いて，人ひとりが通れるほどの切通しを作ったり，鎌倉を中心に放射状に伸びる鎌倉街道を作ったりした。　(3)　関ヶ原の戦い前後に徳川氏に従った外様大名は最も江戸から遠ざけられ，徳川家一門の親藩や古くから徳川氏に従っていた譜代大名が要地に配置されていた。　(4)　17世紀は1601～1700年にあたる。

(6)　太平洋戦争は1941年の海軍によるオアフ島の真珠湾攻撃から始まり，1945年8月15日に終わった。

(7)　聖武天皇は，奈良時代に仏教の力で世の中を安定させようとして全国に国分寺・国分尼寺を，奈良の都に東大寺と大仏をつくらせた。　(8)　征韓論を主張した西郷隆盛は，明治政府を去り鹿児島に帰った後，政府の政策に不満を持った士族らにかつぎあげられて西南戦争を起こしたが，敗れて亡くなった。　(9)　貴族院は皇族・華族のほか，天皇が任命した議員で構成されたため，選挙では選ばれなかった。　(10)　大化の改新は645年だから，Bを選ぶ。中大兄皇子と中臣鎌足は蘇我氏を滅ぼし，大化の改新を行った。　(11)　徳川家光が将軍の時期だから，Hを選ぶ(問1(6)の解説参照)。　(12)　日清戦争の開始は1894年だから，Jを選ぶ。

3　**問1【C】**　文化の日は，日本国憲法が公布された1946年11月3日に由来する。

問2　ウ．昭和から平成に変わったのは2022－1989＝33(年)前であり，当時のお父さんが12歳だったことから，33＋12＝45(歳)と判断する。

問3①　イが正しい。ＵＮＨＣＲは国連難民高等弁務官事務所，ＵＮＥＳＣＯは国連教育科学文化機関，ＵＮＩＣＥＦは国連児童基金，ＵＮＥＰは国連環境計画の略称である。　②　ウが正しい。　ア．衆議院に先議権があるのは「法律案」ではなく「予算案」である。　公聴会は「本会議」ではなく「委員会」で開かれる。　エ．法律の公布は天皇が行う国事行為である。　③　ア．サンフランシスコ平和条約の締結(1951 年)→エ．ソ連との国交回復(1956 年)→ウ．第一次石油危機(1973 年)→イ．日中平和友好条約の締結(1978 年)

④　イを選ぶ。　Ⅰ．右表参照　Ⅲ．1971年に環境庁が発足し，2001年に環境省に格上げされた。　⑥　2022年４月１日から，成人年齢が 20 歳から 18 歳に引き下げられたが，健康被害やギャンブル依存症への恐れから，飲酒や喫煙，競馬，競輪などについては20歳の基準が維持されている。

公害名	原因	発生地域
水俣病	水質汚濁 (メチル水銀)	八代海沿岸 (熊本県・鹿児島県)
新潟水俣病	水質汚濁 (メチル水銀)	阿賀野川流域 (新潟県)
イタイイタイ病	水質汚濁 (カドミウム)	神通川流域 (富山県)
四日市ぜんそく	大気汚染 (硫黄酸化物など)	四日市市 (三重県)

⑦　日本国憲法は平和主義を基本原理としており，９条には「戦争放棄」「戦力不保持」「交戦権の否認」について規定している。　⑧　ピクトグラムは，日本語のわからない人にも情報を伝えられるため，年齢や国の違いを越えた情報手段として活用されている。また，東京オリンピック 2020 の開会式ではピクトグラムのパフォーマンスが話題となった。

問４　ハッピーマンデー制度が導入されているので，土曜日・日曜日・月曜日(国民の祝日)が３連休となる。

《2022　C．T．　解説》

1　**問１**　「きょうの班活動デモンストレーションがおこなわれる時間は，何分間ですか。算用数字で答えなさい」という問い。「きょうは放課後16時30分から18時で，班活動のデモンストレーションがあります」より，90 分間。

問２　「文化班のデモンストレーションはどこでおこなわれますか」という問い。「文化班は中庭，運動班はピロティーでおこなわれます」より，イの「中庭」。

問３　「３人が話していた日にデモンストレーションをおこなわない運動班はどれですか」という問い。「きょうデモンストレーションをおこなっている運動班は，ハンドボール班と，柔道《じゅうどう》班と，剣道《けんどう》班だね。あしたは，アーチェリー班と，ワンダーフォーゲル班と，少林寺拳法《しょうりんじけんぽう》班だって」より，ウの「ワンダーフォーゲル班」。

問４　「３人がこの日最後に見学した班活動は何ですか」という問い。「スクールバンド班のデモンストレーションはあしたみたいだけど，きょうも南館５階で見学できるみたいだから，最後に行ってみる？」「いいね，そうしよう」という会話より。

問５　「サッカー班の説明会について，班活動の紹介《しょうかい》パンフレットには，どのような指示が書いてありましたか」という問い。「来週水曜日の放課後に，入班説明会があるらしいよ。入班を考えている者は，必ず出席することって書いてある」より。

問６　「３人はこの日，どういう順番で運動班の見学をすることにしましたか」という問い。プール→グラウンド→テニスコートという提案があったが，そのあとに「テニスコートは東側にあるから，先にそっちに行ってみたほうがいいんじゃない。グラウンドもプールも校舎も西側だから」「あ，たしかに。そっちのほうがいいね」「じゃあ，西側にもどってきたら，水泳班を次に見学しよう」という会話が続く。よって，オの「テニスコート→プール→グラウンド」という順番。

2　**問１**　「調味料はどこに準備されていますか」という問い。「調味料は，ホワイトボードの前にありますよ」より。

問２　「この実習で肉じゃがを作るとき，一番最後に入れるとよい食材」を選ぶという問い。「先生，さやいんげんは，あとからですよね」「そうです。火を入れすぎると，色が悪くなったり，やわらかくなりすぎたりするので，さやいんげんは最後に加えましょう」という会話より，ウの「さやいんげん」。

問３　「落としぶたをする理由として正しいもの」を「すべて」選ぶという問い。「味のしみこみを良くしたり，アクを取ったりするものよ。いもやかぼちゃをにているときに，食材どうしがぶつかってくずれるのも防いでくれるの」より，イとエ。

問４　「この実習で肉じゃがを作るとき，使用するよう指示された調理器具」を「すべて」選ぶという問い。「じゃがいもは，切ったあと，ボウルに入れて」「両手なべに油をひいて」「いためるときは，さいばしを使いましょう」より，ア，イ，エ。

問５　「この実習で，３班が肉じゃがを作る際に必要なしょうゆの量は，合計何 ml となりますか」という問い。原田さんがお休みだという３班の生徒が，何人分作ればいいですか，という質問をした。先生は，最初に「３人分で作りましょう」と言ったが，「あ，でもせっかくだから，担任の先生に試食していただこうかしら」と言い，「そうしましょうよ」「そうね。では，３班も４人分で調理してください」という会話が続く。また，「肉じゃがに使う調味料のうち，みりんは１人あたり 15 ml，しょうゆは１人あたり 10 ml です」と言っている。よって，40 ml。

問６　「この実習の献立《こんだて》を調理する手順をまとめた表」として最も適切なものを選ぶという問い。「お米はたき上がるまでに 40 分かかるから，最初にとりかかりましょう」「ごま和《あ》えに使うほうれん草は，肉じゃがの材料をいため始めてからゆでるとちょうどいいですね」「味をつけるとほうれん草から水分が出やすいので，食べる直前に，ごまや調味料と和えること」という先生の説明に，ウが適する。

3　**問１**　47 都道府県がすべて広島県と同じくらいの郵便局(700 局)があるとすると，全国の郵便局の数は，(１都道府県にある郵便局の数)×(都道府県数)＝700×47＝32900 より，約 33000 局あると考えられる。

問２　全国の郵便局の数を計算したときと同じように考えると，④×⑨または⑨×④で計算できるとわかる。

問３　(店舗《てんぽ》数)＝(国内のコンビニエンスストア全体の量)÷(１店舗あたりの量)で求められることから，⑤÷①または⑥÷③で求めることができる。なお，⑤÷①＝50000(店舗)，⑥÷③＝60000(店舗)となる。

4　**問１**　「『何も見ないで，文章などを覚えていて，声に出してよむこと』という意味の言葉である『あんしょう』を，漢字二字で答えなさい。ただし，どちらの文字にも『ごんべん』を使って解答しなさい」という問い。「暗記の『暗』は，通常『くらい』と訓読みする文字を使いますが，その文字の偏《へん》を『ごんべん』に変えた漢字を使って『諳記《あんき》』と表すことがあります」「暗記の効果を試す一つの方法に，暗唱〜さきほどの『ごんべん』の『諳』に，通行止めの『通』，訓読みで『とおる』と読む『通』の部首である『しんにょう』を，『ごんべん』に変えた文字を『しょう』と読んで，『諳誦《あんしょう》』と表すことがあります」という説明より。

問２　「活用するための知識を身につける方法」として適切なものを１つ選ぶという問い。「ただ丸暗記するだけではなく，説明に使われる言葉の意味を知って，イメージとしてふくらませながら覚えると，覚えた単語などに意味がくっついてくることになります。そこから，その言葉自体を説明しやすくなったり，その言葉を用いて説明しやすくなったりもします」「『流れ』や『つながり』を意識して覚えることが大切です。たとえば歴史に関することで，年号と人物と出来事の名前があるとします。それぞれを，そのままただ覚えても，それが何を意味するのかがわからないですね。ある人物が，どんな理由で，何をしようとして，その出来事が起こったのか，また，それが起こったのが何年か，というのが『つながり』です。そして，その出来事を受けて，また次の出来事が起こって，と，順に出来事にまつわることを覚えていくのが『流れ』だと言えます。複数のものがつながっていくのを意識してもらえるといいですね」「最終的には，用語や単語のみを覚えるだけでは，活用することはできないはずです。知識や情報は，積み重ねて，自分の中で関連付けて，説明したり表現したりするときの材料として使うことが多いはずですからね」と説明していることに，イの方法が適する。

問３　「ただ単に記憶《きおく》力や暗記力を競う競技のことを，何スポーツといいますか」という問い。「暗記」を「知識や情報をただそのままひたすら覚える」ものだと考えている人もいるのではないでしょうかと言い，「このような暗記法をスポーツとしてとらえた『メモリースポーツ』というものがあります。これは，単純な記憶力，暗記力のみを競うもので」と説明している。

問４　「ものごとを暗記するうえで，大変だと感じられるかもしれない，と話していたことは何でしたか。解答用紙に合う形で答えなさい」という問い。「１つのことについて覚えなければいけない分量が増えて大変だと思うこともあると思います。漢字について，あるいは，歴史の出来事について，それぞれただ覚えるということより情報量は多くなっていると思いますし，それがたくさんのものに…と考えると，たしかに大変そうです」と言っていることからまとめる。

問５　⑴～⑷について，「ただ単純にひたすら覚える暗記」といえるものにはア，「知識として活用するための暗記」といえるものにはイを記入するという問い。　**⑴**　「部首やつくりの働きや意味・音を意識しながら」とあるので，イ。　**⑵**　「地図と照らし合わせて」とあるので，イ。　**⑶**　数字をそのままひたすら覚えるものなので，ア。　**⑷**　「文脈の中で理解して」とあるので，イ。

5　**問１**　集合時間は10時で，３人が実際に集合した時間は９時47分だから，求める時間は，10時－９時47分＝13分

問２　「広島駅を10時ちょうどに出発するＪＲ電車に乗れそうだね」という発言から，広島駅を10時以降に出発するものから考える。アナウンスより，市内バスは10分の遅れがあるので，最も早くて，10時16分に広島駅を出発し，10時26分に原爆《げんばく》ドーム前に到着する。また，路面電車は遅れがないので，最も早くて，10時10分に広島駅を出発し，10時24分に原爆ドーム前に到着する。したがって，使う交通機関は路面電車である。

問３　原爆ドームへ行くまでに使った交通機関とは別のもので行くので，路面電車は考えない。よって，残りの原爆ドーム前を出発する交通機関は高速船だけとなるが，アナウンスより，高速船は営業を見合わせており，変わりに臨時バスとフェリーが用意されているので，使う交通機関は臨時バスとフェリーである。

問４　10時24分に原爆ドーム前に到着し，原爆ドームには20分滞在するので，原爆ドームを10時44分以降に出発するものから考える。アナウンスより，臨時バスは10時から30分ごとに出発しており，宮島港までの移動時間は40分である。よって，３人は11時出発の臨時バスに乗り，11時40分に宮島港に到着する。

問５　「宮島のしかの写真をとりたいんだ」と「宮島名物のあなご飯が食べたいな」という発言からわかる。

6　**問１**　②の立体について，前後の１面ずつのどちらかに新たに１つの立方体をつなげると，③－１の立体となり，左右上下の２面ずつのいずれかに新たに１つ立方体をつなげると，③－２の立体となる。
よって，求める面の数は，２×４＝８(面)

問２　④－２，④－４，④－７について，新たにつなげた立方体は右図の色付きの立方体である。

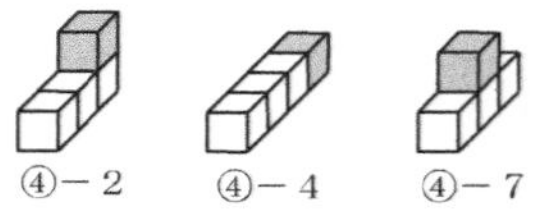

問３　③－１と③－２について，つなげる面によってできる④の番号を書きこむと，右図のようになる。
よって，一番多くできる立体は④－２で，面の数の合計は10面である。

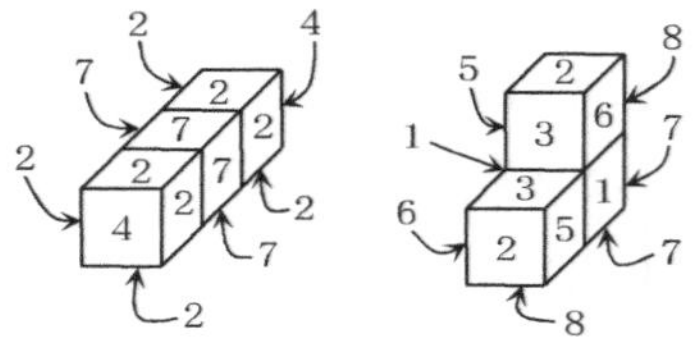

2021 解答例
令和３年度

★修道中学校

《国　語》

一 問一．①協賛　②厳重　③勢　④短縮　⑤仮装　⑥博識　⑦勤務　⑧去就　⑨損害　⑩慣例

問二．①ア　②オ　③ウ　④ウ　⑤オ

二 問一．イ　　問二．エライオソームを好んで餌とするアリの、巣に持ち帰って食べた後に残る種子を、水分も栄養分も豊富な巣の外の土に捨てるという行動を利用することによって、遠くへ運ばれて子孫を残し、分布を広げられるという利点。　　問三．スミレは玉　　問四．イ　　問五．b．ウ　c．イ　d．ア　　問六．オ

問七．虫を利用するだけでなく、別の合理的な方法も使って種子を残そうとする、手がたい点。

三 問一．オ　　問二．ア　　問三．エ　　問四．カルメンの悲劇に共感し、悲しみや喜びや情熱を分かち合おう

問五．ウ　　問六．テクニックや努力が足りなかったからではなく、苦しんだり悲しんだりした経験から生まれる闇が心にないため、人の心を揺さぶるような演奏ができなかったから。　　問七．エ

問八．(例文)人の痛みがわかるようになるから、今のくやしさからにげずに、自分の心と向き合うといい。

《算　数》

1 (1)62　(2)5　(3)7　(4)24　(5)14．13　(6)20　(7)

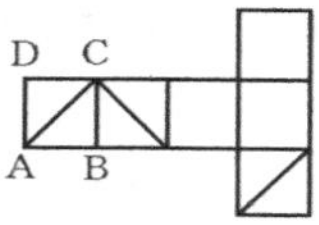

2 (1)①10　②95　(2)$27\frac{3}{11}$　(3)15　(4)19　(5)エ

3 (1)150　(2)2　(3)$1\frac{19}{39}$

4 ①256　②$\frac{1}{2}$　③$\frac{2}{3}$

5 ①1　②2　③5　④5　⑤5　⑥4　⑦14

《理　科》

1 問１．記号…B　理由…南にある地点ほど，サクラの開花が早いから。　　問２．(1)ア　(2)ウ　(3)ア　(4)イ

問３．カマキリは，草を食べるこん虫などを食べるから。　　問４．B，D

問５．(1)カシオペヤ　(2)北極星　(3)(お)　(4)③　　問６．A．ウ　B．あたたか

問７．(1)こいぬ　(2)オリオン　(3)E　(4)C　(5)星の表面温度がちがうから。　(6)A，C，F

2 問１．石灰水　　問２．①21　②4　③83　④17　　問３．酸素の割合が１７％に減少したこと。　　問４．イ

問５．(1)ア，ウ，オ　(2)イ，カ　(3)エ　　問６．(1)気体X　(2)90

3 問１．作用点　　問２．$\frac{10}{9}$　　問３．5　　問４．2　　問５．10　　問６．20　　問７．40

問８．支点から作用点までの距離が小さくなるから。

《社　会》

1 問1．A．東京都　B．鹿児島県　C．群馬県　D．秋田県　E．沖縄県　　問2．1．エ　2．ア　3．エ　4．エ　　問3．①ア　②イ　④オ　⑤エ　　問4．①秋田市　②鹿児島市　③前橋市　　問5．川が急で短く，森林も少ないために，保水力が小さいから。　　問6．湿った季節風が南北の山地を越える前に雨を降らせ，乾いた風が瀬戸内に吹きこむから。

2 問1．発掘された鉄剣・鉄刀に同じワカタケル大王の文字が刻まれていた　　問2．全国に国分寺，奈良に東大寺を建て，大仏を造った　　問3．鎌倉は，都と関東を結ぶ陸路と海路の要衝の地だったから。　　問4．豊臣氏の時代が終わり，徳川氏による支配がはじまったことを知らしめるため。　　問5．言論の自由・結社の自由が臣民の権利として法律の範囲内で認められていたから。　　問6．戦争中の日本は，米や砂糖が配給制となり，食料を手に入れることが難しかったから。　　問7．ウ　　問8．イ　　問9．イ　　問10．①大和朝廷　②原子爆弾

3 問1．1．少子高齢　2．尖閣　　問2．①(1)カ　(2)ウ　(3)エ　②ウ　③5，3　④ア，ウ，カ　⑤イ　⑥(1)ア　(2)エ　⑦香港　⑧もたず，つくらず，もちこませず　⑨ウ　⑩核兵器保有国が参加していないうえに，日本は，アメリカの核の傘の下で安全が保障されているから。

《C．T．》

1 問1．D，1　　問2．E　　問3．C

2 問1．タナカ　　問2．言葉の順番を大切にする

問3．教科書とノート1冊，パソコン。

問4．教科書外の生きた英語にふれ，英語を楽しむこと。

3 問1．イ，カ，キ　　問2．(例文)スピードを落とし，角で一時停止をして，安全を確かめること。　　問3・問4．右地図

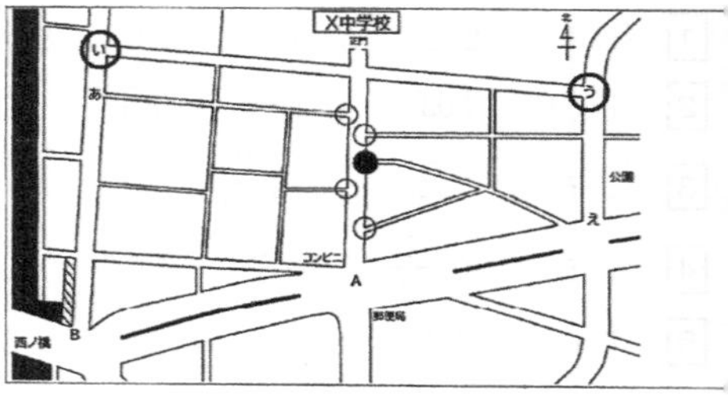

4 問1．26　　問2．8　　問3．20　　問4．4　　問5．56

5 問1．人工知能　　問2．家庭用のそうじロボット／自動車の自動運転　　問3．2045

問4．(例文)希望／少子高れい化にともなう労働力不足を補うなど，ＡＩが人間社会を支える存在になる

6 問1．＋25　　問2．－14，＋12　　問3．ＭＫＢＺ

2021 解説
令和３年度

修道中学校

←解答例は前のページにありますので，そちらをご覧ください。

―《2021　国語　解説》

二　問二　２～５段落目の内容をまとめる。アリは、「エライオソームを餌《えさ》とするために種子を自分の巣に持ち帰る」ため、「種子は遠くへ運ばれる」。アリは「エライオソームを食べ終わると」、残った種子を「巣の外へ捨ててしまう」。「アリの巣は必ず土のある場所にある」ので、結果的にスミレは、「わずかな土を選んでアリに種を播《ま》いてもらっている」ことになる。しかもそこには「植物の食べかすなども捨てられているから、水分も栄養分も豊富に保たれている」。このように、アリの行動を利用することで、スミレは子孫を残し、分布を広げている。

問三　次の段落の最初に「そうまでして花を長くしたのには理由がある」とあり、この後に「理由」が具体的に書かれている。スミレは、ちゃんと花粉を運んでくれるハナバチの仲間に来てもらうために「花を長くした」。そのことを説明した一文が「スミレは玉石混淆《ぎょくせきこんこう》の虫のなかから～選び出さなければならない」である。

問四　次の一文の「だから～長い筒状《つつじょう》の容器を用意すればいい」より考える。「だから」とあるので、[a]をふくむ一文には、「長い筒状の容器を用意すればいい」の理由が書かれていることがわかる。「長い筒状の容器」は、中にある蜜《みつ》を食べられる虫を選び出すために、スミレが用意したものなので、[a]には、この容器の中にある蜜を手に入れるための特徴《とくちょう》や性質が書かれていると考えられる。よって、イが適する。

問五　[d]の前にある「五本の指」や「中指」は、スミレの花の構造を人間の「片手」にたとえたものである。ウは「片手の中指」から始まるので、[b]の直前の一文の「片手で水をすくうときのような形になっている」の部分を受けていると考えられる。すると、イの「この容れ物」は、ウの「容れ物」を受けたものだと考えられる。よって、[b]にはウ、[c]にはイが入る。この段落は、スミレの「花のなか」の構造を説明したものであり、次の段落の「これで準備は整った」につながる内容になっている。アは、「ハナバチが訪れて、花のなかに頭を突《つ》っ込《こ》」んだ後のことを説明しているので、[d]に入る。

問六　オは「閉鎖《へいさ》花での受粉を主要な手段として選択した」が誤り。「次善の策として」いう表現はあるが、ハナバチを使った受粉と、閉鎖花での受粉のどちらが主要な手段かは書かれていない。

問七　スミレは、アリを利用して種子を運んでもらい、ハナバチを利用して他の花の花粉をつけている。また、「次善の策として」閉鎖花での受粉も可能にしている。工夫をこらし、合理的な方法で子孫を残そうとするスミレの姿に、筆者は「したたかさ」を感じている。

三　問一　「絶対的」は、何物とも比較《ひかく》したり置きかえたりできず、また、他からどんな制約もうけないさま。[a]は、「昼と夜のあいだ～大人と子どものあいだ……。～どっちでもないし、どっちでもある」と曖昧《あいまい》な様子を表現した言葉だから、「絶対的」とは反対の「非絶対(的)」が入る。また、「それ(『非絶対的』なもの)は～『[b]的なもの』とはちがうのだろう」と言っているから、[b]には「非絶対的」と反対の「絶対(的)」が入る。[c]は「一点から光を与《あた》える」「神」を形容したことばだから「絶対(的)」が適する。よって、オが適する。

問二　[d]は、サンドロの演奏を表わした言葉。「正確で、非の打ちどころがなかった」「論理的で隙《すき》がなかった」「答えは、完全無欠」などから、複雑な数式が解かれていく様子にたとえた、アが適する。

問三　マルタは、第一次審査《しんさ》に落ちてしまったが、合格した「ぼく」に対しては、「せめてあんたが通ってよかった」「ぜったい、サンドロに負けるなよ！」言っているので、友だちの成功を喜び、励《はげ》ますことのできる心の広い人物である。その一方で、帰っていくときには「くやしそう」な様子であり、音楽に対して真剣《しんけん》に取り組んでいることがうかがえる。また、第二次審査で「ぼく」のフルートに感動して「うっすらと涙《なみだ》を浮《う》かべていた」ことや、サンドロの演奏に「カルメンっぽくない」と不服そうだったことからも、音楽に対する真剣さや情熱が伝わる。よって、エが適する。

問四　『カルメン』は「どろどろとした愛と憎《にく》しみ～情熱と悪夢がまじりあったドラマチックな曲」なのに、サンドロの演奏は、それをテレビで「他人事《ひとごと》として観《み》ているような感じ」がした。後半部分で、「ぼく」はサンドロに「なんのために吹《ふ》くんだ？」と問いかけ、「カルメンの悲劇に共感し、悲しみや喜びや情熱をだれかとシェアしたいからじゃないんだろう？」とサンドロに欠けた部分を指摘《してき》した。逆に言えば、この部分が、「ぼく」が『カルメン』を演奏するときに必要だと感じていることである。

問五　「ぼく」は、「どうしても最終審査まで残って、本物のオケでソリストをやってみたい」という気持ちで、審査に臨《のぞ》んできたので、第二次審査に受かったとわかった時も、まず「やった！最終審査でオケと吹けるぞ！」と喜んだ。しかし、――線部③の直後に「正直、『あいつに勝ったぞ』という気持ちがなかったわけではない。でも同時に、後ろめたい気分にもなっていた」とあるから、落ちたサンドロのことを気にしてもいる。

問六　――線部⑤の直前の「ぼく」の言葉、「きみに足りないのは～きみの心にはそういう闇《やみ》がないから、人の苦しみや悲しみがわからないんだよ！」からまとめる。

問七　サンドロは、――線部⑤の直前で「ぼく」に言われたことに対する具体的な反論はせず、「一度ぐらいオレに勝ったからって、いい気になるな！」と言って走り去ってしまった。このことから、「ぼく」に指摘された欠点を自覚したのだと考えられる。よって、エが適する。ウについて、「ぼく」は、「きみに足りないのは、テクニックじゃない。努力でもない」と言っていて「技術と努力」は否定していないので、適さない。

問八　サンドロは今まで完璧な演奏をしてきたが、音楽に必要な、心の「闇」が足りなかった。しかし、今、サンドロは試験に落ち、さらに「ぼく」に欠点を指摘され、悔《くや》しさや惨《みじ》めさを味わっている。この経験こそサンドロの「闇」となり得るのだから、この経験をいかすようにしてほしい、ということを伝えると良い。

―《2021　算数　解説》

1　(1)　与式$=12.4+12.4+12.4+12.4\times 2=12.4\times(1+1+1+2)=12.4\times 5=62$

(2)　与式$=1\div\frac{4}{5}\div\frac{3}{4}\div\frac{2}{3}\div\frac{1}{2}=1\times\frac{5}{4}\times\frac{4}{3}\times\frac{3}{2}\times 2=5$

(3)　与式より，$\frac{1}{8}\times(\frac{7}{5}\times\square-3)-\frac{1}{2}=\frac{7}{20}$　$\frac{1}{8}\times(\frac{7}{5}\times\square-3)=\frac{7}{20}+\frac{1}{2}$　$\frac{1}{8}\times(\frac{7}{5}\times\square-3)=\frac{17}{20}$

$\frac{7}{5}\times\square-3=\frac{17}{20}\div\frac{1}{8}$　$\frac{7}{5}\times\square-3=\frac{34}{5}$　$\frac{7}{5}\times\square=\frac{34}{5}+3$　$\frac{7}{5}\times\square=\frac{49}{5}$　$\square=\frac{49}{5}\div\frac{7}{5}=7$

(4)　**【解き方】右のように作図し，ＥＣがひかれていないと考えると，正六角形は12個の合同な三角形に分けられている。**

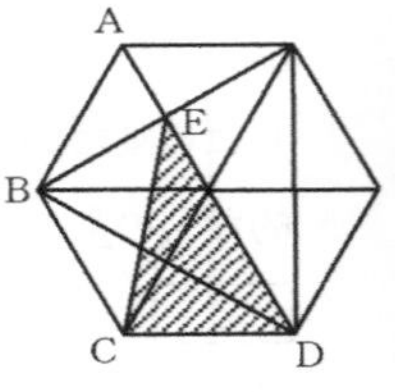

ＡＤとＢＣが平行だから，三角形ＥＣＤの面積は三角形ＥＢＤの面積と等しい。

三角形ＥＢＤは，正六角形を12等分してできる三角形3個からできている。

よって，求める面積は，$96\times\frac{3}{12}=24$(㎠)

⑸ **【解き方】斜線部分の一部は，面積を変えずに右図のように移動することができる。**

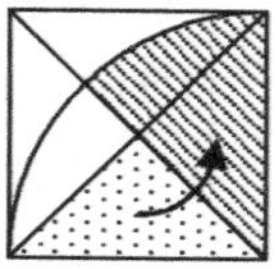

求める面積は，半径６㎝で中心角 45° のおうぎ形の面積と等しいから，

$6 \times 6 \times 3.14 \times \frac{45^\circ}{360^\circ} = \frac{9}{2} \times 3.14 = 14.13$(㎠)

⑹ **【解き方】食塩水の問題は，うでの長さを濃度《のうど》，おもりを食塩水の重さとしたてんびん図で考えて，うでの長さの比とおもりの重さの比がたがいに逆比になることを利用する。食塩は濃度が 100%の食塩水と考えることができる。**

右のようなてんびん図がかける。 a ： b ＝(15－10)：(100－15)＝１：17 だから，

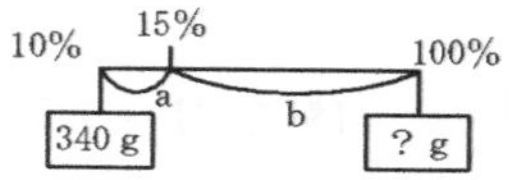

10%の食塩水と加える食塩の重さの比は，この逆比の 17：１である。

よって，加える食塩は，$340 \times \frac{1}{17} = 20$(ｇ)

⑺ 展開図に頂点の記号をかきこむと右図のようになり，ＡＣ，ＣＦ，ＦＡをかくことができる。

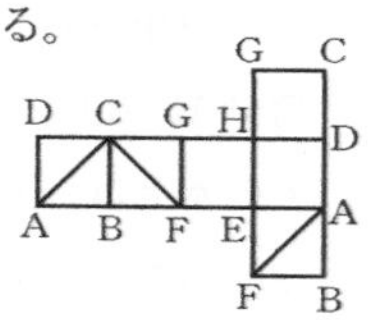

2 ⑴① **【解き方】48 を素数の積で表すと，48＝２×２×２×２×３となる。したがって，48 の約数は，０～４個の２と，０～１個の３をかけあわせてできる数である。０個の２と０個の３をかけあわせてできる数は１と考える。**

２の個数は０～４個の５通り，３の個数は０～１個の２通りだから，［48］＝５×２＝10

② **【解き方】①と同様に考えると，約数が４個の数は，素数ａを使ってａ×ａ×ａと表せる数，または，異なる素数ｂ，ｃを使ってｂ×ｃと表せる数である。**

ａ×ａ×ａと表せる数のうち２けたで最大の数は，３×３×３＝27

ｂ＜ｃとすると，ｂ＝２のときｂ×ｃと表せる数のうち２けたで最大の数は２×47＝94，ｂ＝３のときは３×31＝93，ｂ＝５のときは５×19＝95，ｂ＝７のときは７×13＝91 である(ｂ≧11 だと２けたの数にならない)。

求める数は下線部の数のうち最大の数である，95 である。

⑵ **【解き方】５時ちょうどのとき，短針は長針の $360^\circ \times \frac{5}{12} = 150^\circ$ 先にある。１分で進む角度は，長針が $360^\circ \div 60 = 6^\circ$，短針が $360^\circ \div 12 \div 60 = \frac{1}{2}^\circ$ だから，１分ごとに長針は短針より $6^\circ - \frac{1}{2}^\circ = \frac{11}{2}^\circ$ 多く進む。**

求める時刻は，５時ちょうどから $150^\circ \div \frac{11}{2}^\circ = \frac{300}{11} = 27\frac{3}{11}$(分)たったときだから，５時 $27\frac{3}{11}$ 分である。

⑶ 右図のように記号をおく。角ＡＯＢ＝180°－65°－35°＝80°で，

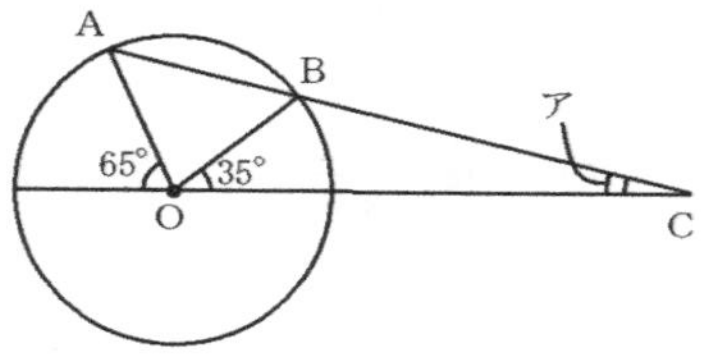

三角形ＯＡＢはＯＡ＝ＯＢの二等辺三角形だから，

角ＯＡＢ＝(180°－80°)÷２＝50°

三角形の１つの外角は，これととなり合わない２つの内角の和に等しいから，

三角形ＯＡＣにおいて，角ア＝65°－50°＝15°

⑷ **【解き方】全部の入れ方の数から，奇数の箱にだけボールが入っている入れ方の数(１通り)を引けばよい。**

全部の入れ方の数は，順番を決めずに異なる６つのものから３つを選ぶ組み合わせの数と同じだから，右の「組み合わせの数の求め方」より，$\frac{6 \times 5 \times 4}{3 \times 2 \times 1} = 20$(通り)ある。よって，求める入れ方の数は，20－１＝19(通り)

組み合わせの数の求め方

異なる 10 個のものから順番をつけずに３個選ぶときの組み合わせの数は，

全体の個数　選ぶ個数

$\frac{⑩ \times 9 \times 8}{③ \times 2 \times 1} = 120$(通り)

選ぶ個数　選ぶ個数

つまり，異なるｎ個からｋ個選ぶときの組み合わせの数の求め方は，$\frac{(\text{ｎ個からｋ個選ぶ順列の数})}{(\text{ｋ個からｋ個選ぶ順列の数})}$

⑸　図２に右図①のように記号をおく。ＣはＨＤの，ＦはＧＥの真ん中の点だから，図３の平行四辺形において図②のように作図できる。ＡＥとＨＢをつなぎあわせるのだから，ＡＣがＨＦに重なるように三角形ＡＨＣを，ＦＢがＣＥに重なるように三角形ＢＥＦを移動させると，図③のようになる。これはできあがった円柱の側面の展開図だから，縦の辺が重なるようにくるっと回して円柱の側面を作ると，正面からは図④のように見える。よって，エが正しい。

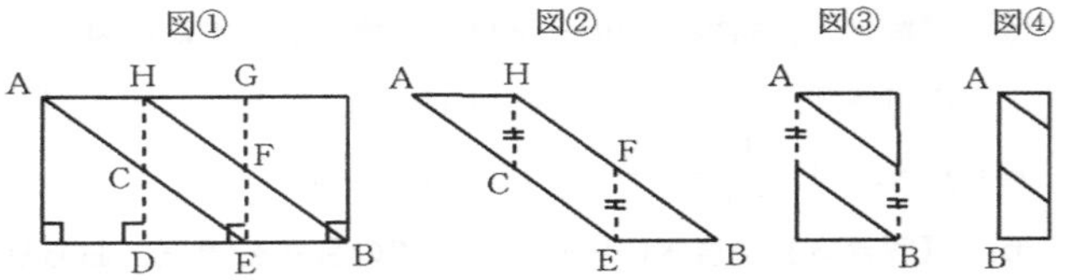

３　⑴　**【解き方】Ａの高さ40－37＝３(㎝)分の水の体積と，Ｂの高さ35－30＝５(㎝)分の水の体積が等しい。**

Ａの底面積とＢの底面積の比は，３：５の逆比の５：３だから，Ｂの底面積は，$250\times\frac{3}{5}=150$(㎠)

⑵　**【解き方】Ａに毎分４Ｌ＝毎分4000㎤の割合で水を入れると，その影響《えいきょう》だけでもＡの水面は毎分$\frac{4000}{250}$㎝＝毎分16㎝上がる。**

Ａの水面は毎分(３＋16)㎝＝毎分19㎝上がるから，高さが75㎝になるのは，(75－37)÷19＝２(分後)

⑶　**【解き方】Ｂに毎分３Ｌ＝毎分3000㎤の割合で水を入れると，Ｂの水面は毎分$\frac{3000}{150}$㎝＝毎分20㎝上がる。⑵よりＡの水面は毎分19㎝上がり，Ｂの方が速く上がるから，Ｂの水面の高さが75㎝になって，Ｂの水面が毎分20㎝下がるようになったあとに，２つの水そうの水面の高さが同じになることが起こる。**

Ｂの水面の高さが75㎝になるのは，Ｂに水を入れ始めてから(75－35)÷20＝２(分後)だから，Ａに水を入れ始めてから２－１＝１(分後)である。このときＡの水面の高さは，37＋19＝56(㎝)になっていて，Ｂとの差は，75－56＝19(㎝)である。この差は，このあと毎分(19＋20)㎝＝毎分39㎝縮まるから，求める時間は，

$1+\frac{19}{39}=1\frac{19}{39}$(分後)

４　☆＝64×４＝①256

四角形ＡＢＣＤの面積は，三角形ＡＢＣと三角形ＡＤＣの面積の和で求められる。

三角形ＡＢＣは，底辺をＢＣ＝$\frac{1}{2}$としたときの高さが１だから，面積は$\frac{1}{2}\times1\div2=\frac{1}{4}$である。三角形ＡＤＣの面積も同じだから，四角形ＡＢＣＤの面積は，$\frac{1}{4}\times2=$②$\frac{1}{2}$

図形アにおいて，三角形ＢＦＥと三角形ＧＦＤを合わせると正方形ＢＣＤＦの半分の面積の長方形になるから，正方形ＢＣＤＦと図形アの面積比は，$1:(1+\frac{1}{2})=2:3$である。したがって，正方形ＢＣＤＦの面積は図形アの面積の③$\frac{2}{3}$倍である。解答は以上で求められたが，斜線の正方形の面積を足していくと面積が$\frac{1}{3}$に近づいていくことの説明は以下のようになる。

四角形ＡＢＣＤは，図形アと，図形アを縮小した図形をいくつも合わせてできたものと考えることができ，そのうちの$\frac{2}{3}$が斜線部分である。よって，図形アを縮小した図形をいくつも作っていくと，斜線部分の面積の和は，(四角形ＡＢＣＤの面積)$\times\frac{2}{3}=\frac{1}{2}\times\frac{2}{3}=\frac{1}{3}$に近づいていく。

５　**【解き方】修くんは，自分のひいたカードの数と道子さんの答えによって，道子さんのひいたカードの数として考えられるものをしぼりこむことができる。修くんがわかる道子さんのカードの数の候補をまとめると，右表のようになる。**

修くんがわかる道子さんのカードの数の候補

修くんのカード	道子さんの答えが「上」のとき	道子さんの答えが「下」のとき
1		1，2，3，4，5
2	1	2，3，4，5
3	1，2	3，4，5
4	1，2，3	4，5
5	1，2，3，4	5

修くんが１回目にカードをひいて，道子さんのカードの数が

わかる場合は，道子さんが①1を，修くんが②2をひいた場合と，道子さんが③5を，修くんが④5をひいた場合である。

道子さんが4をひいて，修くんがちょうど2回目にカードをひいたときに道子さんのカードがわかる場合については，次のように考えることができる。1回目に修くんが4をひくと，道子さんは「下」と答えるので，道子さんのカードは4か5とわかる。4か5かを区別するためには修くんが5をひくしかないから，2回目に⑤5をひくと道子さんのカードが4だとわかる。同様に考えると，1回目に修くんが5をひいたときは，2回目に⑥4をひくと道子さんのカードが4だとわかる。

修くんが自分のひいたカードによってわかることをまとめると，以下のようになる。

1	2	3	4	5
↑	↑	↑	↑	↑
ア	イ	ウ	エ	オ

例えば修くんが3をひいた場合，右図のウの矢印の位置(2と3の間)に縦線をひいて，道子さんの答えから道子さんのカードが縦線の右側か左側かを判別することができる。つまり，修くんのカードが1ならア，2ならイ，3ならウ，4ならエ，5ならオの位置に縦線をひくことができる。2本の縦線によって，道子さんのカードの数だけをはさむことができたとき，修くんは道子さんのカードがわかる。

したがって，道子さんが4をひいた場合，修くんは4と5のカードをひくことで道子さんのカードがわかる。

ちょうど3回目でわかるのは，1回目と2回目のカードが同じだった場合か，1回目か2回目に1か2か3をひいた場合である。

1回目と2回目のカードが同じだった場合，(1回目，2回目，3回目)＝(4，4，5)(5，5，4)の2通りある。

1回目か2回目に1か2か3をひいた場合については，まず1回目に1か2か3をひいたパターンを考える。

1回目に1か2か3の3通り，2回目に4か5の2通りのカードをひき，3回目に4か5のうちまだひいていない方のカードをひけばちょうど3回目でわかり，そのようなひき方は，3×2×1＝6(通り)ある。

2回目に1か2か3をひくパターンも同様に6通りある。

よって，ちょうど3回目にわかるひき方は全部で，2＋6×2＝⑦14(通り)ある。

《2021　理科　解説》

1 問2(1)　ア○…モンシロチョウの卵の大きさはおよそ1㎜で，卵から産まれたばかりの幼虫の大きさも同じくらいである。　(2)　卵から産まれた直後の幼虫は，初めに自分が入っていた卵のからを食べる。　(3)　ダイコンとアブラナはアブラナ科の植物である。なお，ミカンとサンショウはミカン科の植物で，アゲハが卵を産みつける。

(4)　イ○…モンシロチョウの幼虫のからだは脱皮をすることで大きくなるので，階段状のグラフになる。

問4　こん虫は6本のあしが胸についていることから，胸にあたる位置はBからDの間である。

問5(3)　(お)○…北の空の星は，北極星を中心に24時間で360度反時計回りに回転し，ほぼもとの位置に戻るので，1時間で360÷24＝15(度)反時計回りに回転する。したがって，4時間後には15×4＝60(度)反時計回りに回転した(お)の位置にある。　(4)　北斗七星とカシオペヤ座は図Ⅰのような位置関係で見える。

図Ⅰ

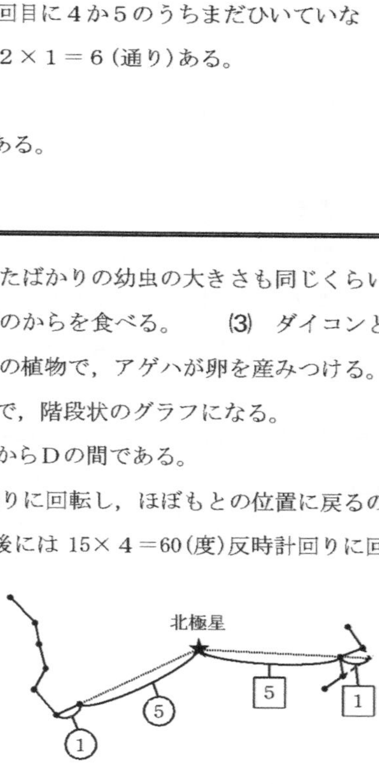

問6　ウ○…ツバメは春に日本にやってきて春から夏にかけて日本ですごす夏鳥で，秋になって気温が低くなってくると，よりあたたかい南の地域へ渡っていく。

問7(1)(2)(6)　冬の大三角をつくる星は，こいぬ座のプロキオン(A)，オリオン座のベテルギウス(C)，おおいぬ座のシリウス(F)である。　(3)～(5)　星の表面温度が高い色から順に，青白色，白色，黄色，赤色である。ベテルギウス(C)は赤色，プロキオン(A)は白色，シリウス(F)は(青)白色である。また，リゲル(E)は青白色である。

2　問２　道子さんは火が消えたのは二酸化炭素の増加のみが原因だといっているので，酸素の割合は燃える前の空気と同じ21%にし，二酸化炭素の割合を燃やしたあとの空気と同じ４%にすればよい。また，修君は火が消えたのは酸素の減少のみが原因だといっているので，酸素を燃やしたあとの空気と同じ 21－４＝17(%)にし，ちっ素を 100－17＝83(%)にする。

問３　道子さんと修君の実験結果から，酸素の減少のみが原因だとわかる。

問４　イ○…修君の実験では，酸素の割合を最初の実験ろうそくの火が消えたときと同じ17%にすると，ろうそくの火がすぐに消えたので，酸素の割合が 18%では，燃えるが，空気のときよりもかなり燃えにくく，すぐに火が消える。

問５　酸素の割合が 21%より大きいア，ウ，オは(1)，酸素の割合が 20%のイ，カは(2)，酸素の割合が 17%以下のエは(3)である。

問６(1)　空気 10.0㎤には酸素が 10.0×0.21＝2.1(㎤)ふくまれているので，気体Xと酸素が２：１の体積の割合で反応することから，酸素 2.1㎤と反応する気体Xは 2.1×２＝4.2(㎤)となる。したがって，反応せずに残るのは気体Xである。　(2)　空気 10.0㎤のうち，酸素 2.1㎤は反応してなくなるので，残っているのは 10－2.1＝7.9(㎤)であり，そのうち，ちっ素は 7.8㎤である。気体Xは 5.0－4.2＝0.8(㎤)残っているので，残っている気体の体積の合計は 7.9＋0.8＝8.7(㎤)である。したがって，ちっ素の割合は$\frac{7.8}{8.7}\times100=89.6\cdots\to90\%$となる。

3　問１　てこを支える動かない点を支点，力を加える点を力点，力がはたらく点を作用点という。

問２　てこでは，作用点ではたらく力が力点に加える力の$\frac{\text{支点から力点までの距離}}{\text{支点から作用点までの距離}}=\frac{5.0}{4.5}=\frac{10}{9}$(倍)となる。

問３　問２解説と同様にして求めると，$\frac{5.0}{1.0}=5$(倍)となる。

問４　$5\times\frac{2.0}{5.0}=2$(倍)

問５　$20\times\frac{4}{8}=10$(g)

問６　棒Bの左はしにはたらく重さは 20＋10＝30(g)だから，②には $30\times\frac{12}{18}=20$(g)のおもりをつける。

問７　糸は棒の真ん中についているので，③は５g，④は５＋５＝10(g)，⑤は 10＋10＝20(g)となる。したがって，⑥は 20＋20＝40(g)となる。

《2021　社会　解説》

1　問１Ａ　「東部に(関東)平野」「政治や文化の中心」「貴重な固有種が存在する…世界(自然)遺産として登録されている島々(小笠原諸島)」から東京都を導く。　Ｂ　「畜産がさかん」「(屋久)島が世界(自然)遺産」「標高が高くなるにしたがって寒冷な地域に多い樹木(屋久杉)もみられます」から鹿児島県を導く。　Ｃ　「キャベツの量は，旬の時期とずれた夏に多く(抑制栽培)」「生糸の生産を目指し建設された工場(富岡製糸場)が世界(文化)遺産として登録」から群馬県を導く。　Ｄ　「雪が多く積もり」「北部をふくむ地域に世界最大級のブナの原生林(白神山地)…世界(自然)遺産として登録」から秋田県を導く。　Ｅ　「台風が多く来る…伝統家屋には様々な工夫が施され」「水不足におちいることも多い」「琉球王国の人々の文化に関連する遺跡群(世界文化遺産)」から沖縄県を導く。

問２【１】　エ．小笠原諸島は伊豆諸島の南南東に位置し，父島・母島などの島々からなる。大陸とつながったことがないため，独自に進化した特異な生態系が見られる。　【２】　ア．輸出が急増し生産が追いつかず生糸の品質が低下してしまったため，品質や生産技術の向上を目的に，フランス製機械を輸入しフランス人技師を雇って，富岡製糸場を開設した。　【３】　エ．沖縄県は琉球王国時代に中継貿易などで栄えた。アイヌは北海道，蝦夷は東北地方，大和は近畿地方。　【４】　エ．広島県廿日市市にある厳島神社の記述である。江波山と黄金山は広島市，富士山は静岡県と山梨県にある。

問３　中京工業地帯で割合が高い⑥は機械(カ)，瀬戸内工業地域で割合が高い④は化学(オ)だから，⑤は金属(エ)となる。化学工業の盛んな①を京葉工業地域(ア)，機械工業の盛んな③を関東内陸工業地域(ウ)と判断できるので，②は阪神工業地帯(イ)となる。

問４　①は，冬の寒さが厳しく冬の降水量が多いので，日本海側の気候の秋田市(D)である。②は，温暖で夏の降水量が多いので，太平洋側の気候の鹿児島市(B)である。残ったうち，夏と冬の気温差が大きく降水量が少ない③は，内陸性の気候の前橋市(C)だから，④は東京(A)となる。

問５　沖縄県には大きな河川がなく，降雨も梅雨期と台風期に集中するため，水不足になりやすい。そのため，家の屋根の上に貯水用タンクがおかれている。

問６　夏の南東季節風が四国山地の南側に雨を降らせ，冬の北西季節風が中国山地の北側に雪を降らせるため，瀬戸内地方には１年を通して乾いた風が吹き，降水量が少ない。

瀬戸内地方に雨が少ない理由

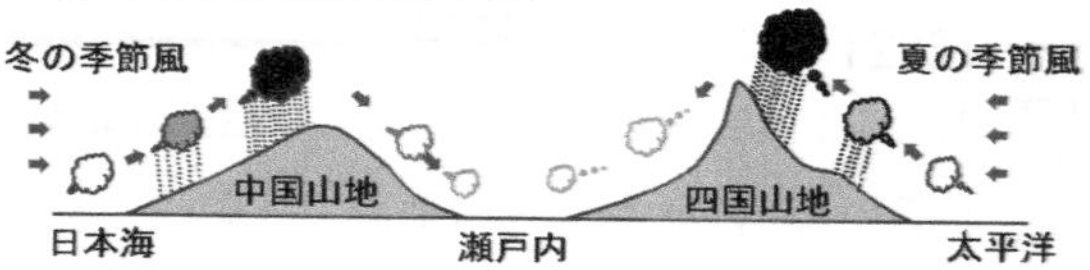

２　**問１**　関東地方の稲荷山古墳(埼玉県)から出土した鉄剣と，九州地方の江田船山古墳(熊本県)から出土した鉄刀の両方に刻まれたワカタケル大王の文字から，ヤマト政権の支配下であったことがわかる。

問２　聖武天皇の治世のころ，全国的な伝染病の流行やききんが起きて災いが続いたので，仏教の力で国を守ろうとした。東大寺の大仏造りには僧の行基が協力した。

問３　都と関東を結ぶ東海道が通ること，三浦半島から房総半島に渡る港があったことから，交通の要衝であったことを導く。

問４　大阪城は天下統一を果たした豊臣秀吉によって築かれ，天守閣は城主の権勢の象徴であった。大阪城と同じく，秀吉の建てさせた駿府城も家康によって新たに建てかえられたことが近年発見された。

問５　大日本帝国憲法のもとでは，臣民は法律の範囲内で自由権が保障されていた。一方，戦後に制定された日本国憲法では，「国民主権」「平和主義」「基本的人権の尊重」を基本原理としている。

問６　75年前の1945年は第二次世界大戦(太平洋戦争)中で，軍需品の生産が優先され，生活必需品が不足していた。1938年の国家総動員法をきっかけに配給制が導入されて食料は通帳，衣服は切符による配給となった。

問７　ウ．卑弥呼が占いやまじないで邪馬台国をおさめていたことが，中国の歴史書『魏志』倭人伝に記されている。

問８　イの不動院を選ぶ。アは広島城。ウの鹿苑寺金閣(京都府)とエの原爆ドーム(広島県)は世界文化遺産である。

問９　明治時代初期のイが正しい。広島藩の学問所が修道館と改められた。アは昭和時代(戦後)，ウは江戸時代，エは室町時代(戦国時代)。

３　**問１**　【１】　日本は４人に１人が 65 歳以上の超高齢社会であり，今後も少子高齢化は進行すると予測されている。

問２①⑴　カ．ロックダウンは，被害の拡大を防ぐために外出などの行動を制限する措置である。

⑵　ウ．新型コロナウイルスのパンデミック宣言は，2020 年３月に世界保健機関(WHO)によって発表された。

⑶　エ．ソーシャルディスタンスは，感染症の拡大を防ぐため，人混みを避けたり自宅にとどまったりして人との距離をたもつことで，お互いに手を伸ばしたら届く距離(少なくとも２メートル)が目安とされる。

② ウ．主権在民主義・民主主義・国際平和主義は，国民主権・基本的人権の尊重・平和主義にあたる。

③ 日本国憲法は1946年11月3日に公布され，1947年5月3日に施行された。11月3日は文化の日，5月3日は憲法記念日として祝日になっている。 ④ アとウとカが正しい。イとエとオは内閣の持つ権限である。

⑤ イが誤り。中止されたことはあるが，延期されたことは今までにない。 ⑥(1) ア．産業革命は，18世紀中ごろにイギリスから始まった，工場制機械工業による産業や社会の大きな変革。 (2) エ．二酸化炭素を大量に排出する石炭火力発電からの脱却を明言する国が増えている。 ⑦ 国家安全維持法は，香港での反政府的な動きを取り締まる法律である。香港は1997年にイギリスから返還された後，50年間は一国二制度が採られ，社会主義国の中国にありながら表現の自由や民主主義が認められることになっていた。しかし，その存続が危ぶまれたため，民主的な選挙を求める雨傘運動などの抗議活動が行われた。 ⑧・⑩ 日本は唯一の被爆国としての立場から，1972年に非核三原則を表明した。近年，核兵器の開発や保有，使用などを禁止した核兵器禁止条約が発効されるなど，核廃絶に向けた動きが世界中に広まっている。しかし，核兵器禁止条約にはアメリカ，ロシア，中国などが反対し，日本もアメリカの核の傘に守られる安全保障政策などを理由に賛成しなかった。「核の傘」はキーワードとして必ずもりこむ。

《2021 C．T． 解説》

1 問1 1回目の授業のチーム分けは右表のようになるから，出席番号が20番の人は，Dチームの1番目である。

問2 2試合目の対戦はAとF，BとC，DとEだから，Dチームは Eチームと対戦する。

問3 2回目の授業のチーム分けは右表のようになるから，出席番号が20番の人は，Cチームである。

1回目の授業のチーム分け

チーム	出席番号
A	1～6
B	7～12
C	13～19
D	20～26
E	27～33
F	34～40

2回目の授業のチーム分け

チーム	出席番号
A	1～6
B	7～13
C	15～20
D	21～26
E	27～33
F	34～40

2 「先に問題用紙の問いに目を通しなさい」という指示があり，会話が始まる前に，20秒間問題を読む時間がある。あわてずに落ち着いて問題を読んで，聞き取るポイントをおさえておこう。

問1 タケシくんとヒロトくんが「明日が中学校に入って初めての英語の授業だね。どんな先生なんだろう」「タナカ先生っていう先生らしいよ。優しい先生だといいな」という会話をしている。

問2 タケシくんとヒロトくんは，先生がみんなに配信した動画を，もう一度見てみることにした。その動画の中で，タナカ先生はあいさつの後，「英語は，言葉の順番を大切にする言語です」と話している。

問3 タナカ先生は，「さて，授業ですが，必ず教科書とノートを1冊，そしてパソコンを忘れずに持ってきてください」と話している。

問4 タナカ先生は，英語学習の中心は教科書だが，英語学習のだいご味は，現実世界の英語にふれることだと話している。そして，「教科書外の生きた英語にふれ，英語を楽しむことこそが英語上達のコツです」と話している。

3 放送を聞くまで問いの内容がわからないので，放送の内容を，メモを取りながら聞くようにしよう。放送の内容は新入生を対象に，自転車で通学するためには自転車登録が必要であることと，登下校の際の注意事項について，話している。

問1 「自転車以外に，自転車登録に必要なものは何ですか」という質問に対して，イの「200円」，カの「カギ2つ」，キの「登録用紙」が適する。「あと，学生証が必要になります」と言うが，それが必要だったのは昨年度までなので，今年度は必要ないと直後に訂正《ていせい》している。ヘルメットと雨合羽は，安全面を考えて着用するように話しているが，自転車登録に必要なものではないので適さない。

問２　「Ｂ地点での衝突《しょうとつ》事故を減らすためにできることは何でしょうか。あなたの意見を考えて簡単に書きなさい」という問い。地点Ｂは，登下校で利用する人が多く，西ノ橋から来て左折する自転車と，道路を南に向かってくる自転車や人との衝突事故が多い場所だと説明している。その原因として，どちらもゆるやかな下り坂になっているので，スピードが出やすいということと，地点Ｂの近くに木がたくさん植えられているので，地点Ｂを曲がった先が，どちら側からも見えにくいということを挙げている。これらのことをふまえて，自分の考えを書く。

問３　「解答用紙の地図中に書きこみなさい。自転車登録の日から工事によって通行できないと説明された道はどれか。その道の入り口に書かれている丸の中を黒くぬりつぶしなさい」という問い。「正門を出て学校から交差点Ａに向かって南に進んでいくとき，左側の３本目の道を工事する予定だそうです」という説明をしているので，それに合うものをぬりつぶす。

問４　「解答用紙の地図中に書きこみなさい。Ｂ地点の他に，特に事故が多くて注意が必要と説明されたところはどこか。地図中のあ～えから選んで，記号を丸で囲みなさい」という問い。特に事故が多いポイントとして説明されているのは，一つ目は「学校の正門を出て最初の交差点を西に向かって進むと，地点Ｂにつながる道とつきあたりますね～事故が起こりやすいです」より，「い」が適する。もう一つは，「正門を出て最初の交差点を東に進むと，北からカーブしてきた道に行きあたります。ここも見通しが悪く危ないところです」より，「う」が適する。

4　**問１**　広島県から来た人が全部で 44 人で，そのうち 18 人が男性だから，女性は，44－18＝26(人)

問２　広島県から来た男性 18 人のうち大人が 10 人だから，子どもは，18－10＝８(人)

問３　広島県から来た人のうち大人が 30 人で，そのうち男性が 10 人だから，女性は，30－10＝20(人)

問４　聞き取り調査をした人のうち男性が 22 人で，そのうち 18 人が広島県から来た人だから，広島県以外から来た人は，22－18＝４(人)

問５　聞き取り調査をした人のうち男性が 22 人，女性が 34 人だから，全部で，22＋34＝56(人)

5　放送の前に，問題用紙の問いに目を通しておく時間が用意されていないので注意する。放送中は，解答するためのメモを取りながら聞くようにしよう。放送が終わった後，さらに２分間の解答時間がある。

問１　「人工知能とはＡＩとも言われ，コンピュータが人間の知能と同じような機能を持つようになることを言います」と説明されている。

問２　「ＡＩが，私たちの生活を支えている身近な例はたくさんあります」として、家庭用のそうじロボット・自動車の自動運転を挙げている。

問３　「2045 年には，ＡＩの知能が人間の知能を超《こ》え，人の脳をコンピュータ上に再現できるのではないかと言われています」と説明されている。

6　**問１**　お父さんが言ったように，ＹをＢにする暗号のカギは，＋３(右に３つ進む)か－23(左に 23 進む)である。
アルファベットは全部で 26 文字だから，このように２通りの暗号のカギの数字の合計は必ず 26 になる。
したがって，求める暗号のカギは，26－１＝25 より，＋25 である。

問２　Ｓから左に 14 進むとＥにたどりつくから，暗号のカギの１つは－14 である。26－14＝12 より，もう１つの暗号のカギは＋12 である。

問３　暗号のカギが＋10 なので，すべてのアルファベットを右に 10 ずらせばよい。ＣはＭに，ＡはＫに，ＲはＢに，ＰはＺになるから，暗号はＭＫＢＺである。

■ ご使用にあたってのお願い・ご注意

（1）問題文等の非掲載

著作権上の都合により，問題文や図表などの一部を掲載できない場合があります。

誠に申し訳ございませんが，ご了承くださいますようお願いいたします。

（2）過去問における時事性

過去問題集は，学習指導要領の改訂や社会状況の変化，新たな発見などにより，現在とは異なる表記や解説になっている場合があります。過去問の特性上，出題当時のままで出版していますので，あらかじめご了承ください。

（3）配点

学校等から配点が公表されている場合は，記載しています。公表されていない場合は，記載していません。

独自の予想配点は，出題者の意図と異なる場合があり，お客様が学習するうえで誤った判断をしてしまう恐れがあるため記載していません。

（4）無断複製等の禁止

購入された個人のお客様が，ご家庭でご自身またはご家族の学習のためにコピーをすることは可能ですが，それ以外の目的でコピー，スキャン，転載（ブログ，ＳＮＳなどでの公開を含みます）などをすることは法律により禁止されています。学校や学習塾などで，児童生徒のためにコピーをして使用することも法律により禁止されています。

ご不明な点や，違法な疑いのある行為を確認された場合は，弊社までご連絡ください。

（5）けがに注意

この問題集は針を外して使用します。針を外すときは，けがをしないように注意してください。また，表紙カバーや問題用紙の端で手指を傷つけないように十分注意してください。

（6）正誤

制作には万全を期しておりますが，万が一誤りなどがございましたら，弊社までご連絡ください。

なお，誤りが判明した場合は，弊社ウェブサイトの「ご購入者様のページ」に掲載しておりますので，そちらもご確認ください。

■ お問い合わせ

解答例，解説，印刷，製本など，問題集発行におけるすべての責任は弊社にあります。

ご不明な点がございましたら，弊社ウェブサイトの「お問い合わせ」フォームよりご連絡ください。迅速に対応いたしますが，営業日の都合で回答に数日を要する場合があります。

ご入力いただいたメールアドレス宛に自動返信メールをお送りしています。自動返信メールが届かない場合は，「よくある質問」の「メールの問い合わせに対し返信がありません。」の項目をご確認ください。

また弊社営業日（平日）は，午前９時から午後５時まで，電話でのお問い合わせも受け付けています。

2025 春

株式会社教英出版

〒422-8054　静岡県静岡市駿河区南安倍３丁目 12-28

TEL　054-288-2131　　FAX　054-288-2133

URL　https://kyoei-syuppan.net/

MAIL siteform@kyoei-syuppan.net

教英出版 2025　24 の 1　修道中

神奈川県

①[県立]
相模原中等教育学校
平塚中等教育学校
②[市立]南高等学校附属中学校
③[市立]横浜サイエンスフロンティア高等学校附属中学校
④[市立]川崎高等学校附属中学校
✿⑤聖光学院中学校
✿⑥浅野中学校
⑦洗足学園中学校
⑧法政大学第二中学校
⑨逗子開成中学校(1次)
⑩逗子開成中学校(2・3次)
⑪神奈川大学附属中学校(第1回)
⑫神奈川大学附属中学校(第2・3回)
⑬栄光学園中学校
⑭フェリス女学院中学校

新潟県

①[県立]
村上中等教育学校
柏崎翔洋中等教育学校
燕中等教育学校
津南中等教育学校
直江津中等教育学校
佐渡中等教育学校
②[市立]高志中等教育学校
③新潟第一中学校
④新潟明訓中学校

石川県

①[県立]金沢錦丘中学校
②星稜中学校

福井県

①[県立]高志中学校

山梨県

①山梨英和中学校
②山梨学院中学校
③駿台甲府中学校

長野県

①[県立]
屋代高等学校附属中学校
諏訪清陵高等学校附属中学校
②[市立]長野中学校

岐阜県

①岐阜東中学校
②鶯谷中学校
③岐阜聖徳学園大学附属中学校

静岡県

①[国立]静岡大学教育学部附属中学校
(静岡・島田・浜松)
②
[県立]清水南高等学校中等部
[県立]浜松西高等学校中等部
[市立]沼津高等学校中等部
③不二聖心女子学院中学校
④日本大学三島中学校
⑤加藤学園暁秀中学校
⑥星陵中学校
⑦東海大学付属静岡翔洋高等学校中等部
⑧静岡サレジオ中学校
⑨静岡英和女学院中学校
⑩静岡雙葉中学校
⑪静岡聖光学院中学校
⑫静岡学園中学校
⑬静岡大成中学校
⑭城南静岡中学校
⑮静岡北中学校
⑯
常葉大学附属常葉中学校
常葉大学附属橘中学校
常葉大学附属菊川中学校
⑰藤枝明誠中学校
⑱浜松開誠館中学校
⑲静岡県西遠女子学園中学校
⑳浜松日体中学校
㉑浜松学芸中学校

愛知県

①[国立]愛知教育大学附属名古屋中学校
②愛知淑徳中学校
③
名古屋経済大学市邨中学校
名古屋経済大学高蔵中学校
④金城学院中学校
⑤椙山女学園中学校
⑥東海中学校
⑦南山中学校男子部
⑧南山中学校女子部
⑨聖霊中学校
⑩滝中学校
⑪名古屋中学校
⑫大成中学校
⑬愛知中学校
⑭星城中学校
⑮名古屋葵大学中学校
(名古屋女子大学中学校)
⑯愛知工業大学名電中学校
⑰海陽中等教育学校(特別給費生)
⑱海陽中等教育学校(I・II)
⑲中部大学春日丘中学校
新刊⑳名古屋国際中学校

三重県

①[国立]三重大学教育学部附属中学校
②暁中学校
③海星中学校
④四日市メリノール学院中学校
⑤高田中学校
⑥セントヨゼフ女子学園中学校
⑦三重中学校
⑧皇學館中学校
⑨鈴鹿中等教育学校
⑩津田学園中学校

滋賀県

①[国立]滋賀大学教育学部附属中学校
②[県立]
河瀬中学校
守山中学校
水口東中学校

京都府

①[国立]京都教育大学附属桃山中学校
②[府立]洛北高等学校附属中学校
③[府立]園部高等学校附属中学校
④[府立]福知山高等学校附属中学校
⑤[府立]南陽高等学校附属中学校
⑥[市立]西京高等学校附属中学校
⑦同志社中学校
⑧洛星中学校
⑨洛南高等学校附属中学校
⑩立命館中学校
⑪同志社国際中学校
⑫同志社女子中学校(前期日程)
⑬同志社女子中学校(後期日程)

大阪府

①[国立]大阪教育大学附属天王寺中学校
②[国立]大阪教育大学附属平野中学校
③[国立]大阪教育大学附属池田中学校

④[府立]富田林中学校
⑤[府立]咲くやこの花中学校
⑥[府立]水都国際中学校
⑦清風中学校
⑧高槻中学校（A日程）
⑨高槻中学校（B日程）
⑩明星中学校
⑪大阪女学院中学校
⑫大谷中学校
⑬四天王寺中学校
⑭帝塚山学院中学校
⑮大阪国際中学校
⑯大阪桐蔭中学校
⑰開明中学校
⑱関西大学第一中学校
⑲近畿大学附属中学校
⑳金蘭千里中学校
㉑金光八尾中学校
㉒清風南海中学校
㉓帝塚山学院泉ヶ丘中学校
㉔同志社香里中学校
㉕初芝立命館中学校
㉖関西大学中等部
㉗大阪星光学院中学校

兵庫県

①[国立]神戸大学附属中等教育学校
②[県立]兵庫県立大学附属中学校
③雲雀丘学園中学校
④関西学院中学部
⑤神戸女学院中学部
⑥甲陽学院中学校
⑦甲南中学校
⑧甲南女子中学校
⑨灘中学校
⑩親和中学校
⑪神戸海星女子学院中学校
⑫滝川中学校
⑬啓明学院中学校
⑭三田学園中学校
⑮淳心学院中学校
⑯仁川学院中学校
⑰六甲学院中学校
⑱須磨学園中学校（第1回入試）
⑲須磨学園中学校（第2回入試）
⑳須磨学園中学校（第3回入試）
㉑白陵中学校
㉒夙川中学校

奈良県

①[国立]奈良女子大学附属中等教育学校
②[国立]奈良教育大学附属中学校
③[県立]
国際中学校
青翔中学校
④[市立]一条高等学校附属中学校
⑤帝塚山中学校
⑥東大寺学園中学校
⑦奈良学園中学校
⑧西大和学園中学校

和歌山県

①[県立]
古佐田丘中学校
向陽中学校
桐蔭中学校
日高高等学校附属中学校
田辺中学校
②智辯学園和歌山中学校
③近畿大学附属和歌山中学校
④開智中学校

岡山県

①[県立]岡山操山中学校
②[県立]倉敷天城中学校
③[県立]岡山大安寺中等教育学校
④[県立]津山中学校
⑤岡山中学校
⑥清心中学校
⑦岡山白陵中学校
⑧金光学園中学校
⑨就実中学校
⑩岡山理科大学附属中学校
⑪山陽学園中学校

広島県

①[国立]広島大学附属中学校
②[国立]広島大学附属福山中学校
③[県立]広島中学校
④[県立]三次中学校
⑤[県立]広島叡智学園中学校
⑥[市立]広島中等教育学校
⑦[市立]福山中学校
⑧広島学院中学校
⑨広島女学院中学校
⑩修道中学校
⑪崇徳中学校
⑫比治山女子中学校
⑬福山暁の星女子中学校
⑭安田女子中学校
⑮広島なぎさ中学校
⑯広島城北中学校
⑰近畿大学附属広島中学校福山校
⑱盈進中学校
⑲如水館中学校
⑳ノートルダム清心中学校
㉑銀河学院中学校
㉒近畿大学附属広島中学校東広島校
㉓AICJ中学校
㉔広島国際学院中学校
㉕広島修道大学ひろしま協創中学校

山口県

①[県立]
下関中等教育学校
高森みどり中学校
②野田学園中学校

徳島県

①[県立]
富岡東中学校
川島中学校
城ノ内中等教育学校
②徳島文理中学校

香川県

①大手前丸亀中学校
②香川誠陵中学校

愛媛県

①[県立]
今治東中等教育学校
松山西中等教育学校
②愛光中学校
③済美平成中等教育学校
④新田青雲中等教育学校

高知県

①[県立]
安芸中学校
高知国際中学校
中村中学校

福岡県

① [国立] 福岡教育大学附属中学校（福岡・小倉・久留米）
② [県立]
- 育徳館中学校
- 門司学園中学校
- 宗像中学校
- 嘉穂高等学校附属中学校
- 輝翔館中等教育学校

③西南学院中学校
④上智福岡中学校
⑤福岡女学院中学校
⑥福岡雙葉中学校
⑦照曜館中学校
⑧筑紫女学園中学校
⑨敬愛中学校
⑩久留米大学附設中学校
⑪飯塚日新館中学校
⑫明治学園中学校
⑬小倉日新館中学校
⑭久留米信愛中学校
⑮中村学園女子中学校
⑯福岡大学附属大濠中学校
⑰筑陽学園中学校
⑱九州国際大学付属中学校
⑲博多女子中学校
⑳東福岡自彊館中学校
㉑八女学院中学校

佐賀県

① [県立]
- 香楠中学校
- 致遠館中学校
- 唐津東中学校
- 武雄青陵中学校

②弘学館中学校
③東明館中学校
④佐賀清和中学校
⑤成穎中学校
⑥早稲田佐賀中学校

長崎県

① [県立]
- 長崎東中学校
- 佐世保北中学校
- 諫早高等学校附属中学校

②青雲中学校
③長崎南山中学校
④長崎日本大学中学校
⑤海星中学校

熊本県

① [県立]
- 玉名高等学校附属中学校
- 宇土中学校
- 八代中学校

②真和中学校
③九州学院中学校
④ルーテル学院中学校
⑤熊本信愛女学院中学校
⑥熊本マリスト学園中学校
⑦熊本学園大学付属中学校

大分県

① [県立] 大分豊府中学校
②岩田中学校

宮崎県

① [県立] 五ヶ瀬中等教育学校
② [県立]
- 宮崎西高等学校附属中学校
- 都城泉ヶ丘高等学校附属中学校

③宮崎日本大学中学校
④日向学院中学校
⑤宮崎第一中学校

鹿児島県

① [県立] 楠隼中学校
② [市立] 鹿児島玉龍中学校
③鹿児島修学館中学校
④ラ・サール中学校
⑤志學館中等部

沖縄県

① [県立]
- 与勝緑が丘中学校
- 開邦中学校
- 球陽中学校
- 名護高等学校附属桜中学校

もっと過去問シリーズ

北海道

北嶺中学校
7年分（算数・理科・社会）

静岡県

静岡大学教育学部附属中学校
（静岡・島田・浜松）
10年分（算数）

愛知県

愛知淑徳中学校
7年分（算数・理科・社会）
東海中学校
7年分（算数・理科・社会）
南山中学校男子部
7年分（算数・理科・社会）
南山中学校女子部
7年分（算数・理科・社会）
滝中学校
7年分（算数・理科・社会）
名古屋中学校
7年分（算数・理科・社会）

岡山県

岡山白陵中学校
7年分（算数・理科）

広島県

広島大学附属中学校
7年分（算数・理科・社会）
広島大学附属福山中学校
7年分（算数・理科・社会）
広島学院中学校
7年分（算数・理科・社会）
広島女学院中学校
7年分（算数・理科・社会）
修道中学校
7年分（算数・理科・社会）
ノートルダム清心中学校
7年分（算数・理科・社会）

愛媛県

愛光中学校
7年分（算数・理科・社会）

福岡県

福岡教育大学附属中学校
（福岡・小倉・久留米）
7年分（算数・理科・社会）
西南学院中学校
7年分（算数・理科・社会）
久留米大学附設中学校
7年分（算数・理科・社会）
福岡大学附属大濠中学校
7年分（算数・理科・社会）

佐賀県

早稲田佐賀中学校
7年分（算数・理科・社会）

長崎県

青雲中学校
7年分（算数・理科・社会）

鹿児島県

ラ・サール中学校
7年分（算数・理科・社会）

※もっと過去問シリーズは国語の収録はありません。

教英出版
〒422-8054
静岡県静岡市駿河区南安倍3丁目12－28
TEL 054-288-2131
FAX 054-288-2133
詳しくは教英出版で検索
教英出版　検索
URL https://kyoei-syuppan.net/

2024年度

修道中学校　入学試験問題

【国語】

時間50分

表紙を除いて５ページ

受験上の注意　テストが始まるまでによく読んでください。

1．テスト終了《しゅうりょう》のチャイムが鳴るまで，テスト教室を出てはいけません。
2．腕時計《うでどけい》のアラームを鳴らしてはいけません。
3．休憩《きゅうけい》時間に付添《つきそい》の人に会ってはいけません。
4．からだの具合が悪くなったら，監督《かんとく》の先生に申し出てください。
5．問題用紙は回収しないので持ち帰ってください。
6．机の上に計算・下書き・落書きなどをしてはいけません。
7．自分の持ってきたメモ用紙，下敷《したじ》きや電卓《でんたく》を使ってはいけません。
8．机の中に物を入れてはいけません。
9．テストはまじめな態度で受けてください。テスト中によそ見をしたり先生の指示が守れない人は合格になりません。
10．問題の内容についての質問はいっさいしてはいけません。もし，印刷のわからないところなどがあったら，静かに手を挙げてください。
11．筆記用具，定規，コンパスなど物の貸し借りをしてはいけません。
12．答えは全《すべ》て解答用紙に書いてください。
13．解答用紙にＱＲコードシールをはり，名前は書かず，受験番号だけを算用数字で書いてください。
14．先生の「はじめなさい」の指示で鉛筆《えんぴつ》をとり「やめなさい」の指示があったらすぐに鉛筆を置いてください。
15．テスト中に物を落とすなど困ったことがあったら，静かに手を挙げてください。

一　次の①～⑩の――線部について、①②は漢字の読みをひらがなで書き、③～⑩はカタカナを漢字になおしなさい。送りがなが必要な場合は、送りがなも書くこと。解答は、ていねいな字で書くこと。

① 竹馬の友と思い出を語る。
② 富士山の頂に立つ。
③ ローマ帝国《ていこく》コウボウの歴史を学ぶ。
④ 政治家がグンシュウに向かって呼びかける。
⑤ 世界をジュウオウ無尽《むじん》に駆《か》け回《まわ》る。
⑥ 食事で栄養をオギナウ。
⑦ このままでは地球そのものにハキョクが訪《おとず》れる。
⑧ 海底資源をタンサする。
⑨ 儒教《じゅきょう》では、親をウヤマウことが大切にされる。
⑩ アンショウ番号をわすれてしまった。

二　Iは、詩人茨木《いばらぎ》のり子が石垣《いしがき》りんの「くらし」という詩について述べた文章です。IIは、石垣りんの「シジミ」という詩です。これらを読んで、後の問いに答えなさい。

I

くらし　　石垣りん

食わずには生きてゆけない。
メシを
野菜を
肉を
空気を
光を
水を
親を
きょうだいを
師を
金もこころも
食わずには生きてこれなかった。
ふくれた腹をかかえ
口をぬぐえば
台所に散らばっている
にんじんのしっぽ
鳥の骨
父のはらわた
四十の日暮れ
私の目にはじめてあふれる獣《けもの》の涙《なみだ》。

――詩集『表札など』

さまざまのお経《きょう》には何が書いてあるのかよくわかりませんが、お経の数も目がまわるほどたくさんあるらしいのですが、中身をぎりぎり凝縮《ぎょうしゅく》すると「くらし」という詩に近づき、罪ふかき者どもよ、その罪を悟《さと》って生きよ、ということではないのかしら。それが石垣りんほど、うまくズバリと言えなかったので、かくもたくさんのお経で、手をかえ品をかえ、言っても言っても言いたりずではないのかしら。とおもったらお釈迦《しゃか》さまは怒《おこ》るのかしら。法事《ほうじ》のお経の長々しさにａ閉口し、しびれきらしながら思ったことです。

一時間のお経より私には石垣りんの、この短い一篇《いっぺん》のほうがありがたいのでした。お経のたとえが出てしまったのも、①仏教のもっとも深い部分と通いあうものがあるからだろうと思います。

②おぞましい生の実態、見ないですまされたら見たくはないもの、ひたすら覆《おお》いかくそうとしてきたのが文明なら、それをはぎとり、③二本足の獣《けもの》、一番残酷《ざんこく》な獣にすぎない醜悪《しゅうあく》さをはっきり見据《す》えようとするこの欲求は、何と名づけたらいいのか。碁石《ごいし》をパチンと音たてて置くように、「にんじんのしっぽ」「鳥の骨」と布石がつづき「父のはらわた」に至ってギョッとして、受け手もｂ進退きわまります。

スネをかじっている時は無我夢中《むがむちゅう》、何もわかりませんが、自分が今度はかじられる番になって、やっと④昔のことを愕然《がくぜん》と思い出してしまう、くさりの輪のようにつながってゆく生のくりかえしの哀《あわ》れふかさが「四十の日暮れ」ということばで、そくそくと迫《せま》ってきて、

私の目にはじめてあふれる獣の涙。

作者の涙は、読むものの涙へと、つながってしまい、⑤すぐれた浄化作用《カタルシス》をはたしています。人生体験といえるほどのものをもっていない若者でも、少し敏感《びんかん》な人なら、じぶんの喜びがし

ばしば他人の悲しみの上に立っていることに気づかずにはいられないでしょう。合格の喜びが不合格者の悲しみの上に、得恋《とくれん》の喜びが誰《だれ》かの失恋《しつれん》の痛手の上に立っていたりすることに。

それを考えると身動きできずいじけてしまいますが、それもまたみっともないことで、自分もまたある時は誰かに食われる存在であると思って、せいいっぱい生きるしかありません。

ふだんよく聞く「食うか食われるか」「何で食ってる」「食えない」という言いかたは、あまりあざとくて好きではありませんし、使いたくもないものです。慣用句になりすぎて内容のほうは飛散《ひさん》してしまっているからでしょう。けれど⑥この詩で用いられている「食う」のバリエーションは激しい美しさを湛《たた》えていてc脱帽《だつぼう》です。たぶん、抜《ぬ》きさしならぬ使いかたをしているからで、このたしかな手ごたえは、作者の半生の苦闘《くとう》をしのばせるに足《た》るものです。

もし、ほんとうに教育の名に値《あたい》するものがあるとすれば、それは自分で自分を教育できたときではないのかしら。教育とは誰かが手とり足とりやってくれるものと思って、私たちはいたって受動的ですが、もっと【A】的なもの。自分の中に一人の一番きびしい教師を育てえたとき、教育はなれり、という気がします。学校はそのための、ほんの少しの手引きをしてくれるところ。高等小学校卒の石垣りんは学歴に関して劣等感《れっとうかん》を抱《いだ》きつづけたと何度も書いていて、あるいは自分で気づいてはいないかもしれませんが、自分で自分をきびしく教育することのできた稀《まれ》な人にみえます。

言葉の名手になれたのも不思議はなく、それにしても、言葉を得る道もまた難《かた》いかなと思わずにはいられません。

「くらし」が生きものの持つあさましさをテーマにしながら、読み終えたあと一種の爽快《そうかい》さにひたされるのはなぜなのか。おそらくこの詩の中に浄化装置がしこまれていて、読み手がここを通過するさい、浄《きよ》められて、思いもかけない方角へ送り出されるからだとおもいます。

浄化作用《カタルシス》を与《あた》えてくれるか、くれないか、そこが芸術か否《いな》かの分《わか》れ目なのです。だから音楽でも美術でも演劇でも、私のきめ手はそれしかありません。

（茨木のり子『詩のこころを読む』岩波ジュニア新書より）

【Ⅱ】

シジミ

夜中に目をさました。
ゆうべ買ったシジミたちが
台所のすみで
口をあけて生きていた。

「夜が明けたら
ドレモコレモ
ミンナクッテヤル」

鬼《おに》ババの笑《わら》いを
私は笑った。
それから先は
うっすら口をあけて
寝《ね》るよりほかに私の夜はなかった。

（石垣りん『現代の詩人 5』より）

問一 【Ⅰ】の「くらし」に用いられている技法として最も適当なものを、次のア〜エの中から一つ選び、記号で答えなさい。

ア 擬人法《ぎじんほう**》　イ 体言止め　ウ パロディ　エ 直喩《ちょくゆ》（明喩《めいゆ》）

問二 ══線部a〜cについて、本文中での意味として最も適当なものを、次のア〜エの中からそれぞれ一つ選び、記号で答えなさい。

a「閉口し」
ア 怒《いか》りを感じ　イ がまんし　ウ うれしくなり　エ いやになり

b「進退きわまり」
ア どうしようもなくなり　イ 混乱し　ウ 恐《おそ》れおののき　エ あきれ果て

c「脱帽」
ア あきらめること　イ 動揺《どうよう》すること　ウ 感服すること　エ ひどく驚《おどろ》くこと

問三 ──線部①「仏教のもっとも深い部分」とありますが、筆者はそれをどのようなものだと考えていましたか。【Ⅰ】の文章中から二十字以内で抜き出して答えなさい。（句読点《くとうてん》も字数に含《ふく》めます。）

問四 ──線部②「おぞましい生の実態」とありますが、それはどのようなものですか。二十五字以内で説明しなさい。

問五　――線部③「二本足の獣、一番残酷な獣」とは何のことですか。漢字で答えなさい。

問六　――線部④「昔のことを愕然と思い出してしまう」とありますが、なぜ愕然としたのですか。八十字以内で説明しなさい。

問七　――線部⑤「すぐれた浄化作用《カタルシス》をはたしています」とありますが、私たちがどのような状態になることを言っていますか。具体的に説明した部分をⅠの文章中から二十字以内で抜き出して答えなさい。（句読点も字数に含めます。）

問八　――線部⑥「この詩で用いられている『食う』のバリエーション」について、「（食べ物を）食べる」**以外に**どのような意味で用いられているかを、解答欄《らん》に沿った形で説明しなさい。

問九　[A]に当てはまる漢字二字のことばを答えなさい。

問十　Ⅰで述べられている筆者の考えについての説明として最も適当なものを、次のア～オの中から一つ選び、記号で答えなさい。

ア　詩や小説など多くの分野の芸術が本物かどうかは、その作品が鑑賞者《かんしょうしゃ》に浄化作用をもたらすかもたらさないかでほぼ決まると言える。

イ　教育とは人に施《ほどこ》してもらうものではなく、自分を律して自ら学んでいくものであり、そのためにはむしろ学歴がないほうがいいこともある。

ウ　私たちは、他者の犠牲《ぎせい》のおかげで生きているが、同時に自身もまた誰かの犠牲になることを思い、誠実に生きていくしかない。

エ　私たちの幸せは誰かの不幸せのうえに成り立っているという実感は、年を重ねて様々な経験を経《へ》た大人になってはじめて感じられるものである。

オ　『くらし』で作者が言い足りなかったことを、ていねいに角度を変えつつ説明したものが、お経の内容だと考えられる。

問十一　次の会話はⅠの「くらし」とⅡの「シジミ」について話し合ったものです。この中で**適当でない**のは誰の考えですか。後のア～オの中から**二つ**選び、記号で答えなさい。

修さん　「シジミ」は一見すると何気ない日常を描写した作品だね。僕《ぼく》も買ってきたアサリやシジミを台所に置いておくことがあるからわかるなあ。

道子さん　そうね。ただ、ユーモラスに書いてはいるけれど「シジミ」も「くらし」と同様、重いテーマもふくまれている作品のように思えるわ。

学さん　そうかなあ。「シジミ」の方は、食べることを楽しみにしているんだから、不気味さすら感じる「くらし」とは別のテーマを書いた作品じゃないかな。むしろ食べることに肯定的《こうていてき》というか。

園子さん　私は言葉に注目したわ。「くらし」はなじみのない言葉が多用されているけれど、「シジミ」はなじみのある言葉が多く使われているという印象をうけたわ。

丸さん　うーん、どちらの作品もそれほど難しい言葉は使われていないと思うな。でも、Ⅰでも述べられていたように、詩の言葉選びは難しいものだろうから、作者は言葉の用い方には気を配っていると思うよ。

ア　修さん　　イ　道子さん　　ウ　学さん　　エ　園子さん　　オ　丸さん

三

次の文章は村上雅郁《むらかみまさふみ》『きみの話を聞かせてくれよ』（フレーベル館）の第二章「タルトタタンの作り方」の一部です。**【登場人物】**と**【ここまでのあらすじ】**もあわせてよく読んで、後の問いに答えなさい。

【登場人物】

ぼく（轟《とどろき》虎之助《とらのすけ》）……中学一年生男子。ケーキ作りが趣味《しゅみ》。かわいらしい容姿のせいで、同級生の女子たちにからかい気味に、「虎」と呼び捨てにされている。

祇園寺《ぎおんじ》羽紗《うさ》……中学三年生女子。生徒会長で、剣道部《けんどうぶ》の副部長。ボーイッシュな（男の子っぽい）美人で、学校中の女子たちの憧《あこが》れの的となっていて、「ウサギ王子」と呼ばれている。

黒野《くろの》良輔《りょうすけ》……中学二年生男子。剣道部員。部活の態度は不まじめだし、つかみ所のないふざけた言動を取るが、その一方で妙《みょう》に世話焼きな面もある。

【ここまでのあらすじ】

「ぼく」は、黒野先輩《せんぱい》づてで祇園寺先輩に呼び出され、「タルトタタンの作り方を教えてほしい」と依頼《いらい》される。そのとき「このことは秘密にしてほしい。私なんかがケーキを焼いていたら変でしょ」と言われて不思議に思う。数日後、「ぼく」は黒野先輩とともに祇園寺先輩の自宅を訪問する。思った以上に不器用な祇園寺先輩はケーキ作りに悪戦苦闘《あくせんくとう》する。

【本文】

お詫び

著作権上の都合により、文章は掲載しておりません。ご不便をおかけし、誠に申し訳ございません。

教英出版

お詫び

著作権上の都合により、文章は掲載しておりません。ご不便をおかけし、誠に申し訳ございません。

教英出版

お詫び
著作権上の都合により、文章は掲載しておりません。
ご不便をおかけし、誠に申し訳ございません。
教英出版

問一 [A]・[B]に当てはまる語の組み合わせとして最も適当なものを、次のア～エの中から一つ選び、記号で答えなさい。

ア A虎　B ライオン
イ Aライオン　B虎
ウ A虎　B ウサギ
エ A ハムスター　B虎

問二 ――線部①「べつに女子らしくなくていいんだって、いや、こういう女子もいるんだって」とありますが、祇園寺先輩が「女子らしくなくていい」を「こういう女子もいる」と言《い》い換《か》えたのはなぜですか。「～ということを伝えたいから。」に続く形で三十字以内で説明しなさい。

問三 ――線部②「ぼくは言いよどんだ」とありますが、それはなぜですか。四十字以内で説明しなさい。

問四 [C]に当てはまる最も適当な三字以内のことばを、文章中から抜き出して答えなさい。

問五 ――線部③「本末転倒」とは、具体的にどういうことを言っていますか。四十字以内で説明しなさい。

問六 ――線部④「黒野先輩は言った」とありますが、これに続く黒野先輩のことばに関する説明として最も適当なものを、次のア～エの中から一つ選び、記号で答えなさい。

ア 無理して男子ぶっているが、実は女の子らしさにあこがれているとばれるのをこわがっている祇園寺先輩に対して、「ボーイッシュな見た目につられて、祇園寺先輩のことが分かっていない人が多すぎだよね」と嘆《なげ》いていることば。

イ 他人が自分をありふれた話に落としこもうとするのをいやがっている祇園寺先輩のことばをきっかけにして、「人間というのは、自分が分からないものがこわくて攻撃するような愚《おろ》か者なのだ」と一方的に自分の意見を主張することば。

ウ 自分のことをありふれた話に落としこまれるのをいやがっている祇園寺先輩に対して、「みんな自分が想定できないものが理解できないだけだから、そんなにカリカリするなよ」と遠回しにたしなめることば。

エ 他人にとって分かりやすい型に自分がはめこまれることにがまんできない祇園寺先輩に対して、「世の中の人は、自分が理解できない人への恐《きょう》怖《ふ》心《しん》から、枠《わく》にはめようとしているんだよ」と彼女《かのじょ》をなだめてあげることば。

問七 ――線部⑤「ただただ、かなしい」には、「ぼく」のどのような気持ちがこめられていますか。その説明として最も適当なものを、次のア～エの中から一つ選び、記号で答えなさい。

ア 自分も他人に決めつけられた経験があるので共感して切なくなるとともに、「自分らしさ」を貫《つらぬ》くためにたたかってきた祇園寺先輩をなぐさめることばを自分が持っていないのをふがいなく思う気持ち。

イ せっかく上手にできたタルトタタンを「おいしい」と思うよりも、周りの人への怒りが勝《まさ》って「むかつく」とつぶやく祇園寺先輩を見て、彼女を苦しめている周りの人へのいきどおりを隠《かく》せない気持ち。

ウ タルトタタンを頬張りながら気楽そうに笑っている黒野先輩と対照的に、祇園寺先輩が「おいしいのにむかつく」と泣きそうな声でつぶやくのを見ても、後輩《こうはい》の立場なのでなぐさめのことばもかけられないことを残念に思う気持ち。

エ 頼《たの》まれてタルトタタンの作り方を教えて、それが思いのほかおいしくできたのに、祇園寺先輩が自分の悲しみにひたって「むかつく」などと毒づいているのを聞くと、今日一日の自分の努力が無駄《むだ》だったようでむなしくなる気持ち。

2024年度

修道中学校　入学試験問題

【算数】

時間50分

表紙を除いて６ページ

受験上の注意　テストが始まるまでによく読んでください。

1．テスト終了《しゅうりょう》のチャイムが鳴るまで，テスト教室を出てはいけません。
2．腕時計《うでどけい》のアラームを鳴らしてはいけません。
3．休憩《きゅうけい》時間に付添《つきそい》の人に会ってはいけません。
4．からだの具合が悪くなったら，監督《かんとく》の先生に申し出てください。
5．問題用紙は回収しないので持ち帰ってください。
6．机の上に計算・下書き・落書きなどをしてはいけません。
7．自分の持ってきたメモ用紙，下敷《したじ》きや電卓《でんたく》を使ってはいけません。
8．机の中に物を入れてはいけません。
9．テストはまじめな態度で受けてください。テスト中によそ見をしたり先生の指示が守れない人は合格になりません。
10．問題の内容についての質問はいっさいしてはいけません。もし，印刷のわからないところなどがあったら，静かに手を挙げてください。
11．筆記用具，定規，コンパスなど物の貸し借りをしてはいけません。
12．答えは全《すべ》て解答用紙に書いてください。
13．解答用紙にＱＲコードシールをはり，名前は書かず，受験番号だけを算用数字で書いてください。
14．先生の「はじめなさい」の指示で鉛筆《えんぴつ》をとり「やめなさい」の指示があったらすぐに鉛筆を置いてください。
15．テスト中に物を落とすなど困ったことがあったら，静かに手を挙げてください。

1 次の問いに答えなさい。

（1）次の①～⑤の $\square$ にあてはまる数を答えなさい。

① $16-12\div4+2=\square$

② $\left(0.25+2.6\times1\frac{1}{4}\right)+\frac{5}{8}\div1.25=\square$

③ $1.1\times2.2+3.3\times4.4+5.5\times6.6+7.7\times8.8=\square$

④ $8\div\left(\frac{41}{5}-\frac{3}{4}\times\square\right)=\frac{5}{4}$

⑤ 289 を $\square$ で割ると，商は 22 で余りは 3 です。

（2）3 つの数 A，B，C があり，A の 3 倍と B の 2 倍が等しく，A の 4 倍と C の 3 倍が等しくなります。このとき，3 つの数の比 A：B：C を，最も簡単な整数の比で表しなさい。

（3）右の図のように，左手の親指から始めて，人さし指，中指，薬指，小指 … という順に 1 番目，2 番目，3 番目，4 番目と数え，折り返して薬指が 6 番目，…，親指が 9 番目と数え，さらに折り返して人さし指が 10 番目，…と数えていきます。これを続けていくと，2024 番目となるのは何指ですか。

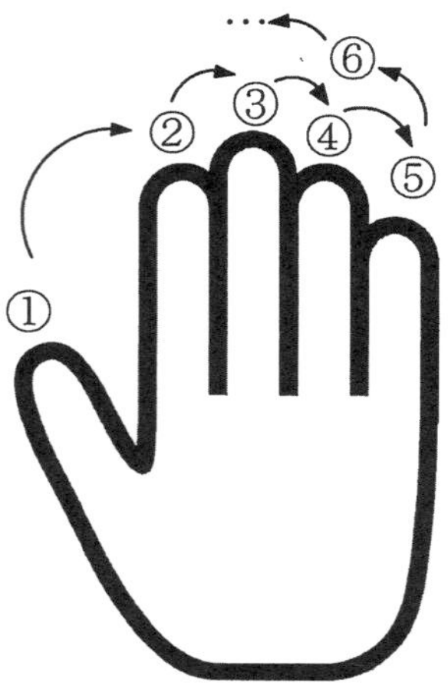

（4）修さんは，持っていたお金で 1560 円の本を買いました。さらに，残ったお金のちょうど 60 % にあたる本をもう 1 冊買ったところ，最後に残ったお金は最初に持っていたお金の $\frac{3}{14}$ でした。修さんが最初に持っていたお金は何円ですか。

(5) 右の図のような正方形の折り紙ABCDがあります。辺CD上の点Eは，BE：CE＝2：1となる点です。直線BEが折り目となるようにして，三角形BCEを折り返したところ，点Cが点Fに移りました。2点A，Fをまっすぐ結んだ線と直線EFが作る角をアとしたとき，角アの大きさは何度ですか。

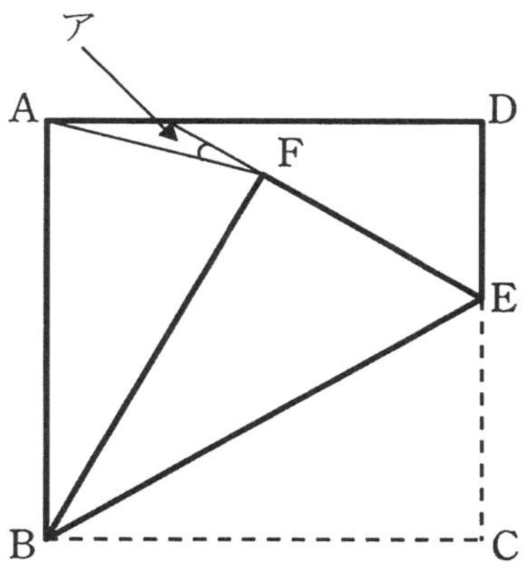

(6) 修さんは，月曜日から金曜日までに読んだ本のページ数を，右の表のようにまとめました。月曜日の欄《らん》には，月曜日に実際に読んだページ数を書いており，火曜日以降の欄には，前の日に読んだページ数との変化を書いています。たとえば，火曜日は月曜日より1ページ多い101ページ読みました。修さんは，この5日間で1日平均何ページ読みましたか。

曜日	月	火	水	木	金
ページ数	100	＋1	＋4	＋10	＋4

(7) 右の図は，三角柱の展開図です。この展開図を組み立ててできる三角柱の体積を求めなさい。

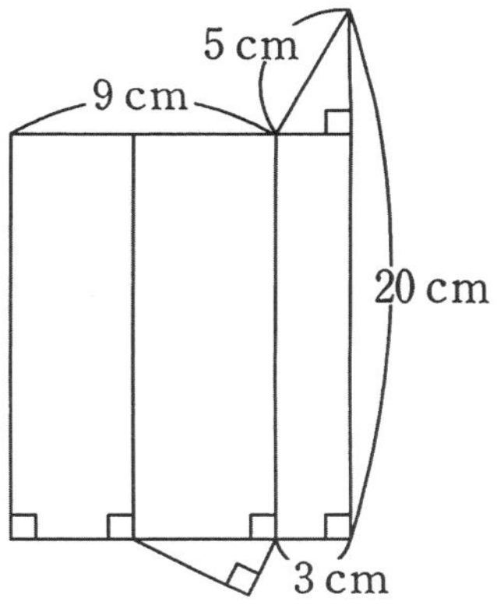

2

(1) 修道中学校のある学年で，来月行われるスポーツ大会で実施《じっし》して欲しい種目についてアンケートを行いました。学年の生徒全員に希望する種目を１つずつ選んでもらったところ，右の図のような円グラフになりました。このとき，次の①，②の問いに答えなさい。

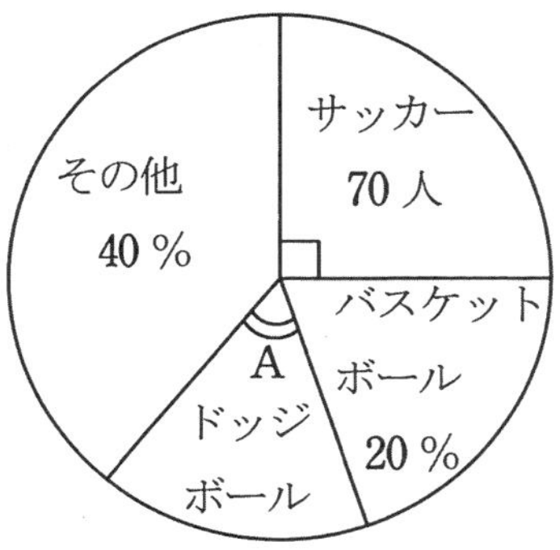

① この学年の生徒の人数は何人ですか。

② Aの角の大きさは何度ですか。

(2) 右の図において，三角形ABCは１辺が3 cmの正三角形です。この三角形を，点Cを中心に時計回りに回転させてできた図形が三角形CDEで，辺BCと辺CDが垂直になっています。このとき，次の①，②の問いに答えなさい。
ただし，円周率は3.14とします。

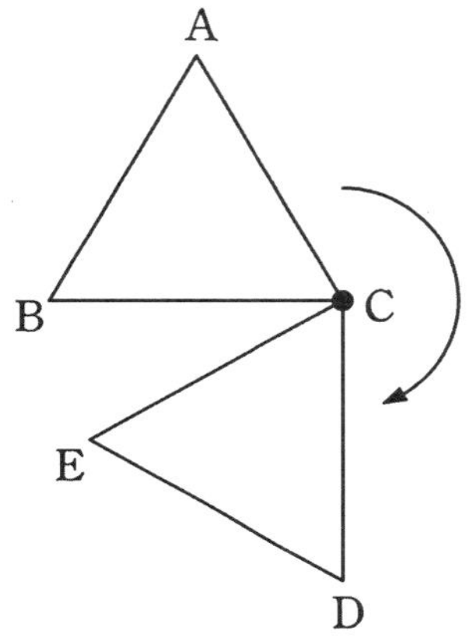

① 時計回りに何度回転させたかを答えなさい。
(0° 以上360° 以下の大きさで答えること)

② 点Aが動いた部分の長さを求めなさい。

(3) 右の図のような，20個の正方形の区画があり，線の部分を道として地点Aから地点Bまで移動します。1か所だけ斜《なな》めに移動できる道があります。そのことに注意すると，地点Aから地点Bまでの道順で，最短の移動距離となる行き方は，全部で何通りありますか。

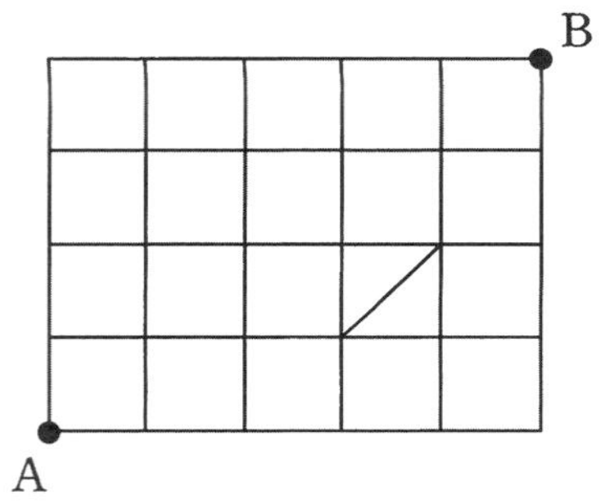

(4) 1辺の長さが20 cmの正方形が3つあります。図形Aの小さな正方形は大きな正方形を16等分したもので，図形Bの円は大きな正方形にぴったりとくっついた直径20 cmの円です。また，図形Cは大きな正方形の隣《とな》り合う辺の真《ま》ん中の点を結んでできる正方形がかかれています。それぞれの図形の一部に，下の図のように斜線《しゃせん》を付けました。図形Aに，図形Bと図形Cを，辺アイ，ウエ，オカが重なるように重ね合わせたとき，次の①，②の問いに答えなさい。ただし，円周率は3.14とします。

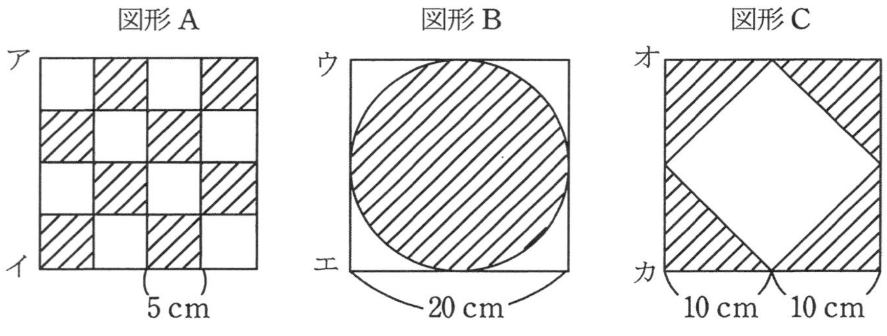

① 斜線の付いた部分が3重に重なる部分を，解答欄《らん》の図に斜線でかき入れなさい。

② ①で斜線を付けた部分の面積を求めなさい。

3 左下の図のような蓋《ふた》のない直方体の水そうが，床の上に水平に置いてあります。この水そう内の底に，ひもを付けた直方体のおもりを置き，その後で水そういっぱいに水を満たします。

それから，ひもをピンと張り，おもりの底面が水そうの底面と平行を保つようにして，静かに引き上げました。そのとき，ひもを引き上げた長さと，水面の高さの関係は，右下のグラフのようになりました。

このとき，次の問いに答えなさい。ただし，ひもの太さや水そうの厚みは考えないものとします。

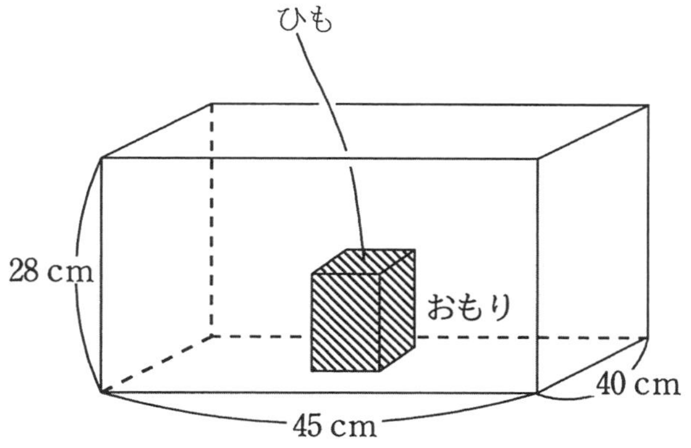

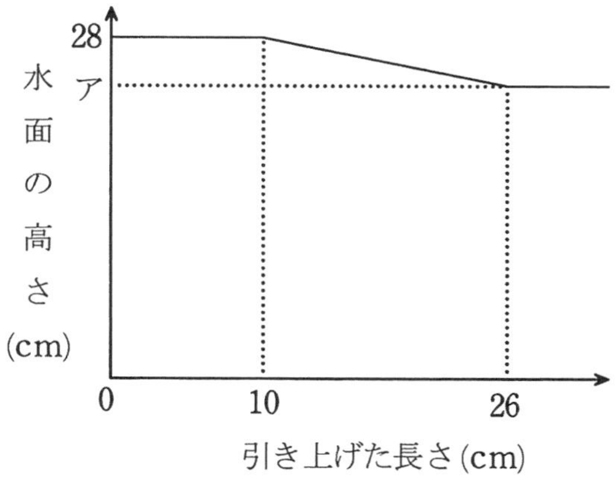

（1） おもりの直方体の高さを求めなさい。

（2） グラフのアの値を求めなさい。

（3） おもりの体積を求めなさい。

4　浅野氏と山田氏が，登山をすることになりました。その山は，A 登山口から頂上 P までが 3 km，B 登山口から頂上 P までは 2 km の道のりです。登山口から頂上 P までは常に登り，頂上 P から登山口までは常に下りです。山のふもとには A 登山口と B 登山口の間を結ぶ 10 km の長さの道路があって，車で走ることができます。

浅野氏は A 登山口から頂上 P に向けて分速 40 m で登り，頂上 P で 5 分間の休憩《けい》をとって，頂上 P から B 登山口へ下山します。山田氏は，浅野氏と同時に A 登山口を車で出発して，ふもとの道路を時速 50 km で B 登山口に向かい，着いてすぐに B 登山口から頂上 P へと登り，休憩はせずにそのまま A 登山口へ下山します。

2 人とも，下りの速さは，登りの 1.5 倍の速さであるとします。

次の問いに答えなさい。

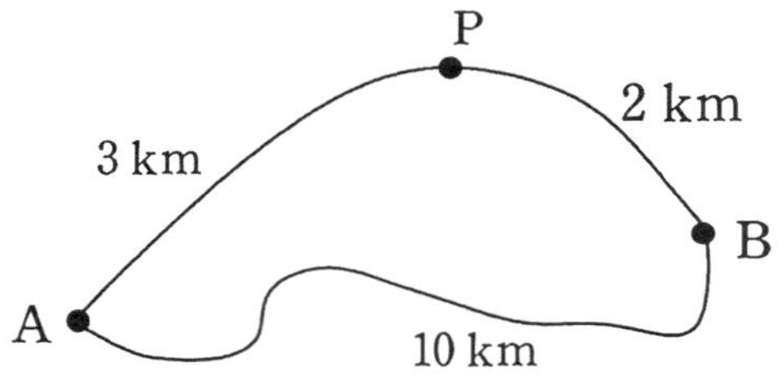

（1） 山田氏の登りの速さが分速 50 m であるとき，浅野氏と山田氏はどこで出会いますか。
「頂上 P から ○ 登山口へ向けて ○○ m の地点」という形で答えなさい。

（2） 山田氏の登りの速さが分速 40 m であるとします。浅野氏は，山田氏と出会ったときに車の鍵《かぎ》を受け取って，B 登山口に到着したらすぐに車でふもとの道路を時速 50 km で A 登山口に向かいました。山田氏は，A 登山口に到着後，浅野氏の到着を何分何秒待つことになりますか。

5

片面が白色，もう一方の面が赤色で塗《ぬ》られた 30 枚のカードがあり，それらには 1 枚ごとに 1 から 30 までの異なる数字が割《わ》り振《ふ》られ，両面にその同じ数字が書かれています。

最初，30 枚とも白色の面が表になるように，机の上に置かれていて，次の操作《そうさ》にしたがって，カードを裏《うら》返していきます。

> **操作**
>
> 1 回目：2 の倍数が書かれたカードのみを裏返す。
> 2 回目：3 の倍数が書かれたカードのみを裏返す。
> 3 回目：4 の倍数が書かれたカードのみを裏返す。
> ⋮
> 29 回目：30 の倍数が書かれたカードのみを裏返す。

このとき，次の問いに答えなさい。

（1） 2 回目の操作が終わったとき，白色の面が表になっているカードは全部で何枚ありますか。

（2） 最後の操作が終わったとき，30 が書かれたカードの表面は何色になっていますか。理由とあわせて答えなさい。

（3） 最後の操作が終わったとき，白色の面が表になっているカードは全部で何枚ありますか。

2024年度

修道中学校　入学試験問題

【理科】

時間40分

表紙を除いて５ページ

受験上の注意　テストが始まるまでによく読んでください。

1．テスト終了《しゅうりょう》のチャイムが鳴るまで，テスト教室を出てはいけません。
2．腕時計《うでどけい》のアラームを鳴らしてはいけません。
3．休憩《きゅうけい》時間に付添《つきそい》の人に会ってはいけません。
4．からだの具合が悪くなったら，監督《かんとく》の先生に申し出てください。
5．問題用紙は回収しないので持ち帰ってください。
6．机の上に計算・下書き・落書きなどをしてはいけません。
7．自分の持ってきたメモ用紙，下敷《したじ》きや電卓《でんたく》を使ってはいけません。
8．机の中に物を入れてはいけません。
9．テストはまじめな態度で受けてください。テスト中によそ見をしたり先生の指示が守れない人は合格になりません。
10．問題の内容についての質問はいっさいしてはいけません。もし，印刷のわからないところなどがあったら，静かに手を挙げてください。
11．筆記用具，定規，コンパスなど物の貸し借りをしてはいけません。
12．答えは全《すべ》て解答用紙に書いてください。
13．解答用紙にＱＲコードシールをはり，名前は書かず，受験番号だけを算用数字で書いてください。
14．先生の「はじめなさい」の指示で鉛筆《えんぴつ》をとり「やめなさい」の指示があったらすぐに鉛筆を置いてください。
15．テスト中に物を落とすなど困ったことがあったら，静かに手を挙げてください。

1 **図1**はある地域の地図で点線は同じ高さの地点を結んだ線です。この地域のX・Y・Z地点でボーリング調査をしました。その結果をまとめたものが**図2**です。この地域では地層が切れたり曲がったりしておらず，火山灰の層以外は各地層の厚さが同じで，かつ一定の方向にかたむいていることが分かっています。次の先生と修さんの会話を読んで，あとの各問いに答えなさい。

図1

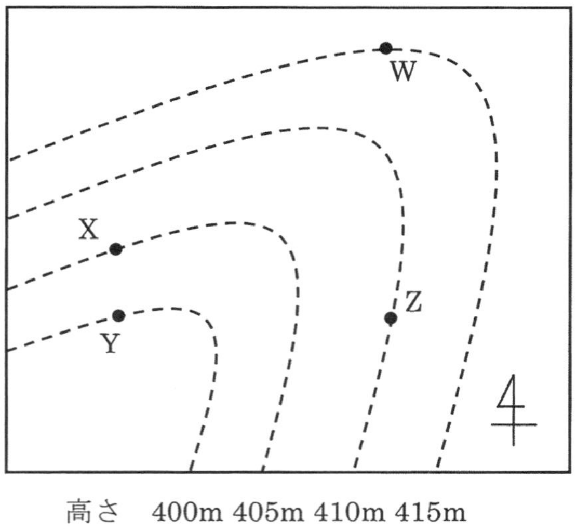

図2

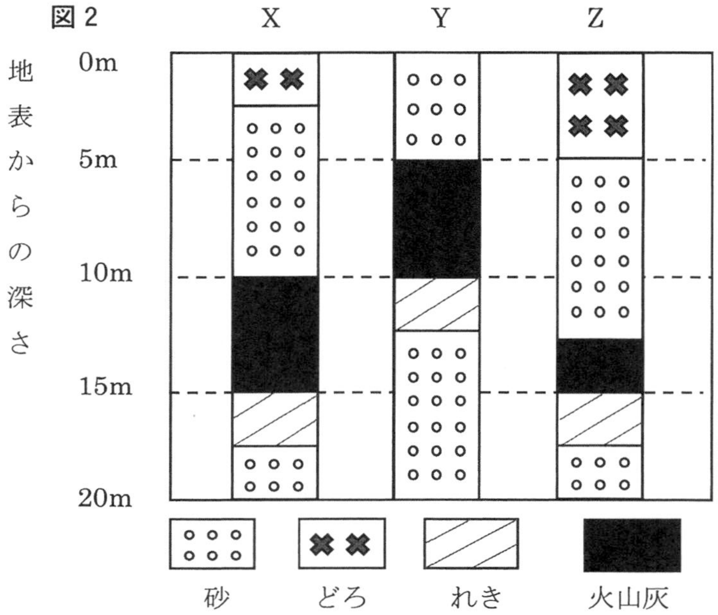

先生：①長い年月をかけてできた地層からはいろいろなことが分かります。地層の逆転が起きていない場合は上と下どちらが古い地層ですか。
修さん：（　a　）の地層が古いです。
先生：正解。では地層の逆転はありますか。例えば**図2**の砂の層を観察してみてください。
修さん：砂の層の中を見ると，（　b　）から逆転していません。
先生：そのとおり。砂の層からはシジミの化石が見つかりました。シジミがたい積したのはどんな環境かな。
修さん：（　c　）です。
先生：正解。じゃあ次。火山灰より下の層は上から順番にれき，砂となっているね。火山は海の深さがどう変化するときに噴火したのかな。
修さん：つぶの大きさは海岸から遠ざかるほど小さくなるので，海の深さが（　d　）ときです。
先生：正解。よく分かっているね。ではこの火山灰はどこの方角の火山のものかな。
修さん：火山灰の層の厚さを考えたら（　e　）の方角の火山だと思います。
先生：そうだね。じゃあ最後。②W地点でボーリング調査をすると，火山灰の下のれきの層は地表から何mの深さから出てきますか。
修さん：かたむきのことを考えると･･･（　f　）です。
先生：大正解！地層についてはバッチリだね。これからも，しっかりいろんなことを学んでいきましょうね。

問1　下線部①について，この地域の地層は平均して100年で4cmの速さでたい積していることが分かっています。この地域の地層が20mたい積するのにおよそ何年かかりますか。

問2　（　a　）にあてはまる漢字1文字を答えなさい。

問3　（　b　）にあてはまる文章として最も適当なものを，次の**ア**～**ウ**から1つ選び記号で答えなさい。
ア　下から上にいくにつれて，つぶの大きさがだんだんと小さくなっている
イ　下から上にいくにつれて，つぶの大きさがだんだんと大きくなっている
ウ　つぶの大きさがバラバラでちらばっている

問4　（　c　）にあてはまる文章として最も適当なものを，次の**ア**～**ウ**から1つ選び記号で答えなさい。
ア　川の水と海の水が混ざる場所　　**イ**　海の浅い場所　　**ウ**　海の深い場所

問5　（　d　）にあてはまる文章として最も適当なものを，次の**ア**，**イ**から1つ選び記号で答えなさい。
ア　だんだん深くなっている　　**イ**　だんだん浅くなっている

問6　海の深さが変化する原因の1つとして気温があります。海が深くなるのは気温が高くなるときですか，低くなるときですか。高くなるときは**ア**，低くなるときは**イ**と答えなさい。また理由も答えなさい。

問7　（　e　）にあてはまる方角を，次の**ア**～**エ**から1つ選び記号で答えなさい。
ア　東　　**イ**　西　　**ウ**　南　　**エ**　北

問8　下線部②について，W地点の火山灰の層はどれくらいの厚さですか。最も適当なものを，次の**ア**～**エ**から1つ選び記号で答えなさい。
ア　X・Y地点の火山灰と同じ厚さ　　**イ**　Z地点の火山灰と同じ厚さ
ウ　X・Y地点の火山灰よりも厚い　　**エ**　X・Y地点の火山灰とZ地点の火山灰の中間の厚さ

問9　（　f　）にあてはまる数値を，次の**ア**～**オ**から1つ選び記号で答えなさい。
ア　5m　　**イ**　10m　　**ウ**　15m　　**エ**　20m　　**オ**　25m

2 修さんは食べるのが苦手なピーマンを自分で育てると，興味を持って食べられるようになるかもしれないと思いました。そこで，家の庭で種から育てて収穫《しゅうかく》して，自分で料理をして食べてみることにしました。次の会話を読んで，あとの各問いに答えなさい。

修さん：お父さん，ピーマンがちゃんと収穫できるまでに育ったよ！

父：よく頑張《がんば》ったね。育てながら観察してみてどうだったかな？

修さん：学校の授業で習った他の植物といろいろと違《ちが》ったりして面白かったよ。例えば，①種の形が植物によって違うのが分かったよ。

父：そうだね，花の形も植物によって違うよね。

修さん：うん，でも調べてみたら②近い仲間の植物どうしは花の形が似ていたよ。

父：自分で育てて気になったことは調べたりもしたから，ピーマンのことをちょっとは好きになったかな。

修さん：うん。今日の夕飯は，できたピーマンを収穫して，何か③料理を作って食べてみたいな！

父：いいね！ よし，じゃあ一緒に料理しよう！

修さん：そう言えば，学校の授業で，葉で光合成が行われるのは葉の中に光合成を行う緑色のつぶがふくまれているからだって習ったけど，④ピーマンも緑色をしているから光合成をするのかな・・・。

問１　修さんとお父さんの会話が行われた時期として最も適当なものを，次の**ア～エ**から１つ選び記号で答えなさい。

ア　2月　　**イ**　5月　　**ウ**　8月　　**エ**　11月

問２　下線部①について，ピーマンの種を右の**ア～エ**から１つ選び記号で答えなさい。

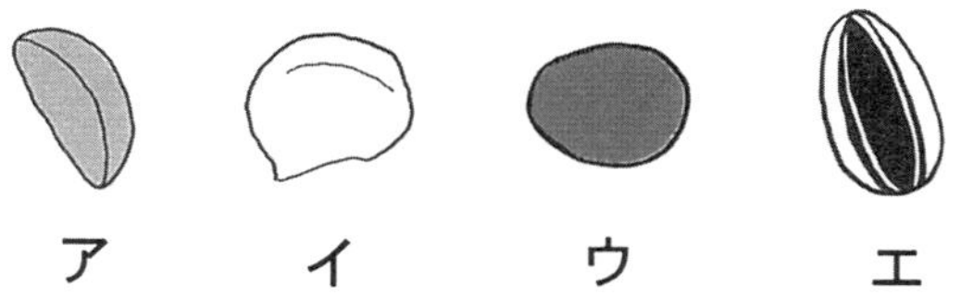

問３　下線部②について，花の形がピーマンの花と一番似ている植物を，次の**ア～エ**から１つ選び記号で答えなさい。

ア　カボチャ　　**イ**　マリーゴールド　　**ウ**　アサガオ　　**エ**　ナス

問４　下線部③について，修さんは収穫したピーマンと冷蔵庫にあったニンジンとキャベツで「三色野菜いため」を作ることにしました。

（１）まずは収穫したピーマンから種を取り除くためにたてに半分に切りました。切ると中に種がたくさんついていました。右図はピーマンの断面図を表したものです。種のついている場所はどこですか。解答用紙の断面図に，種を白丸（○）で８個書きこみなさい。

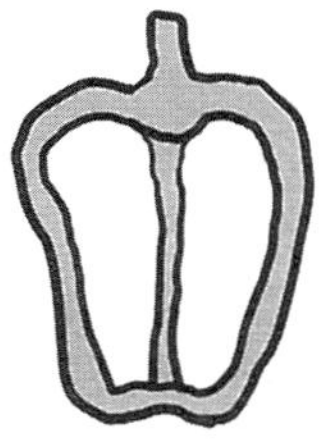

（２）下準備として，ピーマンとニンジンは５mm くらいのはばのせん切りに，キャベツは１cm くらいのはばのたんざく切りにしました。このように材料によって切りかたを変えるのはなぜですか。熱を通りやすくする，食べやすくする，以外の理由を答えなさい。

（３）このメニューだと３つの材料のうち，どの野菜からいためるのがいいでしょうか，野菜の名前を答えなさい。

問５　下線部④について，修さんはピーマンが光合成を行っているかを調べるために，ホウレンソウの葉と，緑色のピーマン，赤色のピーマンを用意して，次のような実験と観察を行いました。これについて，下の（１）～（３）に答えなさい。

〔実験〕

（手順１）８本の試験管を準備し，それぞれの試験管に二酸化炭素の量の変化によって色が変化する薬品を１mLずつ加える。

（手順２）ホウレンソウの葉，緑色のピーマン，赤色のピーマンをそれぞれ試験管に入るはばに切りそろえて，２本ずつ準備する。

（手順３）各材料を薬品につかないように試験管に入れ，試験管の口をゴムせんでふさぐ。また，同じ材料の入った試験管のうち１本は，それぞれアルミニウムはくで完全におおって，光が全く当たらないようにする。

（手順４）試験管立てに試験管を並べ，それぞれの試験管に光を１時間当てたあと，各試験管の薬品の色を調べる。

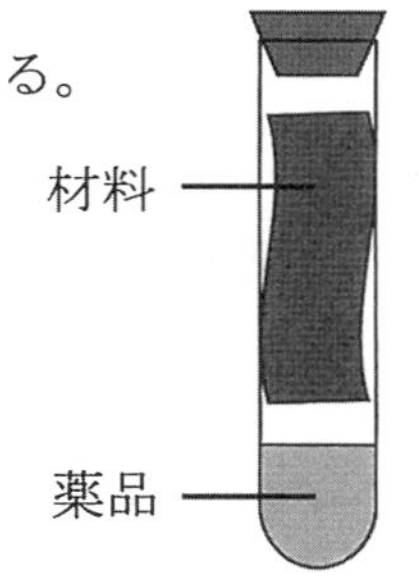

なお，実験開始直後の薬品の色はすべて黄赤色でしたが，この薬品は，二酸化炭素の量が少しでも増えると黄色に，少しでも減ると赤色に変化します。実験の結果を右表に示します。

材料	アルミニウムはく	１時間後の指示薬の色
ホウレンソウ	あり	(A)
ホウレンソウ	なし	赤色
緑色のピーマン	あり	黄色
緑色のピーマン	なし	黄赤色
赤色のピーマン	あり	黄色
赤色のピーマン	なし	(B)
なし	あり	黄赤色
なし	なし	黄赤色

〔観察〕

ホウレンソウの葉と，緑色のピーマンと赤色のピーマンの色のついた部分，それぞれをカミソリでうすく切り取り，けんび鏡で観察すると，ホウレンソウと緑色のピーマンには同じ緑色のつぶが見られましたが，赤色のピーマンには赤色のつぶが見られました。

（１）表中の（A）と（B）に当てはまる薬品の色を，次の**ア～ウ**からそれぞれ１つずつ選び記号で答えなさい。

ア　黄赤色　　**イ**　黄色　　**ウ**　赤色

（２）実験をより正確に行うためには，材料が入っていない２つの試験管の実験が必要です。その理由を説明した次の文中の【　　】に当てはまる文を答えなさい。

『薬品の色が【　　　　　　　】ても変化しないことを確かめるため。』

（３）修さんは緑色のピーマンのアルミニウムはくがない実験結果は「赤色」になると予想していましたが，結果は「黄赤色」でした。実験結果が「黄赤色」になった理由を答えなさい。

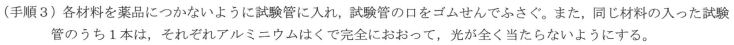

3　つり合いやバランスについて調べたいと思い，実験用てこを用いて，おもりをつり下げる位置とおもりの重さの関係について調べました。

実験用てこは，右の**図１**のようなものを使いました。真ん中に支点があり，その左右に上下に等しい間かくで穴が開いており，穴にはおもりをつり下げられるようになっています。支点は上に並んでいる穴と同じ高さにあります。

図１

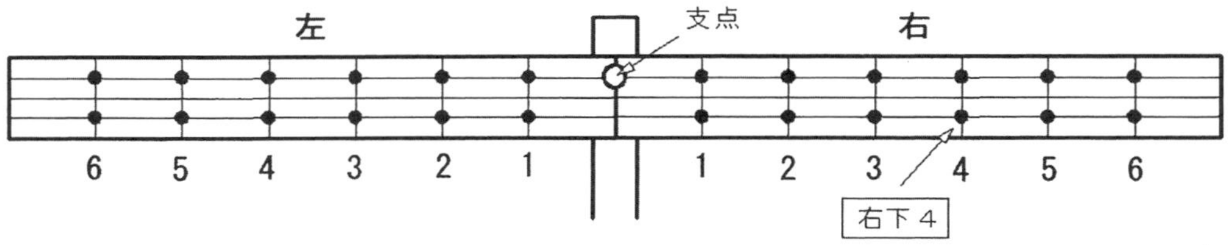

あとの各問いに答えなさい。ただし，おもり以外の，実験用てこ，つり下げるひも，棒などの重さは考えないものとします。また穴の位置は，例えば「右下４」などのように表現するものとします。（これ以後，「てこ」はこの実験用てこのことを表すことにします）

問１「左下４」に 30g のおもりをつり下げました。「右下３」に何 g のおもりをつり下げると，てこは水平につり合いますか。

問２「左下５」に 100g のおもりをつり下げ，「右下４」に 100g のおもりをつり下げたところ，てこは水平につり合いませんでした。

あと 50g のおもりを下の列のどこにつり下げれば水平につり合いますか。

問３　次に，**図２**のように「右下２」と「右下５」からひもで棒を水平につり下げて，棒の中央に 60g のおもりをつり下げました。そして，「左下３」に 70g のおもりをつり下げると，てこは水平につり合いました。

図２

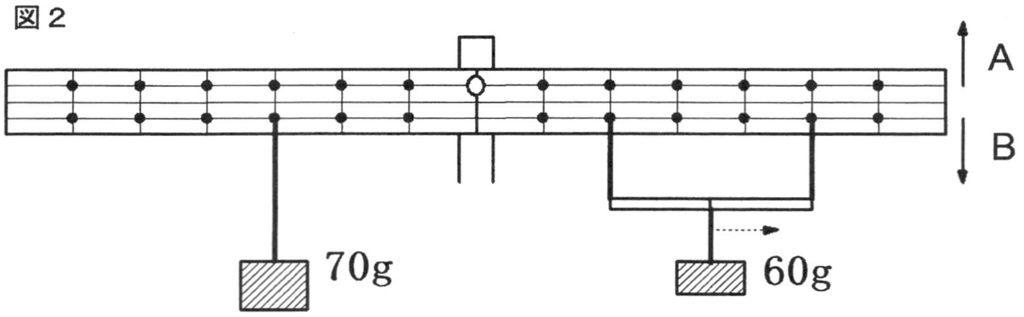

（１）なぜつり合うのかを次のように考えました。①～③にあてはまる適当な数値を，下の**ア～ク**からそれぞれ選び記号で答えなさい。同じ記号を何度選んでもよいものとします。

「棒の中央に 60g のおもりがつり下げられていることから，「右下２」には（　①　）g，「右下５」には（　②　）g のおもりがつり下げられているのと同じになる。すると

てこの左側の（　③　）×３　の計算値と

てこの右側の（　①　）×２＋（　②　）×５　の計算値が

同じになり，てこは水平につり合う。」

ア　10　　**イ**　20　　**ウ**　30　　**エ**　40　　**オ**　50　　**カ**　60　　**キ**　70　　**ク**　80

（２）棒の中央の 60g のおもりを，矢印のように右の方に少しずつずらしていきました。ずらしていくと，てこは水平からかたむき始めました。なぜかたむいたのかを次のように考えました。④～⑥にあてはまる適当な語句を記入しなさい。ただし，④と⑤は「小さく」または「大きく」で，⑥は**図２**の A または B で答えなさい。

「おもりを右に動かすにつれて，支点に近い「右下２」が下に引かれる力がだんだん（　④　）なり，逆に支点から遠い「右下５」が下向きに引かれる力はだんだん（　⑤　）なると考えられる。すると，てこの右側を下向きにかたむけようとする力が（　⑤　）なるので，てこは（　⑥　）の向きにかたむく。」

問４　てこにはどうして上下に穴が開いているのかを調べるため，

「左上６」に 100g

「右上６」に 140g

のおもりをつり下げたところ，**図３－１**のようにてこはバランスをくずして，おもりが柱やてこにぶつかり，回転して縦になって止まってしまいました。

次に

「左下６」に 100g

「右下６」に 140g

のおもりをつり下げると，**図３－２**のようにてこは，ななめになって安定した状態で止まりました。この理由を調べたところ，水平にしたとき，支点の位置よりも，おもりをつり下げる穴の位置が下側にあることが関係していることが分かりました。これについて，次の（１），（２）に答えなさい。

図3-1

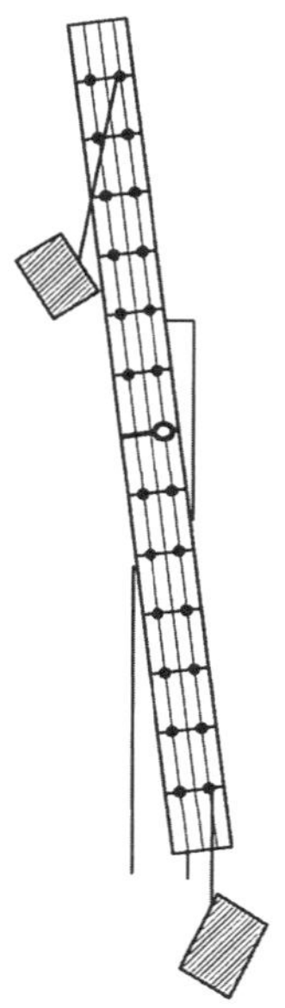

図3-2

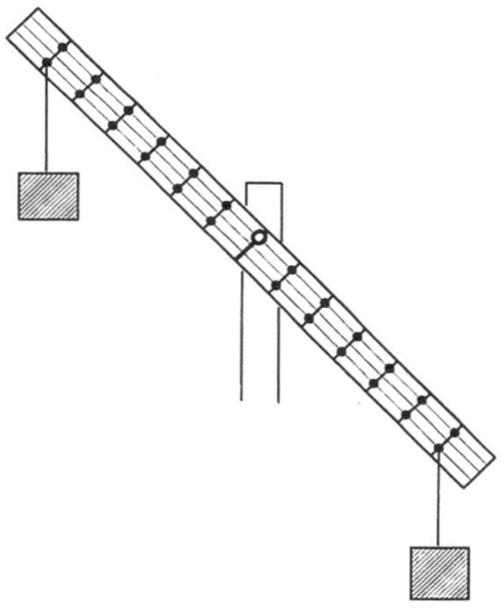

（１）この実験のように，支点とおもりの重さのはたらく点との関係と最もよく似た事がらを，次の**ア～エ**から１つ選び記号で答えなさい。

ア　自転車はこぐのをやめて止まると，たおれてしまう。

イ　回っているこまは立っているが，回転が止まるとたおれる。

ウ　やじろべえは，うでを下に向けるほど安定してバランスがとれている。

エ　地しんのとき，たおれやすい建物とたおれにくい建物がある。

（２）**図３－２**で右側のおもりの重さを変えると，てこのかたむきは変化しました。

そこで，「左下６」に 100g のおもりをつり下げ，「右下６」につり下げるおもりの重さを，てこが水平になる 100g からだんだん重くしていったときの，てこのかたむきの様子を正面から写真にとり，**図４**のａとｂの角度，ｘとｙの長さを測りまとめたところ，次の表のようになりました。

図４

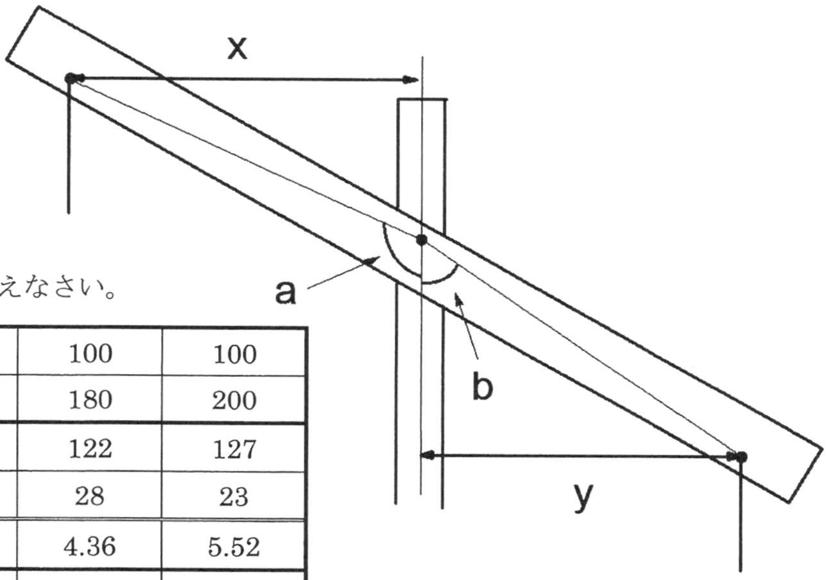

①　この表から分かることを，下の**ア～カ**からすべて選び記号で答えなさい。

左のおもりの重さ(g)	(100)	100	100	100	100	100
右のおもりの重さ(g)	(100)	120	140	160	180	200
ａの角度（度）	(75)	94	107	116	122	127
ｂの角度（度）	(75)	56	43	34	28	23
ａ÷ｂ	1	1.68	2.48	3.41	4.36	5.52
ｘの長さ（cm）	(19.4)	19.9	19.2	18.0	17.0	16.0
ｙの長さ（cm）	(19.4)	16.6	13.6	11.3	9.4	7.8
ｘ÷ｙ	1	1.20	1.41	1.59	1.81	2.05

ア　右のおもりの重さを 100g からだんだん大きくすると，ａの角度は増えていく

イ　右のおもりの重さを 100g からだんだん大きくすると，ｘの長さは減っていく

ウ　右のおもりの重さと，ａの角度は比例している

エ　右のおもりの重さと，ｙの長さは反比例している

オ　右のおもりの重さ÷左のおもりの重さ　の値と　ａ÷ｂ　の値はほぼ等しい

カ　右のおもりの重さ÷左のおもりの重さ　の値と　ｘ÷ｙ　の値はほぼ等しい

②　右のおもりの重さを 150g にしたとき，ａの角度は 112 度，ｘの長さは 18.4cm でした。予想されるｂの角度とｙの長さをそれぞれ求めなさい。割り切れない場合は，小数第２位を四捨五入して，小数第１位までの数値で答えなさい。

問題は次のページに続きます

4 修さんと道子さん，先生の会話を読んで，あとの各問いに答えなさい。

修さん：この前，水槽《すいそう》の水がかなり減っていました。水はどこにいったのかなぁ。

道子さん：液体の水は（　①　）の水蒸気になり，空気中に（　②　）したんだと思います。（②）と100℃のときの沸騰《ふっとう》とは何がちがうのかなぁ。

先生：液体が表面から（①）になることを（②）といい，液体の内部からも（①）に変化することを沸騰といいます。100℃において，1L の水を沸騰させて水蒸気にすると，体積は約1700L になります。このような③水の体積変化は発電にも利用されています。

修さん：先生，川や湖，海の水も水蒸気になりますか。

先生：川や湖，海の水も水蒸気になります。この前，④海水から塩分を取り出す学習をしたよね。砂浜で海水を濃《こ》くして，かまで熱して塩分を取り出しました。修さん，塩分がどのくらい出たか覚えているかな。

修さん：1kg の海水から 34g の塩分が取り出せました。あっ，そういえば調べたとき，海水の塩分の濃さは 3.4%と書いてありました。

道子さん：先生，海水から塩分を取り出したいと思います。

先生：海水をそのまま天日に置いても取り出せますが時間がかかります。

道子さん：どのくらいかかりますか。

先生：⑤天気と気温にもよるけれど２か月くらいかかります。

修さん：早く取り出すには加熱する必要がありますね。

先生：塩分には色々な物質がふくまれており，⑥濃くした海水を煮《に》つめると，はじめに硫酸《りゅうさん》カルシウムが出てきます。その次に塩化ナトリウム，最後に塩化マグネシウムと硫酸マグネシウムが出てきます。

道子さん：海水から塩化ナトリウムが取り出せますね。

先生：加熱するときやけどに注意してください。

修さん：はい。先生分かりました。

問１　（①），（②）に入る最も適当な語句を，それぞれ漢字２文字で答えなさい。

問２　下線部③を利用した発電所を，次の**ア～オ**から２つ選び記号で答えなさい。

ア　水力発電所　　**イ**　火力発電所　　**ウ**　太陽光発電所　　**エ**　地熱発電所　　**オ**　風力発電所

問３　下線部④の海水に砂が混じっていたので，ろ過で取り除くことにしました。このろ過において**適当でない操作**を，次の**ア～オ**から１つ選び記号で答えなさい。

ア　ろ紙は２回半分に折り，中を開いてろうとにのせる
イ　ろ過する前にろ紙を水でぬらし，ろうとにつける
ウ　ろうとの先の長いほうをビーカーの内側のかべにつける
エ　ろ過する液をしっかりかき混ぜて注ぐ
オ　ろ過する液をガラス棒に伝わらせて注ぐ

問４　ろ過したあとの海水について，次の（１），（２）に答えなさい。

（１）ろ過したあとの海水 150mL の重さは 153g でした。この 150mL 中に含まれる塩分は何 g ですか。小数第２位を四捨五入して，小数第１位までの数値で答えなさい。

（２）ろ過したあとの海水 150mL を加熱して塩分の濃さが 5.1%の水溶液《すいようえき》を得ました。このとき何 g の水が水蒸気になりましたか。整数で答えなさい。

問５　下線部⑤について，塩分を早く取り出すための条件を，次の**ア～エ**から１つ選び記号で答えなさい。

ア　晴れ・高温　　**イ**　晴れ・低温　　**ウ**　雨・高温　　**エ**　雨・低温

問６　下線部⑥について，次の（１），（２）に答えなさい。下表は海水中にふくまれる塩分 100g 中の各物質の重さを示しています。

物質	塩化ナトリウム	塩化マグネシウム	硫酸マグネシウム	硫酸カルシウム	その他
重さ（g）	78	10	6	4	2

（１）海水から 100g の塩化ナトリウムを得るためには最低何 kg の海水が必要ですか。小数第２位を四捨五入して，小数第１位までの数値で答えなさい。

（２）ろ過したあとの海水 300mL から何 g の塩化マグネシウムが得られますか。小数第３位を四捨五入して，小数第２位までの数値で答えなさい。

2024年度

修道中学校　入学試験問題

【社会】

時間40分

表紙を除いて４ページ

受験上の注意　テストが始まるまでによく読んでください。

1．テスト終了《しゅうりょう》のチャイムが鳴るまで，テスト教室を出てはいけません。
2．腕時計《うでどけい》のアラームを鳴らしてはいけません。
3．休憩《きゅうけい》時間に付添《つきそい》の人に会ってはいけません。
4．からだの具合が悪くなったら，監督《かんとく》の先生に申し出てください。
5．問題用紙は回収しないので持ち帰ってください。
6．机の上に計算・下書き・落書きなどをしてはいけません。
7．自分の持ってきたメモ用紙，下敷《したじ》きや電卓《でんたく》を使ってはいけません。
8．机の中に物を入れてはいけません。
9．テストはまじめな態度で受けてください。テスト中によそ見をしたり先生の指示が守れない人は合格になりません。
10．問題の内容についての質問はいっさいしてはいけません。もし，印刷のわからないところなどがあったら，静かに手を挙げてください。
11．筆記用具，定規，コンパスなど物の貸し借りをしてはいけません。
12．答えは全《すべ》て解答用紙に書いてください。
13．解答用紙にＱＲコードシールをはり，名前は書かず，受験番号だけを算用数字で書いてください。
14．先生の「はじめなさい」の指示で鉛筆《えんぴつ》をとり「やめなさい」の指示があったらすぐに鉛筆を置いてください。
15．テスト中に物を落とすなど困ったことがあったら，静かに手を挙げてください。

1　次の文章Ａ～Ｆはそれぞれ，比較的《ひかくてき》大きな半島をもつ六つの県の特徴《とくちょう》を述べたものです。これを読んで，あとの問１～問５に答えなさい。

Ａ　この県の東部に位置する**ａ半島**は，全国有数のワサビの産地として知られています。**ａ半島**のつけ根付近に位置する熱海温泉は首都圏《けん》に近いことから，多くの観光客でにぎわいます。西部の水はけのよい土地で栽培《さいばい》がさかんな（１）の生産量は，鹿児島県とならんで全国トップクラスです。この県最大の人口を有する都市である（２）市は，楽器の製造がさかんです。また，（３）港はカツオの水あげ量が特に多い遠洋漁業の基地として知られています。赤石山脈から流れ下る（４）川は，江戸時代には橋をかけるのが禁じられていました。水力発電用のダム建設がさかんになると，物資輸送のため川に沿って鉄道が建設されました。

Ｂ　この県の北部に位置する**ｂ半島**は，海をへだてた（５）県からの移住者たちによって発展した，全国有数のハウスみかんの生産地となっています。また，多くの市町村で温泉がわき出ていて，特に県内第２位の人口をもつ（６）市は，市内のあちこちで温泉がわき出す観光都市となっています。また，くじゅう連山のふもとでさかんな（７）発電は，再生可能エネルギーの活用例として注目されています。県西部に位置する①日田市一帯は，森林の生育に適した降水量の多い気候であることに加え，かつては有明海に向かって流れる（８）川を使って木材をイカダに組んで流すことができたことから，今なお全国有数の林業地帯です。

Ｃ　この県の北部に位置する**ｃ半島**では，輪島塗《ぬり》や珠洲焼，七尾ろうそくなど，さまざまな伝統工芸品が生み出され，海上輸送によって全国に知れわたるようになりました。県庁所在地の（９）市でも加賀友禅《ゆうぜん》や九谷焼などの伝統工芸品がつくり続けられています。県南部に位置し，航空自衛隊の基地と空港のある小松市は，国内最大の建設機械（パワーショベルやブルドーザ）メーカーの発祥地《はっしょうち》であるほか，歌舞伎の代表的な演目「勧進帳《かんじんちょう》」の舞台《ぶたい》とされる安宅の関があることでも知られます。県内最高峰《ほう》の②白山は，遅《おそ》い時期まで雪が残っているのをふもとからながめられることから名づけられました。

Ｄ　この県の南半分は**ｄ半島**となっています。県の北西部に位置する野田市はしょうゆ生産の発祥地で，落花生の生産量はこの県が全国一となっています。流域面積全国一の（10）川の河口付近に位置する（11）港は，水あげ量全国一の漁港として知られます。県の北西部に位置する松戸市や柏市，我孫子市などはいずれも住宅都市で，県境を越えて通勤する人が多くみられます。県の北部に位置する（12）国際空港は，日本で最も国際線航空機の発着がさかんな空港です。また県の西部には，日本でも有数のテーマパークがあることでも知られます。

Ｅ　この県の西につき出した**ｅ半島**のつけ根付近には（13）と呼ばれる湖がありますが，この湖は1960年前後に米の生産増加を図《はか》って干拓《かんたく》がすすめられ，面積が大幅《おおはば》に減少しました。県東部に位置する田沢湖は全国で最も深い湖です。県の南東部に位置する大仙市では毎年８月，全国花火競技大会が開かれ，多くの観光客でにぎわいます。県の北部を流れる米代川の流域は全国有数の林業地帯です。北どなりの（14）県にかけて広がる（15）山地は，人間活動の影響《えいきょう》をほとんど受けていないブナの天然林が大規模に広がり，世界自然遺産に認定《にんてい》されています。

Ｆ　この県の東部に位置する**ｆ半島**では，2016年５月に先進国首脳会議が開かれました。半島南側の湾では真珠《しんじゅ》の養殖《ようしょく》がさかんです。この県最大の人口を有する都市である（16）市一帯では，高度経済成長期に深刻な公害病が発生しました。県庁所在地の南どなりの（17）市一帯は，高級肉牛の産地として知られ，「（17）牛」としてブランド化しています。（18）市は忍者《にんじゃ》発祥の地とされ，観光客向けの忍者衣装《いしょう》のレンタルや，手裏剣《しゅりけん》打ち体験ができるようになっています。県南部に位置する③尾鷲市は，全国的にも降水量の多い所として知られます。

問１　次の**ア～カ**は，**ａ半島～ｆ半島**のいずれかの形を描《えが》いたものです（ただし縮尺は一定ではありません）。それぞれの半島に対応するものを，**ア～カ**から選んで記号で答えなさい。

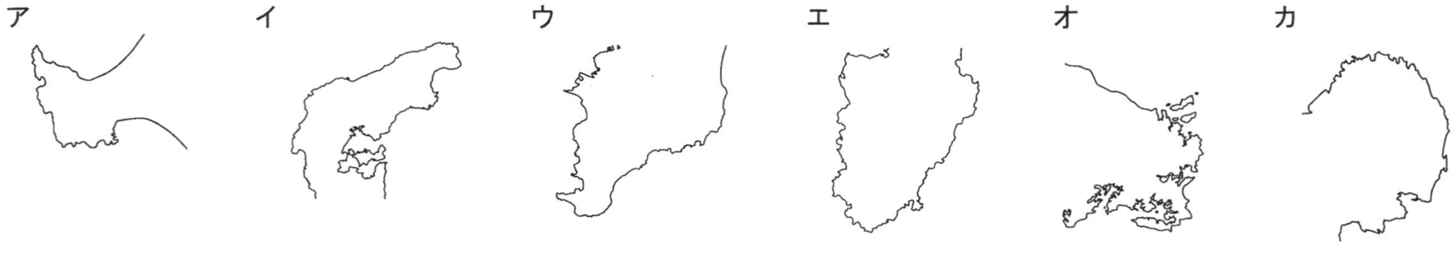

問２　Ａ～Ｆの説明に対応する県の名称《めいしょう》を，それぞれ漢字で書きなさい。

問３　（１）～（18）にあてはまる最も適切な語や地名を，それぞれ漢字で書きなさい。なお，同じ番号のカッコには，同じ語があてはまります。

問４　下線部①・②の地名の読みをひらがなで書きなさい。

問５　下線部③について，その理由をわかりやすく説明しなさい。ただし，必ず次の語を用いること。　**山地**

2　次の文章Ａ～Ｊを読んで，あとの問１～問12に答えなさい。

Ａ　私の名前は小野妹子。太子様の命もあり，【あ】年に，（１）使として中国の帝《みかど》に手紙を届けました。手紙の中には，「日出ずる処の天子，書を日没する処の天子に致す」と書いてあったみたいで，中国の帝はいたくご立腹され，少々怖《こわ》かったです。返書を頂いたものの，いやな予感がするので，①中国か朝鮮半島で無くしたことにでもしようかな。

Ｂ　私の名前は難升米（ナシメ）。邪馬台国の女王（２）様の使いとして，【い】年に②中国の帝に会いにいきました。今我が国では，くにとくにの争いがたえず，ぜひ中国の帝に女王様こそが我が国の王であると認めてもらいたく，はるばる中国までやってきた次第です。

Ｃ　私の名前は（３）。他の人達《たち》とは違《ちが》い，私は中国に行きたくなかったし，中国は争いがおこり危険なので，今後，中国に使者を送るのはやめましょうと提案し，【う】年にとりやめとなりました。そのこともあって，我が国では③日本風の文化が栄えることになりました。

Ｄ　私の名前は雪舟。絵を描くことには自信があります。小さい頃《ころ》，ねずみの絵をかいて褒《ほ》められました。その後中国にわたり，仏の道を学ぶかたわら，墨《すみ》一色で描く絵に感動を覚え，絵に夢中になりました。やがて日本に帰国するも，【え】年に，大名が東軍と西軍にわかれ，京都を焼け野原にする（４）の乱がおきていました。争いを止められない④将軍には困ったものです。

Ｅ　私の名前は（５）。当初，蘭学を学んでいましたが，今後は英語が重要であると知りました。【お】年に結ばれた日米修好通商条約の批准《ひじゅん》書交換《こうかん》の使節が派遣《はけん》される時，勝海舟さんのいる咸臨丸にのり，アメリカへ渡《わた》りました。帰国後は学問の重要性を広めました。長らくお札の肖像《しょうぞう》に採用され，人々に愛されましたが，2024年には⑤渋沢栄一さんにかわる予定です。

Ｆ　私の名前は大黒屋光太夫。江戸に船でお米を届けにいく途中《とちゅう》，暴風雨にあい，漂流《ひょうりゅう》し，気づけば⑥ロシアに着いていました。その後，ロシア女帝のはからいで，無事帰国すると，当時の将軍のもとで町人文化が盛《さか》んになっていて驚《おどろ》きました。また幕府の命で（６）さんが，日本全国を測量し，彼《かれ》の死後，弟子《でし》が【か】年に正確な地図を完成させたことに感動しました。

Ｇ　私の名前は伊東マンショ。九州の大友様などの命により，⑦主の教えにくわしいローマ教皇に会いに，ヨーロッパへ派遣されました。日本に帰ってきた【き】年に，（７）様が全国統一をなしとげられました。さらに中国まで征服《せいふく》されようと，朝鮮へ兵を派遣されました。驚くばかりです。

Ｈ　私の名前は阿倍仲麻呂。遣唐使として中国の制度や文化を学びにきました。数十年後，日本に帰ろうと船に乗るも，暴風雨にあって帰れませんでした。同じころ，別の船に乗って６度目の挑戦《ちょうせん》の（８）さんは，日本に無事たどりつけたみたいです。ただ【く】年に即位した⑧聖武天皇がつくりはじめた大仏の完成には間に合わなかったみたいですが。

Ｉ　私の名前は松岡洋右。日本の代表としてジュネーブの国際連盟総会に出席しましたが，⑨日本の主張が認められなかったため，【け】年に国際連盟を脱退《だったい》することになりました。ただ，日本が国際的に孤立《こりつ》することが心配でしたので，後に外務大臣になったときに，ドイツと（９）との三国同盟にこぎつけました。

Ｊ　私の名前は加藤友三郎。⑩広島の伝統校出身です。海軍に入り，【こ】年から始まるロシアとの戦いで，連合艦隊《かんたい》司令長官（10）大将のもと，参謀《さんぼう》長として日本海海戦に勝利しました。その後，ワシントンで開かれた軍縮会議で主席全権として国際協調につとめ，後に総理大臣にもなり，呉市の入船山公園や広島市の中央公園に私の銅像がたてられました。広島市の中央公園の銅像は新サッカースタジアム建設の関係で，敷地《しきち》内の別の場所に移動予定です。完成したらぜひ私に会いに来て下さい。

問１　（１）～（10）にあてはまる語や人物名をそれぞれ書きなさい。

問２　下線部①について，中国や朝鮮半島から伝わってきたものとして**適当でないもの**を，次のア～エから一つ選んで，記号で答えなさい。

ア　縄文土器　　イ　米作り　　ウ　鉄器　　エ　漢字

問３　下線部②について，このときの中国の国名を，次のア～エから一つ選んで，記号で答えなさい。

ア　秦　　イ　漢　　ウ　魏　　エ　宋

問４　下線部③に関連して，かな文字について述べた次の文Ｘ・Ｙの正誤の組合せとして正しいものを，あとのア～エから選んで，記号で答えなさい。

Ｘ　清少納言の「枕草子」はかな文字で書かれた。

Ｙ　ひらがなは漢字の一部を省略してつくられた。

ア　Ｘ－正　Ｙ－正　　イ　Ｘ－正　Ｙ－誤　　ウ　Ｘ－誤　Ｙ－正　　エ　Ｘ－誤　Ｙ－誤

2024(R6) 修道中
教英出版　社5の3

問５　下線部④について，この将軍の説明として正しいものを，次の**ア**～**エ**から一つ選んで，記号で答えなさい。

ア　足利義満が２度にわたる元の攻撃《こうげき》を防いだ。

イ　足利義満が中国の宋と貿易を始めた。

ウ　足利義政が書院造の銀閣をたてた。

エ　足利義政が参勤交代の制度を定めた。

問６　下線部⑤について，この人物の説明として正しいものを，次の**ア**～**エ**から一つ選んで，記号で答えなさい。

ア　南アメリカやアフリカにわたり，黄熱病の研究をおこなった。

イ　破傷風の治療《ちりょう》の仕方を発見し，「近代日本医学の父」とよばれた。

ウ　女子英学塾《じゅく》をつくり，日本の女子教育に貢献《こうけん》した。

エ　富岡製糸場や第一国立銀行の設立にかかわり，「日本資本主義の父」とよばれた。

問７　下線部⑥に関連して，ロシア（のちのソ連）について述べた次の文Ｘ・Ｙの正誤の組合せとして正しいものを，あとの**ア**～**エ**から選んで，記号で答えなさい。

Ｘ　ロシアは満州や朝鮮（韓国）に支配をのばそうとし，日本と戦争になった。

Ｙ　ソ連が日ソ中立条約を破り，満州や千島列島などにせめこんだ。

ア　Ｘ－正　Ｙ－正　　**イ**　Ｘ－正　Ｙ－誤　　**ウ**　Ｘ－誤　Ｙ－正　　**エ**　Ｘ－誤　Ｙ－誤

問８　下線部⑦に関連して述べた次の文Ⅰ～Ⅲを年代の古い順にならべかえるとどうなりますか。あとの**ア**～**カ**から正しいものを選んで，記号で答えなさい。

Ⅰ　ポルトガル船の来航を禁止する。

Ⅱ　島原・天草一揆がおきる。

Ⅲ　キリスト教を禁止する。

ア　Ⅰ→Ⅱ→Ⅲ　　**イ**　Ⅰ→Ⅲ→Ⅱ　　**ウ**　Ⅱ→Ⅰ→Ⅲ　　**エ**　Ⅱ→Ⅲ→Ⅰ　　**オ**　Ⅲ→Ⅰ→Ⅱ　　**カ**　Ⅲ→Ⅱ→Ⅰ

問９　下線部⑧について，この天皇以前のできごとについて述べた次の文Ⅰ～Ⅲを年代の古い順にならべかえるとどうなりますか。あとの**ア**～**カ**から正しいものを選んで，記号で答えなさい。

Ⅰ　各地で「風土記」がつくられはじめる。

Ⅱ　中大兄皇子と中臣鎌足が蘇我氏をたおす。

Ⅲ　藤原京がつくられる。

ア　Ⅰ→Ⅱ→Ⅲ　　**イ**　Ⅰ→Ⅲ→Ⅱ　　**ウ**　Ⅱ→Ⅰ→Ⅲ　　**エ**　Ⅱ→Ⅲ→Ⅰ　　**オ**　Ⅲ→Ⅰ→Ⅱ　　**カ**　Ⅲ→Ⅱ→Ⅰ

問10　下線部⑨について，日本の主張とはどのようなものだったか，簡潔に説明しなさい。

問11　下線部⑩について，この地で2023年にサミットが開かれましたが，あなたがもし日本の総理大臣だったとして，海外の首脳をもてなすとしたら，原爆ドーム，厳島神社以外で広島県のどこに海外の首脳を連れて行きたいですか。連れて行きたい場所とその理由（魅力《みりょく》）を簡潔に説明しなさい。

問12　**【あ】**～**【こ】**を年代の古い順にならべかえたとき，６番目にあたるものはどれですか。**あ**～**こ**の記号で答えなさい。

3

次の文章は，2023年に開催《かいさい》されたＧ７広島サミットの閉幕時に，岸田総理大臣がおこなった議長国会見の一部です。これを読んで，あとの問１・問２に答えなさい。

先ほど，①Ｇ７広島サミットは，全てのセッションを終了《しゅうりょう》し閉幕いたしました。Ｇ７首脳，８つの招待国の首脳と７つの②国際機関の長，そして，全ての参加者・関係者の皆様《みなさま》に心から感謝を申し上げます。今回の歴史的なサミットの成果について総括《そうかつ》させていただきますが，その前に少しお時間を頂戴《ちょうだい》して，まず，ここ広島の地でサミットを開催した私の想《おも》いを述べさせていただきます。

1945年の夏，③広島は原爆によって破壊《はかい》されました。平和記念公園が位置するこの場所も，一瞬《いっしゅん》で焦土《しょうど》と化したのです。その後，被爆《ひばく》者を始め，広島の人々のたゆまぬ努力によって，広島がこのような美しい街として再建され，平和都市として生まれ変わることを誰《だれ》が想像したでしょうか。

７年前の春，私は④外務大臣として，ここ広島でＧ７外相会合を開催しました。さらに，その翌月には米国の【　】大統領を広島に迎《むか》え，激しい戦火を交えた日米両国が，寛容《かんよう》と和解の精神の下，広島の地から「⑤核兵器のない世界」への誓《ちか》いを新たにしたのです。（中略）

世界は今，⑥ウクライナ侵略《しんりゃく》に加え，⑦気候危機や⑧パンデミックなど複合的な危機に直面しており，それにより，「グローバル・サウス」と呼ばれる新興国・⑨途上国や脆弱《ぜいじゃく》な立場の人々が甚大《じんだい》な影響を受けていることも事実です。こうした国や人の声に耳を傾《かたむ》け，「人」を中心に据《す》えたアプローチを通じて人間の尊厳や⑩人間の安全保障を大切にしつつ，喫緊《きっきん》の幅広《はばひろ》い課題に協力する姿勢を示さないことには，法の支配に基《もと》づく自由で開かれた国際秩序《ちつじょ》を守り抜《ぬ》くとの訴《うった》えも空虚《くうきょ》なものとなりかねません。こうした国々とＧ７を橋渡《はしわた》しすべく，世界各地で積極的に行ってきた外交を礎《いしずえ》とし，広島サミットでは，Ｇ７に加え，国際的なパートナーも交え，我々が対応しなければならない様々な課題について真剣《しんけん》な議論を行いました。（中略）

本日，広島サミットは閉幕となりますが，日本のＧ７議長年は続きます。法の支配に基づく自由で開かれた国際秩序を守り抜く，そして，国際的なパートナーとの関与《かんよ》を強化する。こうした観点からＧ７の議論を主導し，議長年の務めをしっかりと果たしていきます。

G20ニューデリー・サミットや⑪<u>ＳＤＧｓ</u>サミット，日ＡＳＥＡＮ特別首脳会議など，「グローバル・サウス」を含《ふく》む国際的なパートナーと連携《れんけい》する機会も続きます。こうした機会に，ここ広島での充実《じゅうじつ》した議論を引き継《つ》ぎ，様々な課題を共に解決するべく，これらの国々との連携の強化を主導していきます。

最後になりますが，３日間にわたるサミット開催に御《ご》協力いただきました広島の皆さんと関係各位に心から感謝申し上げます。誠《まこと》にありがとうございました。（後略）

問１　【　】にあてはまる人物名を書きなさい。

問２　下線部①～⑪に対応する，次の各問いに答えなさい。

① Ｇ７のメンバーに**含まれない**国を，次の**ア**～**エ**から一つ選んで，記号で答えなさい。

ア　カナダ　**イ**　フランス　**ウ**　イタリア　**エ**　中国

② 世界の平和や安全を守る国際機関として国際連合があります。その本部が設置されている都市名を書きなさい。

③ 広島に原子爆弾《ばくだん》が投下された月日を，解答欄《らん》にしたがって書きなさい。

④ 日本の内閣についての説明として正しいものを，次の**ア**～**エ**から一つ選んで，記号で答えなさい。

ア　内閣総理大臣は国民による選挙に基づいて国会が任命する。
イ　国務大臣は国会の指名に基づいて内閣総理大臣が任命する。
ウ　内閣は最高裁判所の長官を指名することができる。
エ　内閣は閣議を開いて法律を制定することができる。

⑤ 核兵器に対する日本の基本政策である非核三原則を最初に表明した内閣総理大臣を，次の**ア**～**エ**から選んで，記号で答えなさい。

ア　吉田茂　**イ**　佐藤栄作　**ウ**　田中角栄　**エ**　小泉純一郎

⑥ 2023年のＧ７広島サミットにゲスト国として参加したウクライナの大統領の名前を書きなさい。

⑦ 2015年12月に採択《さいたく》された，2020年以降の地球温暖化対策の枠組《わくぐ》みを取り決めた協定の名称を書きなさい。

⑧ 世界保健機関は新型コロナウイルスなどの感染症《しょう》対策をおこなう国際連合の専門機関です。この機関の略称を，次の**ア**～**エ**から選んで，記号で答えなさい。

ア　ＷＨＯ　**イ**　ＰＫＯ　**ウ**　ＵＮＩＣＥＦ　**エ**　ＵＮＥＰ

⑨ 次の文章の（Ⅰ）～（Ⅲ）にあてはまる言葉の組合せとして最も適当なものを，あとの**ア**～**エ**から選んで，記号で答えなさい。

> アフリカなどの途上国では，飢餓《きが》に苦しんだり，医療《いりょう》を受けることがままならないなど，人間として最低限の生存を維持《いじ》することが困難な状態である（Ⅰ）的貧困《ひんこん》が問題になっている。一方，日本でも，同じ国内において生活水準が大多数よりも貧しい状態である（Ⅱ）的貧困が問題となっている。その中でも（Ⅲ）家庭において貧困率が高くなっているが，その原因の一つとして男女間での経済格差が挙げられている。

ア　Ⅰ－絶対　Ⅱ－相対　Ⅲ－父子　　**イ**　Ⅰ－相対　Ⅱ－絶対　Ⅲ－父子
ウ　Ⅰ－絶対　Ⅱ－相対　Ⅲ－母子　　**エ**　Ⅰ－相対　Ⅱ－絶対　Ⅲ－母子

⑩ 「人間の安全保障」とは一人ひとりの人間に着目し，すべての人の生命や人権を大切にしようという考え方です。日本政府も近年この考え方に基づいて様々な政策を実施《じっし》していますが，下に示されているような例の場合，“一人ひとりの人間に着目する”という点において，必ずしも有効な政策であるとは限りません。その理由を簡潔に説明しなさい。

> 子どもたち一人ひとりが学びの機会を得られるように，日本政府が学習用のノートとえんぴつを小学生全員に無償《むしょう》で配布した。

⑪ 右の資料はＳＤＧｓの目標の一つのアイコンですが，ここに書かれている“ジェンダー”とはどのような意味でしょうか。その正しい意味を，次の**ア**～**エ**から一つ選んで，記号で答えなさい。

ア　経済的に裕福《ゆうふく》な人とそうでない人の差
イ　社会や文化によって決められた男女の差
ウ　人種や出身国による差
エ　教育を受けた人と受けていない人の差

※お詫び：著作権上の都合により，イラストは掲載しておりません。
ご不便をおかけし，誠に申し訳ございません。　教英出版

2024年度　修道中学校入試問題
国　語　解答用紙

240110

↓ここにシールをはってください。

受験番号

※125点満点
（配点非公表）

一

解答は、ていねいな字で書くこと。必要な場合は送りがなも書くこと。

①　②　③　④　⑤　⑥　⑦　⑧　⑨　⑩

二

問一

問二　a　b　c

問三

問四

問五

問六

問七

問八

たとえば「親を食う」という場合の「食う」は

という意味で用いられている。

問九

問十

問十一

三

問一

問二

ということを伝えたいから。

問三

問四

問五

問六

問七

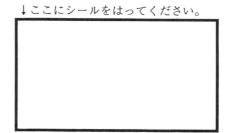

2024年度　修道中学校入試問題
算　数　解答用紙

240150

↓ここにシールをはってください。

受験番号

※125点満点
（配点非公表）

1

(1)①	(1)②	(1)③	(1)④
(1)⑤	(2)　：　：	(3)　指	(4)　円
(5)　度	(6)　ページ	(7)　cm^3	

2

(1)① 人	(1)② 度	(2)① 度	(2)② cm

(3)　通り

(4)①

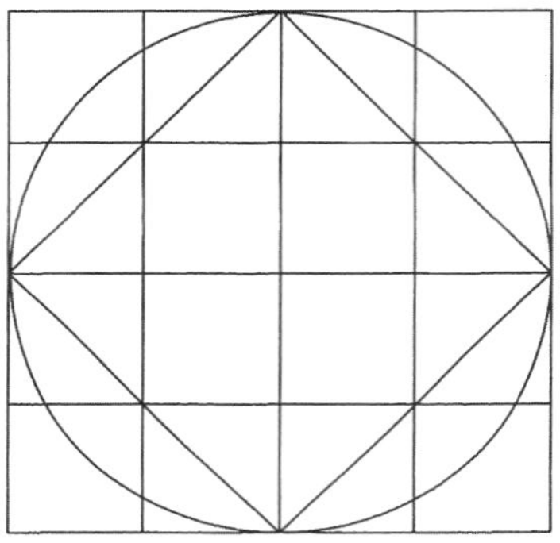

(4)②　cm^2

3

(1) cm	(2)	(3) cm^3

4

(1)	(2)
頂上 P から　　登山口へ向けて　　m の地点	分　　秒

5

(1) 枚	(2)［理由］
(3) 枚	（　　　）色

K 教英出版

2024年度　修道中学校入試問題
理　科　解答用紙

240140

↓ここにシールをはってください。

受験番号

※100点満点
（配点非公表）

1

問1	年	問2		問3		問4		問5	

問6	気温		理由		問7		問8		問9	

2

問1	
問2	
問3	

問4	(1)	(2)	
	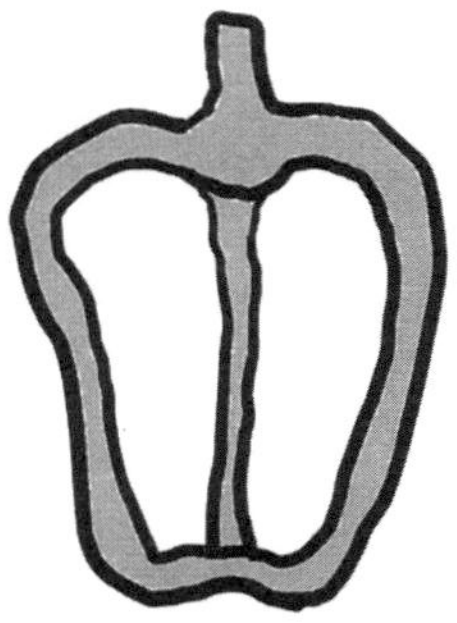	(3)	

問5	(1)	(A)		(B)	
	(2)				
	(3)				

3

					(1)			(2)		
					①	②	③	④	⑤	⑥
問1	g	問2		問3						

	(1)	(2)		
		①	②b	②y
問4			度	cm

4

問1	①		②		問2	問3	

	(1)	(2)				(1)	(2)
問4	g	g	問5		問6	kg	g

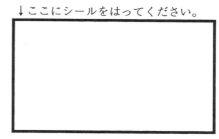

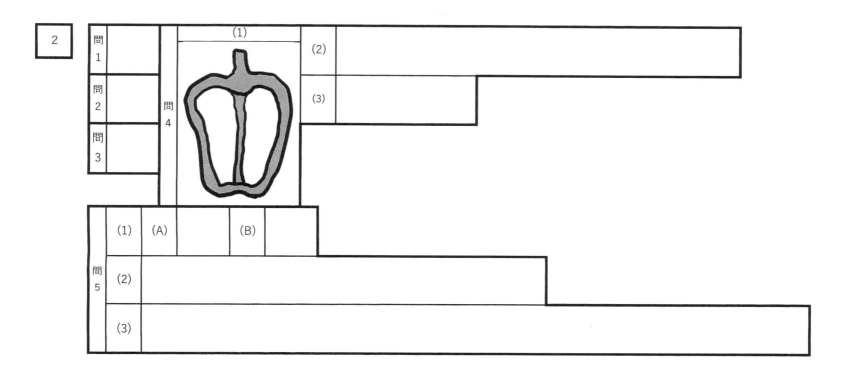

2024年度　修道中学校入試問題
社　会　解答用紙

240120

↓ここにシールをはってください。

受験番号

※100点満点
（配点非公表）

1

問1					
a半島	b半島	c半島	d半島	e半島	f半島

問2				
A 県	B 県	C 県	D 県	E 県
F 県				

問3				
1	2 市	3 港	4 川	5 県
6 市	7 発電	8 川	9 市	10 川
11 港	12 国際空港	13	14 県	15 山地
16 市	17 市	18 市		

問4	
①	②

問5

2

問1			
1 使	2	3	4 の乱
5	6	7	8
9	10		

問2	問3	問4	問5	問6	問7	問8	問9

問10

問11		問12
場所	理由（魅力）	

3

問1

問2				
①	②	③ 月 日	④	⑤
⑥	⑦	⑧	⑨	
⑩	⑪			

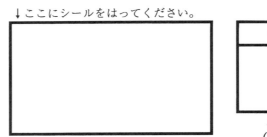

2023年度

修道中学校　入学試験問題

【国語】

時間50分

表紙を除いて５ページ

受験上の注意　テストが始まるまでによく読んでください。

1．テスト終了《しゅうりょう》のチャイムが鳴るまで，テスト教室を出てはいけません。
2．腕時計《うでどけい》のアラームを鳴らしてはいけません。
3．休憩《きゅうけい》時間に付添《つきそい》の人に会ってはいけません。
4．からだの具合が悪くなったら，監督《かんとく》の先生に申し出てください。
5．問題用紙は回収しないので持ち帰ってください。
6．机の上に計算・下書き・落書きなどをしてはいけません。
7．自分の持ってきたメモ用紙，下敷《したじ》きや電卓《でんたく》を使ってはいけません。
8．机の中に物を入れてはいけません。
9．テストはまじめな態度で受けてください。テスト中によそ見をしたり先生の指示が守れない人は合格になりません。
10．問題の内容についての質問はいっさいしてはいけません。もし，印刷のわからないところなどがあったら，静かに手を挙げてください。
11．筆記用具，定規，コンパスなど物の貸し借りをしてはいけません。
12．答えは全《すべ》て解答用紙に書いてください。
13．解答用紙にＱＲコードシールをはり，名前は書かず，受験番号だけを算用数字で書いてください。
14．先生の「はじめなさい」の指示で鉛筆《えんぴつ》をとり「やめなさい」の指示があったらすぐに鉛筆を置いてください。
15．テスト中に物を落とすなど困ったことがあったら，静かに手を挙げてください。

一 次の漢字と語句についての問いに答えなさい。解答は、ていねいな字で書きなさい。

問一 ①～⑩の――線部のカタカナを漢字になおしなさい。

① 携帯《けいたい》電話の使用をキンシする。

② 合唱のシキ者にあわせて歌う。

③ ふとんをシュウノウする。

④ セイケツなタオルで顔をふく。

⑤ キビしい父に育てられた。

⑥ 机とイスをナラべる。

⑦ ワクチンをチュウシャする。

⑧ 大学を卒業した兄がシュウショクした。

⑨ 絵本のロウドクを聞く。

⑩ 一人一人のコセイを大切にしよう。

問二 ①～⑤の【 】にあてはまる言葉として適当なものを、ア～オの中からそれぞれ一つずつ選び、記号で答えなさい。

① 【 】をすくわれる …… 油断をしていて、ひどい目にあわされる。

ア 鼻　イ 足　ウ 耳　エ 口　オ 目

② 井の中の【 】大海を知らず …… 世間知らずで、考えがせまいようす。

ア 蛇《へび》　イ 亀《かめ》　ウ 蛙《かわず》　エ 魚　オ 貝

③ 【 】から駒《こま》がでる …… じょうだんで言ったことが実現すること。

ア ひょうたん　イ きゅうり　ウ なす　エ へちま　オ かんぴょう

④ 濡《ぬ》れ手に【 】 …… 簡単にたくさんの利益を得ること。

ア 稲《いね》　イ ごま　ウ 豆　エ 栗《くり》　オ 粟《あわ》

⑤ 【 】を割ったような …… 性格がさっぱりしていること。

ア 板　イ 卵　ウ 箸《はし》　エ 竹　オ 瓦《かわら》

二 次の文章は、三宮真智子《さんのみやまちこ》著『メタ認知《にんち》 あなたの頭はもっとよくなる』（中公新書ラクレ）の一部です。これを読んで後の問いに答えなさい。

「メタ認知」という言葉を、最近よく目にするようになりましたが、少し意味が分かりづらいという声も聞きます。メタ認知とは、本来、どういう意味なのでしょう？

「今日は朝から、頭の調子がよくないな。体調が悪いせいだろうか」

「さっきのAさんの(注1)プレゼンは、少しわかりにくかった。話の順序を変えるとよくなるのに」

「しまった！ 同僚《どうりよう》への説明の中で、大事なポイントを抜《ぬ》かしてしまった」

「息子《むすこ》をいきなり叱《しか》りつけたのはまずかった。まずは怒《いか》りを抑《おさ》えて、冷静に話せばよかった」

「せっかくスーパーに行ったのに、卵を買い忘れた。面倒《めんどう》がらずに買い物メモを作るべきだった」

日常生活の中で、このように考えたことはありませんか？ 実は、頭の中に湧《わ》いてくるこうした思考は、メタ認知と呼ばれるものです。もちろん、メタ認知は(注2)ネガティブな内容ばかりではありません。次のような(注3)ポジティブなものもあります。

「Aさんの話が聞き手を引きつけるのは、たとえ話が適切だからだ」

「(注4)レポートの内容が頭の中でうまくまとまらなかったが、いったん書き始めると、スムーズに進むものだ」

「最近、うちの娘《むすめ》は、うまく意見を言えるようになった。論理的な思考ができるようになったのかな」

このように私たちは、ふだんからある程度、メタ認知を働かせているのです。

「メタ認知とは、一言で言うと、［ ① ］です」

私は講演の(注5)冒頭《ぼうとう》で、このように話し始めることがあるのですが、そう言われても、初めての人にはピンと来ないでしょう。そもそも認知とは？ それは、頭を働かせることです。心理学では、見る、聞く、書く、読む、話す、記憶《きおく》する、思い出す、理解する、考えるなど、頭を働かせること全般《ぜんぱん》を指して認知（cognition）と呼びます。頭の中で行われる情報処理と言《い》い換《か》えることもできます。私たちは朝起きてから夜寝《ね》るまで、何らかの情報を処理していますから、ほぼ一日中認知活動を行っているわけです。私の専門でもある認知心理学と呼ばれる研究分野は、この頭の働きについて研究する分野です。

cognition は「認識《にんしき》」と訳されることもあり、現在では一般《いっぱん》に認知心理学と訳される cognitive psychology を「認識心理学」としている本もあります。同様に、「メタ認知」が「メタ認識」と表記されている場合もありますが、両者は同じ意味です。また、「メタ」という語は、ギリシア語に由来する接頭語であり、「～の後の」「(注6)高次《こうじ》の」「より上位の」「超」「～についての」などという意味を表します。したがって、メタ認知とは、認知についての認知、認知をより上位の(注7)観点からとらえたものと言えます。自分自身や他者の認知について考えたり理解したりすること、認知をもう一段上からとらえることを意味します。自分の頭の中にいて、冷静で(注8)客観的な判断をしてくれる「もうひとりの自分」といったイメージを描《えが》いてみると、少しわかりやすくなるかと思います。②たとえば、図1のようなものです。

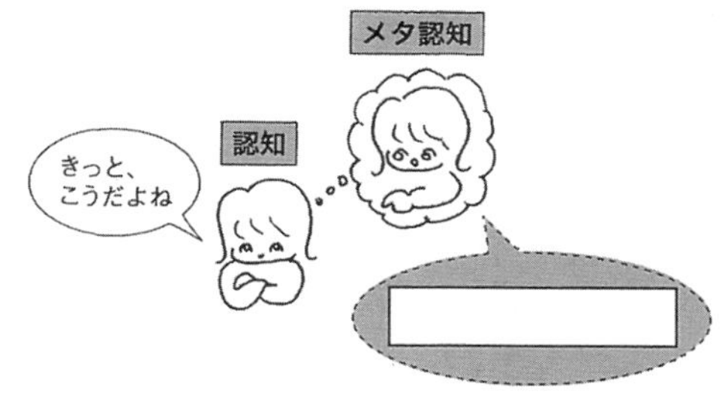

図1 認知とメタ認知の関係

本書のメインテーマである「メタ認知」は、あらゆる認知活動について想定することができます。たとえば、記憶についてのメタ認知はXメタ記憶と呼びます。何かを覚える、思い出すといった活動は、記憶という認知のレベルですが、「どのように覚えたら忘れにくいか」「覚えたことを思い出せそうか」などと考えるのはメタ認知のレベルです。

また、Yメタ理解は、「私はテキストの内容を理解できているか」「どのような順序で学ぶと理解しやすいか」などと考えることや、理解に関連する知識です。学ぶこと、つまり学習に関しては、Zメタ学習という概念《がいねん》があり、学習をさらに一段上からとらえた思考や知識を指します。たとえば「どうすればよりよく学べるか」と考えることや、それについての知識などです。

〈中略〉

メタ認知という言葉は、実はそれほど古くから用いられていたわけではありません。一九七〇年代に発達心理学者のジョン・フレイヴェルやアン・ブラウンが、この言葉を使うようになりました。彼《かれ》らの研究では、幼い子どもたちはまだメタ認知を働かせることができず、年齢《ねんれい》とともにメタ認知能力が発達していくことが示されています。

たとえば、小さい子どもたちは、自分の記憶力を(注9)過信しており、いくらでも覚えることができると考えてしまいがちです。一般に小学校に入る頃《ころ》までは、この状態が続きます。とうてい覚えきれていないのに、「全部覚えられたよ！」と言ったりするわけです。この自信満々の状態は、メタ認知とりわけメタ記憶が不十分なために起こります。

他にも、自分が理解できていないことに気づかない、言い換えればメタ理解ができていない状態も、子どもたちに多く見られます。小学生に、「ゲームをしよう」と誘《さそ》いかけ、ゲームの説明をする中で、抜かしてはならない重要な説明をわざと抜かしておき、ゲームの仕方がわかったかどうかを問う実験があります。二人一組で行うカードゲームで、裏返したカードを両者に同じ枚数だけ配り、順番に一枚ずつ表に返して、最後に特別なカードを持っていた方が勝ち、というルールです。ここでわざと、(注10)肝心《かんじん》の「どれが特別なカードなのか」を言わずにおきます。結果は、小学一年生ではなかなか説明不足に気づかないのに対して、三年生は気づきやすくなるというものでした。つまり、一年生ではまだメタ理解が十分に働かず、自分が理解できたかどうかをきちんと判断できないということです。「何か質問はないですか？」と聞かれても、③彼らは「ない」と答えたのです。

もちろん、こうしたメタ認知の発達には個人差が大きく、「何歳《なんさい》になったから、できるはず」と一律に判断してしまうのは危険です。また、同じひとりの子どもであっても、自分のよく知っていることやなじみ深い内容についてはメタ認知が働きやすく、初めての内容についてはメタ認知が働きにくいといったこともあります。

（三宮真智子著『メタ認知　あなたの頭はもっとよくなる』）

（注）
1 プレゼン…人前で説明すること。プレゼンテーションを略した言葉。
2 ネガティブ…消極的。否定的。
3 ポジティブ…積極的。
4 レポート…調査・研究の報告書。
5 冒頭…文章や話のはじめ。
6 高次…高い次元。高い程度。
7 観点…物事を見るときの一定の立場。
8 客観的…自分の心のはたらきや考えを離《はな》れて、そのそとにあるようす。
9 過信…信用しすぎること。
10 肝心…それがないと全部がだめになってしまうもの。

問一 ［①］に入れるのにふさわしい言葉を、［①］以降の文章から九字で抜き出して答えなさい。

問二 ――線部②「たとえば、図1のようなものです」とありますが、その図1の空欄《くうらん》にあてはまるものとして適当なものを、次のア～ウの中から一つ選び、記号で答えなさい。

ア いっしょに考えてあげるよ。きっと大丈夫《だいじょうぶ》。
イ 本当にそれでいいの？ 他の考え方はできないの？
ウ 自分を信じることは大切だよ。自分の力でがんばろう。

問三 ‖線部X「メタ記憶」、Y「メタ理解」、Z「メタ学習」とありますが、それぞれにあてはまる事例は次のア～エの中のどれですか。適当なものを、それぞれ一つずつ選び、記号で答えなさい。

ア プラモデルが上手に組み立てられないので、もう一度説明書を読んでみた。
イ 学校の授業についていけるように、しっかり予習をしようと思った。
ウ 修学旅行で見に行く奈良の大仏の歴史についての説明を聞いた。
エ 友達の電話番号をなかなか覚えられないので、語呂合《ごろあ》わせにしてみようと考えた。

問四 ――線部③「彼らは『ない』と答えた」とありますが、これはなぜですか。「彼ら」が誰《だれ》であるかわかるようにした上で、四十字以内で答えなさい。

問五 本文の内容をふまえ、次の文に続けて、メタ認知となるような一文を付け加えなさい。

ぼくは漢字テストで不合格の点数を取ったが、先生に急用ができたので、再テストがなくなってほっとした。

三　次の文章は、濱野《はまの》京子《きょうこ》『マスクと黒板』（講談社）の終わりに近い部分です。【ここまでのあらすじ】と【登場人物】もあわせてよく読んで、後の問いに答えなさい。

【ここまでのあらすじ】　新型コロナウイルスによる休校が明けた六月、中学校二年生の立《たち》花《ばな》輝《てる》は、学校の昇降口《しょうこうぐち》に、新入生を励《はげ》ますメッセージが添えられた見事な「黒板アート」が置かれているのを見た。だれが制作したのか不明だったが、輝は同じクラスの阿《あ》久根《くね》絵実《えみ》と藤枝《ふじえだ》貴理《きり》ではないかと推理《すいり》する。そして九月、生徒会が中心となって、全学年のクラス対抗「黒板アートコンクール」が開かれることになった。二年C組は、絵実が青一色で竜の下絵を描《えが》き、輝、絵実、貴理、麗華、堅人《けんと》、治哉《はるや》の六人でコンクールに挑《いど》むことにした。【本文】は、黒板アートコンクール当日の様子を描いた場面である。

【登場人物】
立花輝…美術部に所属している。人付き合いが苦手で、何事にもネガティブ（消極的・否定的）な男子だが、「黒板アートコンクール」の開催《かいさい》を思いついたのは輝である。
阿久根絵実…元美術部員の女子。とても口数が少なく、他の生徒と会話することがほとんどない。絵は得意だが、文字を美しく書くのは得意ではない。
藤枝貴理…まじめでおとなしい優等生《ゆうとうせい》の女子。几帳面《きちょうめん》で読みやすい字を書く。
葉《よう》麗華…輝の幼《おさな》なじみで、しっかり者の女子。生徒会の役員。
種田《たねだ》堅人、実川《さねかわ》治哉…バスケットボール部員の男子。

【本文】
その日。
「絶好の黒板アート日和《びより》だな」
と堅人から肩《かた》をたたかれた輝は、思わず後ろに飛んだ。
「距離《きょり》が近い」
「立花、コロナ気にしすぎじゃね？」
輝は、コロナの前からだ、と言いたかったが、口にはしない。
だいたい黒板アート日和ってなんだ？　運動会じゃあるまいし。いや、運動会ならまさに絶好の日和だ、と思いながら窓の外を見やる。澄《す》んだ青空が広がっていた。そういえば、新型コロナの影響《えいきょう》で、空気が澄んで、くっきり山が見えたとか、青空がもどったとかって話もあったっけ。
彼岸《ひがん》が過ぎて、諺《ことわざ》どおりに残暑は去って、窓から入ってくる風も、どことなくひんやりして涼《すず》しげだ。しかし、今はいいが冬場の換気《かんき》はどうするんだろうと、またしても、心配事にとらわれそうになり、輝はそれを追い出すように頭を振《ふ》る。
描《か》くことに当てられるのは二時間。その後、生徒たちは各教室を回って絵を鑑賞《かんしょう》して、昇降口の投票箱に投票してから下校。投票の基準は、自分が気に入ったかどうか。つまり、絵の巧拙《こうせつ》ではない。
発表は翌日の朝で、それまで、絵も残される。
給食のあと、コンクール開始を告げるゴングが鳴った。鳴ったというのは比喩《ひゆ》で、実際にはゴングどころかホイッスルも鳴らないが、輝たちはエプロンをつけて黒板に向かう。
その様子をサポートする役割の生徒が、(注1)タブレット端末《たんまつ》を向けている。タブレットには三学年分十五の小さな枠《わく》の中に、黒板アートに取り組む生徒たちが映っているはずだ。各クラスのタブレット持ち役は、(注2)ｚｏｏｍのマイクを通常はオフにし、順番に実況《じっきょう》するときだけマイクをオンにする決まりらしい。
黒板に向かって、青いチョークを手にした絵実が大胆《だいたん》に竜の輪郭《りんかく》を描き入れる。その筆さばき、いやチョークさばきに迷いはない。
輝の仕事は小さな生物たちを描くことだ。(注3)バイカモはちゃんとネットで調べた。それから魚たち。貝。
堅人と治哉は、絵実に命じられて海の色を塗《ぬ》る。堅人は、黒板の右寄りに立って、タブレットを向けられたときに、横顔を見せることを意識しているようだった。当然のことながら、手のほうはしばしば止まる。顔のほうはしばしばタブレットに向く。
貴理は絵実の世話を焼く。黒板消しを渡《わた》したりチョークを渡したり、タオルを渡したり。
そして麗華。少し離《はな》れた位置で腰《こし》に手を当ててじっと見つめる。かといえば、タブレットを向ける生徒から奪《うば》い取って、ほかのクラスの様子をチェックする。たぶん、見ているのは、(注4)竹節先輩《たけぶしせんぱい》のクラスの様子だろう。それをごまかすために、
「やっぱ一年は、まだまだだね」
などと偉《えら》そうに宣《のたま》う。それから麗華は、タブレットを絵実の手元に近づける。
輝も一度タブレットの画面を見せてもらった。
竹節先輩が中心となって取り組んでいるクラスは、(注5)蘭《らん》から聞いていたとおりの、人物メイン。数人の生徒らしき男女が、校庭の一角に集まる絵。目線はあちこちに向いているのだが、不思議な一体感があるし、構図は見事だった。顔の表情も豊かだ。いちばん力が入っている女子生徒の横顔。見る人が見ればわかる。蘭だ。
その蘭のいる二年A組は、和風の建物の輪郭《りんかく》。どうやら、寺を描《か》くつもりのようだ。
「輝、さっさともどりなよ」
麗華に言われて、輝は黒板の前にもどった。絵実は、描いた線を直接手でなぞってぼかしたりもするので、指はすでに真っ青だ。やっぱりこんなふうに大胆《だいたん》に描けたらいいなと思う。悔《くや》しさがこみ上げる。そう、悔しい。輝は自分の嫉妬心《しっとしん》に初めて気づく。そういう思いを見ないようにしてきた。が、それはたしかに自分の内心にもあったのだ。でも今は、黒板に集中だ。
時間が半分過ぎたところで、十分間の強制休憩《きゅうけい》タイムに入った。絵実が汚《よご》していたのは手だけではない。エプロンをしていても、シャツの袖《そで》もスカートも青いチョークで汚れていた。
よそのクラスの生徒たちが、C組の絵をのぞきにきた。
「なんかすげえな」
すげえのは絵実だ、と人知れずつぶやく。ジェラシーさえ感じていたはずなのに、①やはりうれしい。
一年の女子がときどき連れ立ってやってきて、堅人の名をささやいているのが耳に入った。

それに気づいた堅人が手を振《ふ》った。

輝は全体をチェックするために、教室の後ろから見ることにした。はっとａ息を呑《の》む。絵実の描いた竜は、りりしく美しかった。身をくねらせながら水の上をめざす。なんという躍《やく》動感《どうかん》だろう。あの竜は、やがて天をめざすのだ。天。絵実はなにをめざしているのだろう。絵を見ながら輝はうなった。見事だ。だがしかし、何かが足りない気がする……。

②しばし考えたあとで、絵実に近づくと、思い切って口にしてみた。

「白を使ってもいいんじゃないかな」

絵実は、黒板を見つめたまま後ろに何歩か下がると、眉《まゆ》をぐっと寄せてから、少し大きな声で言った。

「いい」

「やっぱ、だめか」

輝が嘆息《たんそく》したとき……。

「良《よ》い、と言っているんじゃないですか？」

貴理の言葉に絵実がうなずく。

「まったく、輝は相変わらずネガティブなんだから」

と、③麗華が笑う。

その瞬間《しゅんかん》、休憩タイムが終わった。

これから白を足しながら細部を仕上げることになるが、時間が足りるだろうかと、輝は心配になった。思わず力が入って、チョークを折ってしまった。

「あせるな」

絵実の声がした。思わず目を向けると、当の絵実は黒板から目を離さずに竜の鱗《うろこ》を描《か》き入れている。手の動きは速いのに、表情は落ち着いている。というか、楽しそうだ。あの昇降口の絵も、こんなふうにして描いたのだろうか。

いったん青いチョークを置いた絵実は、白いチョークを数本まとめて手に取り、側面を黒板に押《お》し付《つ》けて太い帯を描いた。荒々《あらあら》しく力強い。黒板に手のひらを当てて、直《じか》にこすっていく。青がもわっとした水色に変わり、水が流れ出す。絵実は竜の鱗にも白を入れる。それから、堅人と治哉に白いチョークを渡した。真似《まね》てやれ、という指示だ。

その様子をちらちら見ながら、輝は、あせるな、と自分に言い聞かせ、慎重《しんちょう》にバイカモの花に白を入れていく。

「ＯＫ？」

絵実に聞くと、こくこくとうなずく。

「いい、いい！」

堅人は興奮気味《こうふんぎみ》に言うと、タブレットの画面に向かってピースサインを送る。ちょうど実《じっ》況《きょう》が回ってきて、タブレットを奪った麗華が絶叫《ぜっきょう》する。

「なんという迫力《はくりょく》。水竜《すいりゅう》が、今にも動き出しそうです！　竜は、竜は、どこをめざすのか！」

残り時間が三分を切ったところで、貴理が黒板の前に立つ。

「絵実ちゃん、位置決めて」

絵実が指で示した場所に、白いチョークで書かれた文字。

昇龍《しょうりゅう》伝説
遥《はる》かなる宙《そら》を　夢見る

貴理は、「竜」ではなく「龍」という旧字体でさらりと記した。最後に全体をチェックした絵実が、ところどころを手ではたくようにしてぼかしを加え、二年Ｃ組の黒板アートチームの仕事は終わった。

メンバー以外のクラスメイトから拍手《はくしゅ》が起こる。

堅人が言い出して、絵の前で記念撮影をした。真ん中を陣取《じんど》ったのは、なぜか堅人と麗華だった。それでも、今日の主役がだれだったかは明らかだ。

「やべぇ、阿久根、すげえ集中力だったよな」

とだれかが興奮気味に言った。

描《か》く姿が中継《ちゅうけい》されていることなどｂ意に介《かい》さずに、昇《のぼ》り龍《りゅう》を描いた絵実の姿を見て、昇降口の黒板アートを描いたのが、絵実だと気づいた者もいたかもしれない。

でも、コンクールが終わったあとも、だれもそのことには言及《げんきゅう》しなかった。

（濱野京子『マスクと黒板』）

（注）１　タブレット端末…黒板アートを制作している様子を、タブレット端末で撮影し、ｚｏｏｍを使って各クラスに実況中継することになっている。

２　ｚｏｏｍ…タブレット端末などで、離れた場所の映像を見ながら会議などができる仕組み。

３　バイカモ…梅花藻《ばいかも》。キンポウゲ科の水草。梅《うめ》に似た花を咲《さ》かせる。

４　竹節先輩…三年生の男子で、美術部部長と生徒会役員をつとめている。

５　蘭…幹本《みきもと》蘭。美術部に所属する女子。

問一　貴理の絵実に対する親しみと強い信頼《しんらい》の気持ちがうかがえる発言を、本文中から十一字で抜き出して答えなさい。（※カギカッコは字数にふくめない。）

問二　――線部ａ「息を呑む」、ｂ「意に介さずに」の本文中での意味として適当なものを、次のア～オの中から一つ選び、記号で答えなさい。

ａ「息を呑む」

ア　つらくて息がつまる　　イ　疲《つか》れて息が切れる　　ウ　驚《おどろ》いて息を止める

エ　落胆《らくたん》してため息をつく　　オ　おびえて息をひそめる

ｂ「意に介さずに」

ア　何の前触《まえぶ》れもなしに　　イ　不安を感じずに　　ウ　人の気持ちを考えずに

エ　わけもわからずに　　オ　まったく気にせずに

問三　――線部①「やはりうれしい」とありますが、輝はなぜ「うれしい」と思ったのですか。この時の輝の心情がよく分かるように答えなさい。

問四　――線部②「しばし考えたあとで」とありますが、この場面で輝はどのようなことを考えたと思われますか。適当なものを、次のア～オの中から一つ選び、記号で答えなさい。

ア　絵実の絵のよさはチョークだと十分に出ないみたいだ。描き方を美術部で学べばよかったんじゃないかな。
イ　絵実は頭の中のイメージを正確に描く力を持ってるなあ。自分の実力にもっと自信を持てばいいのに。
ウ　絵実はまじめだから堅苦《かたくる》しい絵になってしまうなあ。少しぐらい笑いの要素《ようそ》を取り入れてみてもいいのに。
エ　絵実は青一色だけを使って表現するつもりだな。そのこだわりから一度離《はな》れてもいいんじゃないかな。
オ　絵実の絵は空想的すぎるところが弱点じゃないかな。もっと現実っぽく描いた方がいいかもしれない。

問五　――線部③「麗華が笑う」とありますが、麗華が笑ったのはなぜですか。六十字以内で答えなさい。

問六　二年Ｃ組の黒板アートについて説明したア～オの文の中から、**正しくないもの**を一つ選び、記号で答えなさい。

ア　六人は制限時間内に、水面から全身が現れた竜を描き上げた。
イ　絵実は自分の作業をしながら、全体の動きを指示していた。
ウ　輝はバイカモや魚、貝などの小さな生きものを描いた。
エ　堅人と治哉は絵実の指示で、竜の鱗に白色を付け足した。
オ　貴理は絵実にタオルを渡すなど、絵実の仕事をサポートした。

2023年度

修道中学校　入学試験問題

【算数】

時間50分

表紙を除いて5ページ

受験上の注意　テストが始まるまでによく読んでください。

1．テスト終了《しゅうりょう》のチャイムが鳴るまで，テスト教室を出てはいけません。
2．腕時計《うでどけい》のアラームを鳴らしてはいけません。
3．休憩《きゅうけい》時間に付添《つきそい》の人に会ってはいけません。
4．からだの具合が悪くなったら，監督《かんとく》の先生に申し出てください。
5．問題用紙は回収しないので持ち帰ってください。
6．机の上に計算・下書き・落書きなどをしてはいけません。
7．自分の持ってきたメモ用紙，下敷《したじ》きや電卓《でんたく》を使ってはいけません。
8．机の中に物を入れてはいけません。
9．テストはまじめな態度で受けてください。テスト中によそ見をしたり先生の指示が守れない人は合格になりません。
10．問題の内容についての質問はいっさいしてはいけません。もし，印刷のわからないところなどがあったら，静かに手を挙げてください。
11．筆記用具，定規，コンパスなど物の貸し借りをしてはいけません。
12．答えは全《すべ》て解答用紙に書いてください。
13．解答用紙にＱＲコードシールをはり，名前は書かず，受験番号だけを算用数字で書いてください。
14．先生の「はじめなさい」の指示で鉛筆《えんぴつ》をとり「やめなさい」の指示があったらすぐに鉛筆を置いてください。
15．テスト中に物を落とすなど困ったことがあったら，静かに手を挙げてください。

1 次の問いに答えなさい。

（1） 次の①～⑥の□にあてはまる数を答えなさい。

① $5 \times \{23-(3+4) \times 3\} = \square$

② $297 \times 303 = \square$

③ $\dfrac{1}{8}+\dfrac{1}{24}+\dfrac{1}{48}+\dfrac{1}{80}=\square$

④ $\left(1\dfrac{2}{5}+\dfrac{7}{25}\right) \times \dfrac{4}{7}-2\dfrac{1}{3} \div 1\dfrac{2}{3} \div 3\dfrac{1}{2}=\square$

⑤ $\left(7-\square \times \dfrac{3}{2}\right) \div \dfrac{8}{5}=2.5$

⑥ $\left(\dfrac{1}{3}+\dfrac{1}{5}\right) : 0.625 = 64 : \square$

（2） 右の表のように，ある規則にしたがって整数を並べていきます。
横方向の並びを行と呼び，縦《たて》方向の並びを列と呼ぶことにします。
たとえば，上から3行目で左から2列目にある数は8です。
上から6行目で左から4列目にある数はいくつですか。

1	2	5	10	
4	3	6	11	
9	8	7	12	

（3） 1辺の長さが4cmの立方体があり，それぞれの面に青色の絵の具を塗《ぬ》りました。
この立方体を縦，横，高さをそれぞれ均等に4等分し，1辺の長さが1cmの小さい立方体64個に切り分けました。このとき，1面でも青色の絵の具が塗られている小さい立方体は全部で何個できますか。

（4） ある中学校を受験した修さんの算数を除いた4教科の平均点が82.5点でした。また，算数の得点は90点でした。修さんの受験した5教科の平均点を求めなさい。

（5） 縮尺《しゅくしゃく》が250分の1の地図において100 cm^2 の面積は，実際には何 m^2 の面積になりますか。

（6） 三角形ABCを右の図のように面積の等しい 4つの三角形に分けました。
BCの長さが16cmのとき，ECの長さを求めなさい。

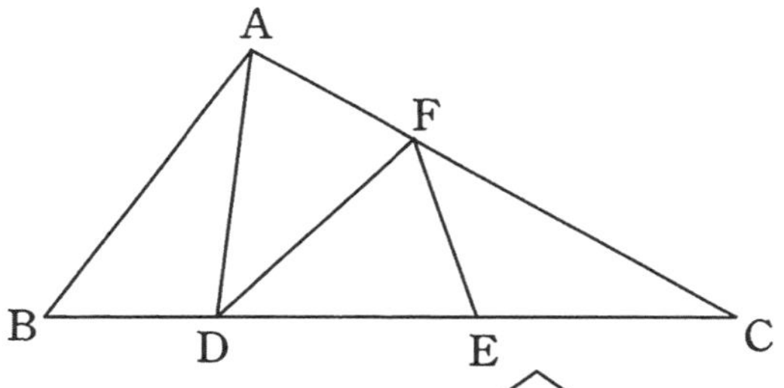

（7） 右の図のように，1辺の長さが等しい正方形と正五角形を1辺がぴったりと重なるようにおいたとき，角アの大きさは何度ですか。

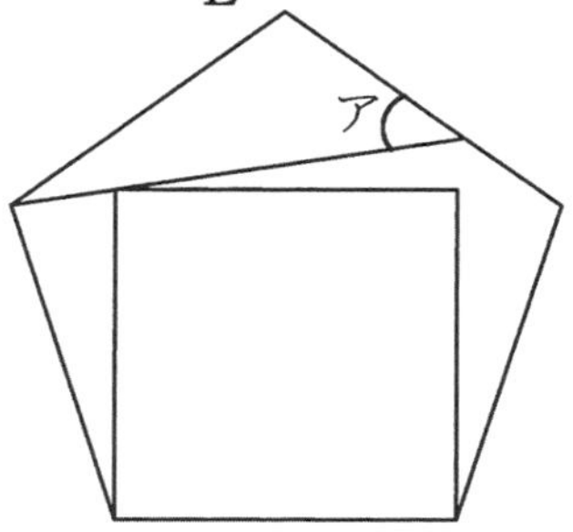

2023(R5) 修道中
K 教英出版 算6の2

2

次の問いに答えなさい。

（1） 1から999までの整数のうち，数字の1と3と5を使わない整数は何個ありますか。

（2） **円周率を 3.14 として**，次の①，②の問いに答えなさい。

① 図1では，点A，Bを中心とする半径1cmのおうぎ形が2つかかれています。ただし，四角形APBQは正方形です。
図1の斜線《しゃせん》を付けた部分の面積を求めなさい。

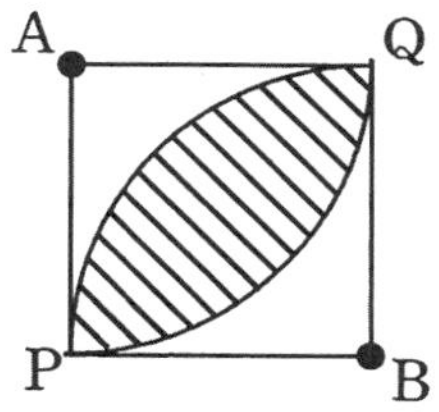

図1

② 図2では，5つの点A，B，C，D，Eを中心とする半径1cmの5つの円がかかれています。ただし，四角形APBQ，BRCS，CTDU，DVEWはいずれも正方形です。
図2の斜線を付けた部分の面積を求めなさい。

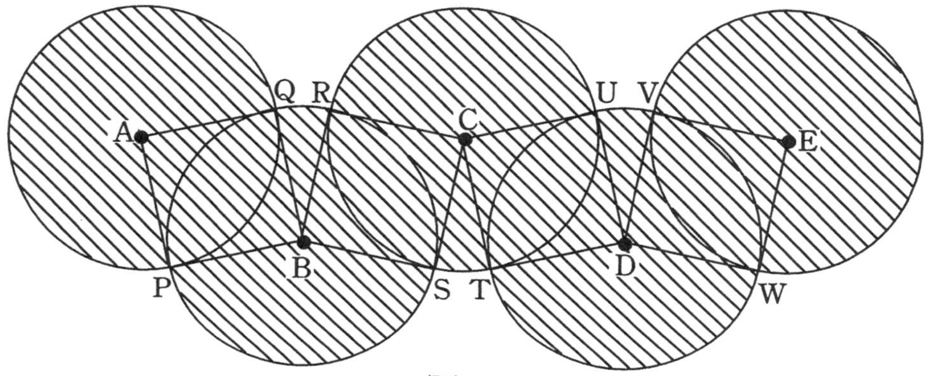

図2

（3） 図Aのような，長方形のハガキを3枚組み合わせて作った立体があります。合計12個あるハガキの頂点をまっすぐな線で結ぶと，図Bのような立体ができます。次の①，②の問いに答えなさい。

① 図Bの立体の面はいくつありますか。

② 図Bの立体の辺は何本ありますか。

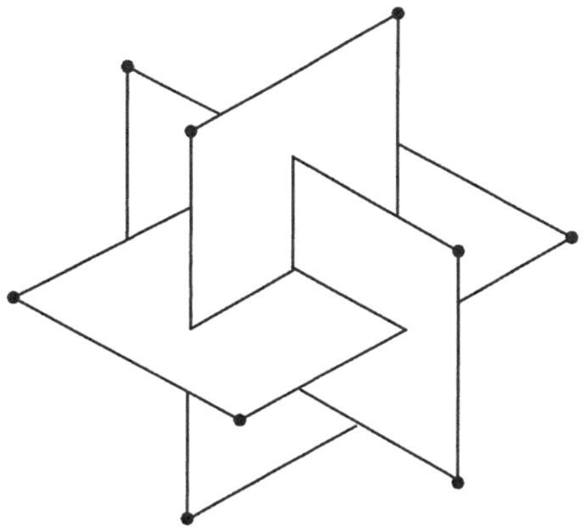
図A

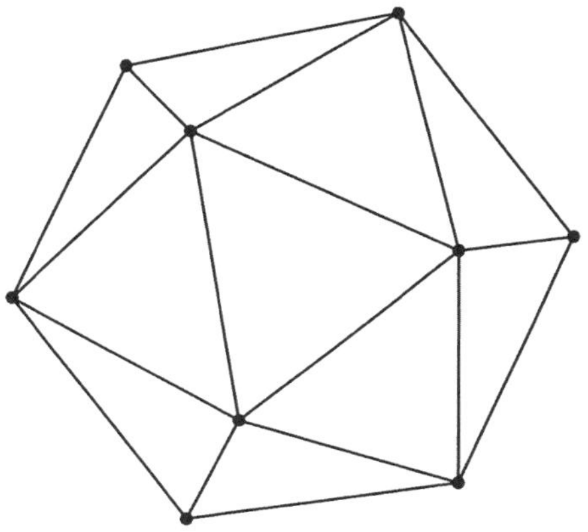
図B

3 下の図のような2つの直方体を組み合わせた形の水そうがあります。修さんは，この水そうに，蛇口《じゃぐち》から毎分21Lの割合で水を入れました。また，図の右に示されたグラフは，修さんが給水《きゅうすい》を始めてからの時間と底面から水面までの高さの関係を表したものです。ただし，排水口《はいすいこう》を閉め忘れており，一定の割合で水が排水されていました。

このとき，次の問いに答えなさい。

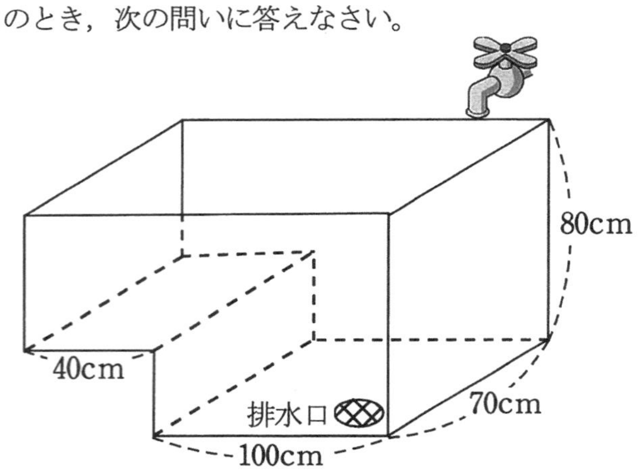

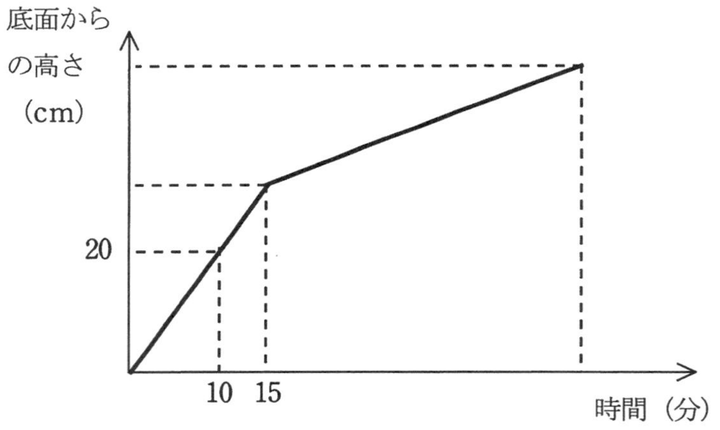

（1） 排水口からは毎分何Lの割合で排水されていましたか。

（2） 水そうがいっぱいになったのは，給水を始めてから何分後ですか。

修さんは，水そうを一度空《から》にして，今度は排水口を閉めてから，再《ふたた》び毎分21Lの割合で水を入れ始めました。

（3） ある時点で給水を止めて，次の図のような2つの直方体を組み合わせた形の立体が完全に水に入るように沈《しず》めたところ，水そうはちょうどいっぱいになりました。このとき，給水した時間は何分何秒ですか。

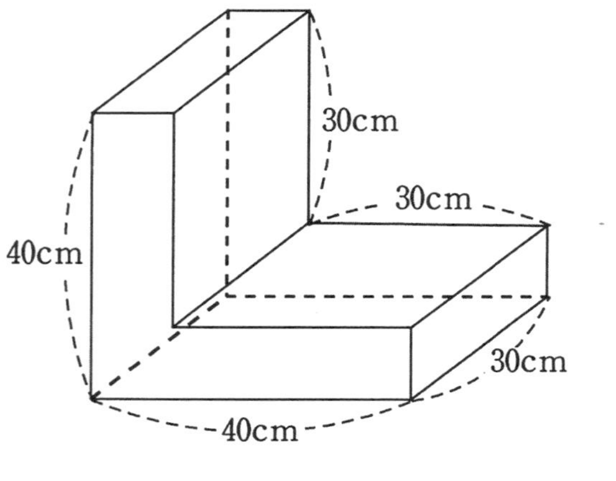

4

下の図のような上から見ると長方形 ABCD の形をした部屋があって，壁《かべ》の長さはそれぞれ壁 AB が 4 m，壁 BC が 6.5 m です。部屋の角《かど》 B の位置から，両方の壁との角度が 45° であるように，小さな金属の球を転《ころ》がします。球は床《ゆか》の上をまっすぐに一定の速さで転がり，壁にぶつかったときは何回目でも同じ角度で跳《は》ね返《かえ》ります。ぶつかった前後で速さも変わりません。ただし，角 A，角 B，角 C，角 D のいずれかにちょうどぶつかると止まります。球が角 B から転がり最初にぶつかるのは壁 AD ですが，この壁 AD にぶつかったときを「1 回目」とします。また，ぶつかった位置を一番近い角の名前を使って

「角 D から 2.5 m」…(*)

のように説明することにします。なお，部屋の床は平《たい》らで，障害《しょうがい》になるものは何もありません。

次の問いに答えなさい。

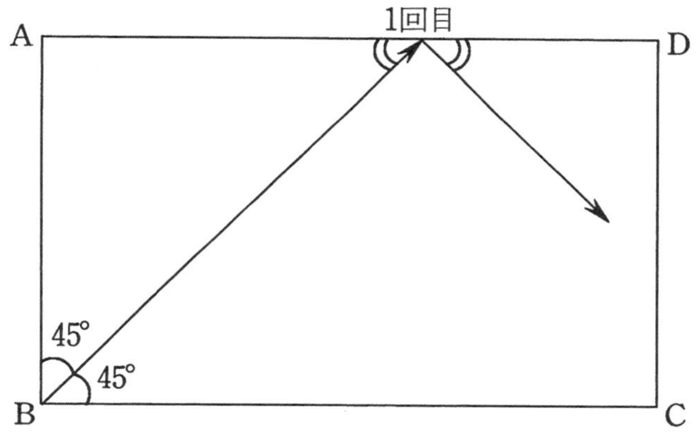

（1） 初めて壁 AB にぶつかるのは，何回目ですか。また，ぶつかる位置を(*)の例にならって答えなさい。

（2） 球が止まるのは，A，B，C，D のうちどの角にぶつかったときですか。
また，それは何回目にぶつかったときですか。

5

2023個の整数が次のように並んでいます。

1番目の数は，2です。

2番目以降の数は，ひとつ前の数に9を加えた数を7で割った余りになっています。

したがって，

2番目の数は，$2+9=11$ を7で割った余りなので，4です。

3番目の数は，$4+9=13$ を7で割った余りなので，6です。

このとき，次の問いに答えなさい。

（1） 5番目の数を求めなさい。

（2） 2023番目の数を求めなさい。

（3） 並んでいる2023個の数から，5番目，10番目，15番目，…，2020番目の404個の数を取り除きました。
このとき，残りの並んでいる数すべての合計を求めなさい。

2023年度

修道中学校　入学試験問題

【理科】

時間40分

表紙を除いて５ページ

受験上の注意　テストが始まるまでによく読んでください。

1．テスト終了《しゅうりょう》のチャイムが鳴るまで，テスト教室を出てはいけません。
2．腕時計《うでどけい》のアラームを鳴らしてはいけません。
3．休憩《きゅうけい》時間に付添《つきそい》の人に会ってはいけません。
4．からだの具合が悪くなったら，監督《かんとく》の先生に申し出てください。
5．問題用紙は回収しないので持ち帰ってください。
6．机の上に計算・下書き・落書きなどをしてはいけません。
7．自分の持ってきたメモ用紙，下敷《したじ》きや電卓《でんたく》を使ってはいけません。
8．机の中に物を入れてはいけません。
9．テストはまじめな態度で受けてください。テスト中によそ見をしたり先生の指示が守れない人は合格になりません。
10．問題の内容についての質問はいっさいしてはいけません。もし，印刷のわからないところなどがあったら，静かに手を挙げてください。
11．筆記用具，定規，コンパスなど物の貸し借りをしてはいけません。
12．答えは全《すべ》て解答用紙に書いてください。
13．解答用紙にＱＲコードシールをはり，名前は書かず，受験番号だけを算用数字で書いてください。
14．先生の「はじめなさい」の指示で鉛筆《えんぴつ》をとり「やめなさい」の指示があったらすぐに鉛筆を置いてください。
15．テスト中に物を落とすなど困ったことがあったら，静かに手を挙げてください。

1 月に関する次の問１～問３に答えなさい。

問１　月を観察すると，日時によって次のようにさまざまな形に見えます（黒い部分はかげを表しています）。日本で観察したときの月の形について，あとの（１）～（３）に答えなさい。

〔月の形〕上下左右を，肉眼で見たときと同じ向きにしてあります。

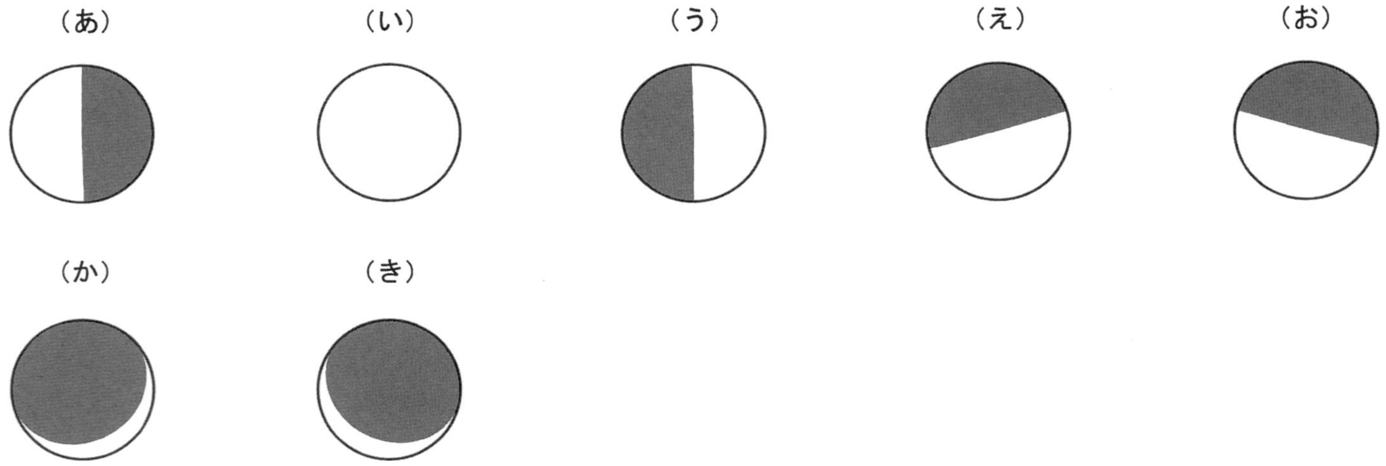

（１）上弦《じょうげん》の月を上の**（あ）**～**（き）**から２つ選んで，記号で答えなさい。

（２）三日月《みかづき》を上の**（あ）**～**（き）**から１つ選んで，記号で答えなさい。

（３）**（か）**と**（き）**は，時間とともにどの向きに動くと考えられますか。それぞれ「左上」,「右上」,「左下」,「右下」のいずれかで答えなさい。

問２　次の観察１～観察３は，日本およびＡ国での月の見え方を記録したものです。これについて，あとの（１）～（３）に答えなさい。ただし，Ａ国は北半球にある国で，緯度《いど》は日本とほぼ同じで中緯度に位置しており，日本との時差（時刻のずれ）は５時間です。

［観察１］　ある日の午前６時（日本時間），日本では南の空に月が見えました。月の形は（ ① ）でした。このときＡ国の現地時間は午前１時であり，（ Ⅰ ）の空に月が見えていて，形は（ ② ）でした。５時間後，Ａ国では（ Ⅱ ）の空に月が見えていました。月の形は（ ③ ）でした。

［観察２］　観察１から15日後の午後６時（日本時間），日本では（ Ⅲ ）の空に月が見えました。月の形は（ ④ ）であり，５時間後，月は（ Ⅳ ）の空に見えました。このとき，Ａ国の現地時間は午後６時であり，（ Ⅴ ）の空に月が見えました。月の形は（ ⑤ ）でした。

［観察３］　<u>観察２から７日後のある時刻，日本では西の空に月が見えました</u>。月の形は（ ⑥ ）でした。このときＡ国では（ Ⅵ ）の空に月が見えました。月の形は（ ⑦ ）でした。

（１）文章中の（ ① ）～（ ⑦ ）に当てはまる月の形として最も適当なものを，上の**（あ）**～**（き）**から１つずつ選んで，記号で答えなさい。ただし，同じものをくり返し選んでもかまいません。

（２）文章中の（ Ⅰ ）～（ Ⅵ ）に当てはまる方角として最も適当なものを，次の**ア**～**エ**から１つずつ選んで，記号で答えなさい。

ア 東　**イ** 西　**ウ** 南　**エ** 北

（３）文章中の下線部について，このときの時刻（日本時間）を次の**ア**～**エ**から１つ選んで，記号で答えなさい。

ア　午前０時　**イ**　午前６時　**ウ**　正午　**エ**　午後６時

問３　次の文章中の（ Ⅶ ）に当てはまる方角を，下の**ア**～**エ**から１つ選んで，記号で答えなさい。また，（ ⑧ ）に当てはまる月の形として最も適当なものを，上の**（あ）**～**（き）**から１つ選んで，記号で答えなさい。ただし，Ｂ国は南半球中緯度にある国で，経度は日本とほぼ同じであり，日本との時差はないものとします。

［観察１］と同じ日の午前６時（日本時間），Ｂ国では（ Ⅶ ）の空に月が見えました。月の形は（ ⑧ ）でした。

ア 東　**イ** 西　**ウ** 南　**エ** 北

2　アサガオについて，次の問１～問７に答えなさい。

問１　**図１**は，アサガオの花を縦に切ってスケッチしたものです。次の（１），（２）の部分を，**図１**の㋐～㋕から１つずつ選んで，記号で答えなさい。

（１）花粉ができる部分

（２）種子ができる部分

問２　**図２**は，ヘチマの花を縦に切ってスケッチしたものです。**図２**の①～③は，**図１**の㋐～㋕のどこと同じ部分になりますか。㋐～㋕から１つずつ選んで，記号で答えなさい。

問３　アサガオの種子のスケッチとして最も適当なものを，次の**ア**～**エ**から１つ選んで，記号で答えなさい。

ア　　**イ**　　**ウ**　　**エ**

問４　一般に，アサガオの①種子をまく時期と②花がさく時期はいつ頃《ころ》ですか。その組み合わせとして最も適当なものを，次の**ア**～**エ**から１つ選んで，記号で答えなさい。

	①	②
ア	２月頃	５月頃
イ	５月頃	８月頃
ウ	８月頃	10 月頃
エ	10 月頃	４月頃

図１

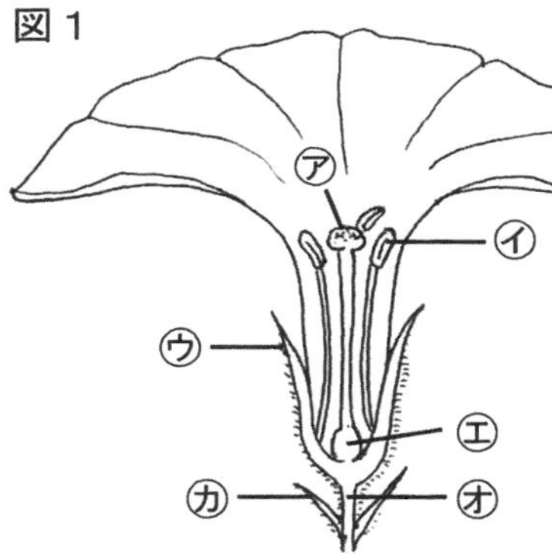

図２

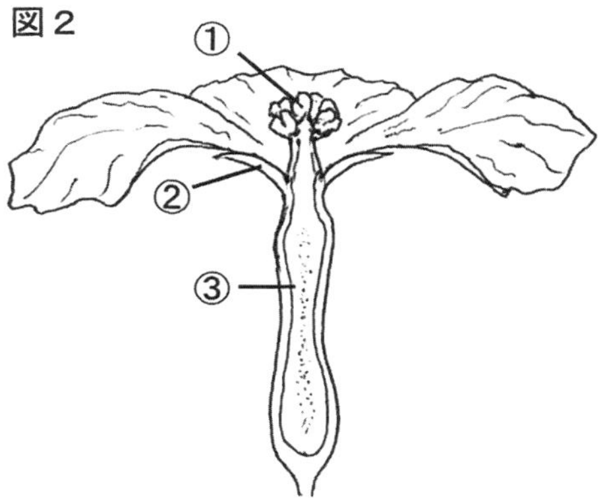

問５　下の**図３**の A～F において，アサガオの芽《め》生《ば》えのときと，成長したときのようすの組み合わせとして最も適当なものを，あとの**ア**～**ケ**から１つ選んで，記号で答えなさい。

図３

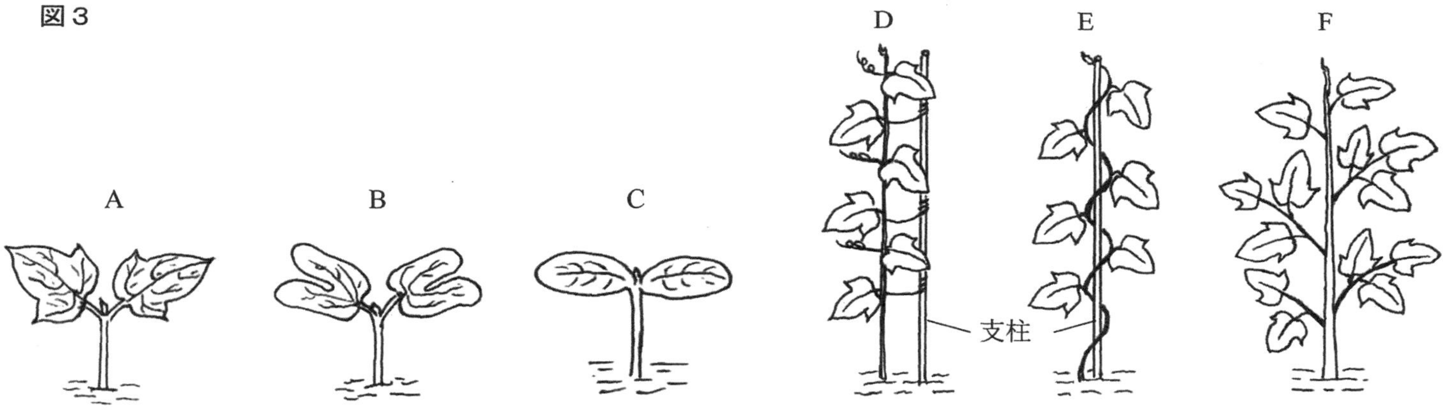

ア　AとD　**イ**　AとE　**ウ**　AとF　**エ**　BとD　**オ**　BとE　**カ**　BとF　**キ**　CとD

ク　CとE　**ケ**　CとF

問６　アサガオの花を用いて，次のⅠ～Ⅲの実験を行いました。実験の結果，ⅠとⅢは実や種子ができましたが，Ⅱはできませんでした。この結果からわかることを，あとの**ア**～**オ**から<u>すべて</u>選んで，記号で答えなさい。

〔実験〕Ⅰ　翌日さくアサガオのつぼみに袋《ふくろ》をかぶせ，翌日，花がさき終わってしぼんでから袋を取った。

Ⅱ　翌日さくアサガオのつぼみのおしべをすべて切り取ってから袋をかぶせ，翌日，花がさき終わってしぼんでから袋を取った。

Ⅲ　翌日さくアサガオのつぼみのおしべをすべて切り取ってから袋をかぶせた。翌日，花がさいたら袋をはずし，他のアサガオの花粉をめしべにつけ，再び袋をかぶせた。花がさき終わってしぼんでから袋を取った。

ア　アサガオはつぼみのときに受粉している。

イ　アサガオはさき終わって，つぼみがしぼんでからも受粉できる。

ウ　アサガオはこん虫にたよらなくても，自分の花粉で受粉することができる。

エ　アサガオはおしべを切り取られると，実や種子をつくることができない。

オ　アサガオは他のアサガオの花粉でも，実や種子をつくることができる。

問７　次の文章を読んで，あとの（１）と（２）に答えなさい。

植物には，１日のうちの昼の時間（明るい時間）の長さと夜の時間（暗い時間）の長さの変化によって花をさかせるものがあり，アサガオもその１つです。このような植物がつぼみをつけて花をさかせるかどうかは，夜の時間の長さが重要であることがわかっています。このような植物には，(a)夜の長さがしだいに短くなり，ある一定の長さよりも短くなるとつぼみをつけて花をさかせるものと，夜の長さがしだいに長くなり，ある一定の長さよりも長くなるとつぼみをつけて花をさかせるものがあり，この(b)つぼみをつけるかどうかが決まる夜の長さは，植物の種類によってそれぞれ決まっています。

（１）花がさく時期から考えて，下線部(ａ)のような植物だと思われるものを，次の**ア**～**エ**から１つ選んで，記号で答えなさい。

ア　アブラナ　　**イ**　ヘチマ　　**ウ**　ホウセンカ　　**エ**　ヒマワリ

（２）下線部(ｂ)が 10 時間のアサガオを用いて，**図４**のように，光を当てる時間を調節して栽培《さいばい》し，つぼみをつけるかどうかを調べる実験を行いました。これに関する次の①，②に答えなさい。

①　花がさく時期から考えて，このアサガオがつぼみをつけるのは，**図４**の**Ａ**，**Ｂ**のうちのどちらですか。記号で答えなさい。

②　**図４**の**Ｃ**，**Ｄ**のように，夜に短時間光を当てる（↓の部分）実験を行いました。その結果，**Ｃ**ではつぼみをつけませんでしたが，**Ｄ**ではつぼみをつけて花をさかせました。**Ａ**～**Ｄ**の実験からわかることを述べた次の文中の［　　　］をうめて，文を完成させなさい。

図４

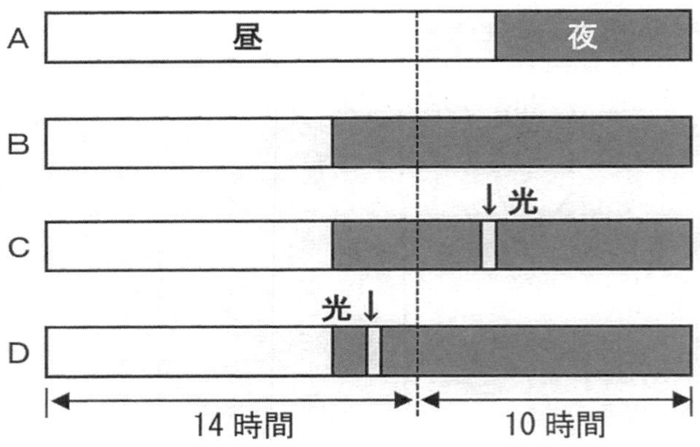

このアサガオがつぼみをつけるためには，［　　　　　　　］が必要であることがわかる。

３　修君は，前に理科の授業で学習した輪ゴムで動かす車について，もっと詳《くわ》しく調べてみることにしました。前に修君が行った実験とは，**図１**のように輪ゴムや手づくりの車を利用して，輪ゴムの伸《の》びと，手を放したときの車の移動距離《きょり》の関係を調べるというものでした。そのときの実験では，同じだけ輪ゴムを伸ばしたつもりでも，試《ため》すたびごとに車の移動距離が違《ちが》っていたり，車がまっすぐ進まなかったりで，思ったような実験結果は得られませんでした。そこで今回は，前回よりも実験の精度を高めるため，次の①～④の改良点を加えて実験しました。あとの問１～問３に答えなさい。

図１

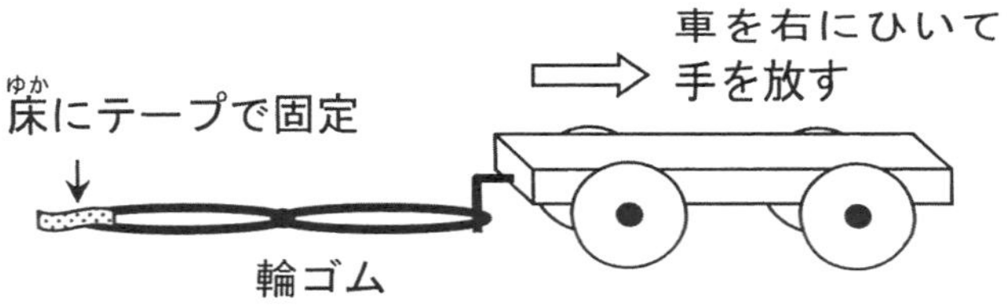

〔改良点〕　①　複数の輪ゴムをつなげたり重ねたりするのではなく，長さ 5m の１本のゴムひも（衣服の製作等に使うゴムひも）を切ったり折り曲げたりして使う。

②　車には実験用台車を使う。

③　測定は５回行って，その平均の値（以降は，測定値ということにします）をとる。

④　仕上げに，コンピューターの表計算ソフト（※）を利用して，正しい移動距離を予想させる。

※表計算ソフト：数値データの集計や分析《ぶんせき》を行うためのアプリケーションソフト。

〔実験結果〕

図２が実験結果です。図中の●とその上の数値が車が移動した距離の測定値を表しています。また，図中の曲線は，表計算ソフトを使って，これらの測定値のできるだけ近くを通るなめらかな曲線をかいたものです。なお，次ページ**表１**は，**図２**から表計算ソフトでなめらかに補正した値を詳しく読み取り，測定値とくらべたものです。**表１**の補正値を見ると，ゴムひもを伸ばす長さが 40cm より長くなると，車が移動した距離がゴムひもを伸ばす長さに応《おう》じて，一定の割合で増していることが分かります。

図２

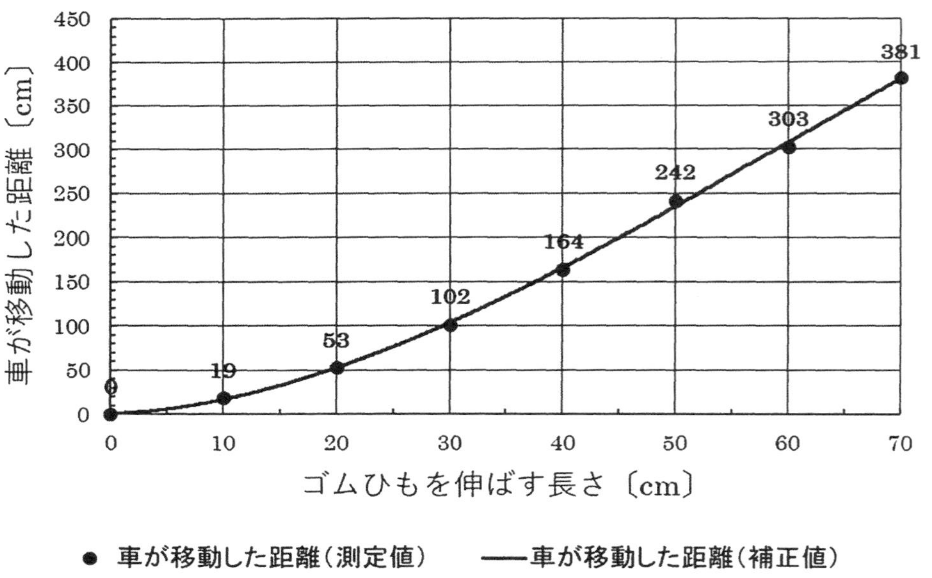

表1

ゴムひもを伸ばす長さ〔cm〕	0	10	20	30	40	50	60	70
車が動いた距離（測定値）〔cm〕	0	19	53	102	164	242	303	381
車が動いた距離（表計算ソフトによる補正値）〔cm〕	0	18	54	104	167	238	（①）	380

問１　実験の改良点の説明として間違っているものを，次の**ア～オ**から１つ選んで，記号で答えなさい。

ア　長いゴムひもで，広い場所を利用して実験すれば，より一層説得力のある実験になるから。

イ　１本の長いゴムひもを切ったり折り曲げたりする方が，別々の輪ゴムをつなげたり重ねたりするよりもゴムひもの強さにかたよりができにくいから。

ウ　ゴムは無理をして伸ばすと，縮む力に変化が起きる。長いゴムひもを使えば，伸ばす長さに無理がない測定ができるから。

エ　実験回数を増やして平均した方が，得られた値のばらつきが小さくなるから。

オ　実験用台車はまっすぐ進むので，移動距離を正確に測りやすいから。

問２　修君は**表１**の補正値を利用して，今から新たに行う実験の結果を予想することにしました。次の会話文を読んで，下の（１），（２）に答えなさい。なお，**図３**は道子さんの質問を理解するための参考図です。

修：表計算ソフトで求めた補正値は，ソフトが測定値から予想した，より正確な値なんだよ。

道子：それでゴムひもの伸びが 40cm からは一定の割合で移動距離が増えることが分かったのね。

修：そうだよ。今回の実験の範囲《はんい》での話だけどね。だからゴムひもの伸びが 60cm のときは，測定値では 303cm だけど，補正値では（ ① ）cm になると予想しているんだ。僕は今からゴムひもの条件をいろいろ変えて実験してみようと思っているんだけど，実験の前に，今回の表計算ソフトで求めた実験の補正値を使って，今からやろうと思っている実験の結果を予想してみようと思うんだ。

道子：へぇ～すごいわね。じゃぁ，例えば同じゴムひもをもう１本持ってきて，２本重ねて 30cm 伸ばしたら車の移動距離はいくらになるかなぁとか？

修：それは簡単さ。ゴムひもの強さが単純に２倍になるんだから補正値によると（ ② ）cm さ。

道子：あらそう。なら，ゴムひもを半分の 2.5m に切って 25cm 伸ばしたら？

修：それはちょっとむずかしいけど，ゴムひも１m あたりで考えると，（ ③ ）cm 伸びていることになるから，5m では（ ④ ）cm 伸びているのと同じでしょ。でもゴムひもは半分なので，車を移動させる能力も半分と考えて，移動距離は（ ⑤ ）cm かな。

道子：すごい…。実験で本当にその通りになればだけどね。じゃ，ゴムひもを半分に折り重ねて 20cm 伸ばす場合は？

修：ウ～ン。でも今度は，ゴムひもを半分に折り重ねるから，横軸を「車でゴムひもを引き伸ばした長さ」として，**図２**と同様にグラフをかいたら，グラフは**図２**と比べておおよそ□の実線のようになるよね。つまり，車の移動距離は（ ⑥ ）cm ということさ。
さぁ，予想通りになるか今から実験だ。なんだかドキドキしてきたぞ。でも，移動距離が予想と 10cm ぐらいずれるのは許して。

道子：しょうがないわね。でも５回測定した平均値だったら，ずれが 5cm 以内でないとダメね。

（１）会話文中の（ ① ）～（ ⑥ ）に当てはまる数値を入れなさい。

（２）□に当てはまるグラフを，次の**ア～オ**から１つ選んで，記号で答えなさい。ただし，点線は**図２**の補正値のグラフです。

ア　イ　ウ　エ　オ

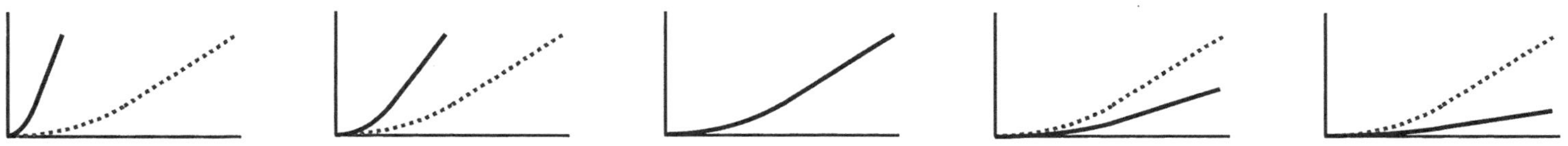

図３　道子さんが質問したゴムひもの状態

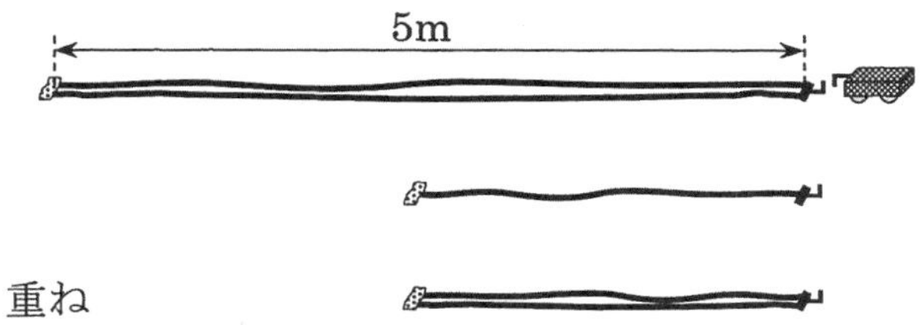

２本重ね　…　車で 30cm 引き伸ばす

長さ半分　…　車で 25cm 引き伸ばす

長さ半分折り重ね　…　車で 20cm 引き伸ばす

問３　修君が実験をくり返し行っていると，ゴムひもを伸ばす長さは同じでも，車の移動距離に予想以上の違いがあることに気づきました。そして，移動距離が安定しないのは，ゴムひもを伸ばしたとき，ゴムひもが均等に伸びていないことが原因だとわかりました。そこで修君は，5m のゴムひも全体をできるだけ均等に引き伸ばすために，簡単な工夫をしました。その工夫がわかるように，次の文中の□を８文字以内でうめて，文を完成させなさい。

ゴムひもを□引き伸ばす。

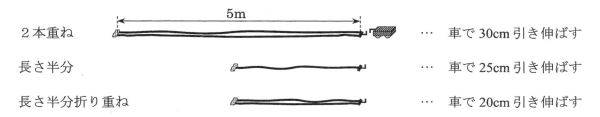

4 次のⅠ，Ⅱの各問いに答えなさい。

Ⅰ　次の文章を読んで，あとの問１～問３に答えなさい。

食塩 1g を水にとかして体積 20mL の水溶液《すいようえき》としました。これを食塩水Ａとします。一方，食塩 2g を水にとかして体積 50mL の水溶液としました。これを食塩水Ｂとします。ＡとＢを比べると，（ ① ）の方が濃《こ》い水溶液といえます。このようなときに役立つ，次の式のような濃《こ》さの表し方があります。

> とかす前のものの重さ〔g〕 ÷ とかしたあとの水溶液の体積〔mL〕 ＝ 水溶液の濃さ〔g/mL〕

この式に従ってＡとＢの濃さを比べると，確かに（ ① ）の方が大きな値を示します。水溶液の濃さと体積の値から，とけているものの重さを知ることもできます。例えば，濃さが 0.2g/mL の食塩水 250mL にとけている食塩は（ ② ）g であると計算することができます。

問１　文章中の（ ① ）に当てはまる記号を答えなさい。

問２　上の式によって求めた濃さの値は，具体的にはその水溶液の何を表しているといえますか。「濃さ」という言葉は使わず，「ミリリットル」（６字分）という言葉を必ず使って，40 字以内で書きなさい。

問３　文章中の（ ② ）に当てはまる数値を整数で答えなさい。

Ⅱ　酸性の水溶液とアルカリ性の水溶液を混ぜ合わせると，たがいの性質を打ち消し合います。このことを中和といいます。塩酸および水酸化ナトリウム水溶液の性質や，両者を混ぜたときに起こる中和を調べるため，次の実験１～実験５を行いました。これについて，あとの問４～問 10 に答えなさい。

［実験１］　濃さが 0.18g/mL の塩酸Ｃを 50mL はかりとってビーカーに入れ，じゅうぶんに加熱したところ，ビーカーには何も残りませんでした。また，ある濃さの水酸化ナトリウム水溶液Ｄを 50mL はかりとってビーカーに入れ，じゅうぶんに加熱したところ，ビーカーには水酸化ナトリウムの固体 8g が残りました。これより，Ｄの濃さは（ ③ ）g/mL であるとわかりました。

［実験２］　塩酸Ｃを 40mL はかりとってビーカーに入れ，BTB 溶液を数滴加えました。続いて水酸化ナトリウム水溶液Ｄを少しずつ加えたところ，50mL 加えたところで水溶液の色が（ ④ ）色から緑色に変わりました。続いてこの水溶液をじゅうぶんに加熱したところ，ビーカーには 12g の固体が残りました(操作Ⅰ)。また，Ｃを 80mL はかりとってビーカーに入れ，これにＤを 100mL 加えたのち，水溶液をじゅうぶんに加熱したところ，ビーカーには 24g の固体が残りました(操作Ⅱ)。この固体は，顕微鏡《けんびきょう》で観察した結果などから，食塩であることがわかりました。用いるＣとＤの量を変えて同様に行った実験の結果が次の表に示されています(操作Ⅲ～Ⅴ)。

操作	Ⅰ	Ⅱ	Ⅲ	Ⅳ	Ⅴ
Ｃ〔mL〕	40	80	120	160	200
Ｄ〔mL〕	50	100	150	200	250
残った固体〔g〕	12	24	36	⑤	60

問４　文章中の（ ③ ）に当てはまる数値を，小数第２位までの数値で答えなさい。

問５　文章中の（ ④ ）に当てはまる語句を答えなさい。

問６　表中の⑤に当てはまる数値を整数で答えなさい。

問７　塩酸Ｃを 250mL はかりとって，これをちょうど中和して食塩水に変えるには，水酸化ナトリウム水溶液Ｄを何 mL 加えればよいですか。小数第１位を四捨五入して整数で答えなさい。

［実験３］　塩酸Ｃを 300mL はかりとってビーカーに入れ，これに水酸化ナトリウム水溶液Ｄを 180mL 加えたのち，水溶液をじゅうぶんに加熱したところ，ビーカーには（ ⑥ ）g の固体が残りました。この固体に水を加えて完全にとかしてから BTB 溶液を数滴加えたところ，水溶液の色は（ ⑦ ）色になりました。

問８　文章中の（ ⑥ ）に当てはまる数値を，小数第１位を四捨五入して整数で答えなさい。また，（ ⑦ ）に当てはまる語句を答えなさい。

［実験４］　塩酸Ｃを 120mL はかりとってビーカーに入れ，これに水酸化ナトリウム水溶液Ｄを 300mL 加えたのち，水溶液をじゅうぶんに加熱したところ，ビーカーには（ ⑧ ）g の固体が残りました。この固体に水を加えて完全にとかしてから BTB 溶液を数滴加えたところ，水溶液の色は（ ⑨ ）色になりました。

問９　文章中の（ ⑧ ）に当てはまる数値を整数で答えなさい。また，（ ⑨ ）に当てはまる語句を答えなさい。

［実験５］　Ｃとは濃さの異なる塩酸Ｅを 200mL はかりとってビーカーに入れ，これに水酸化ナトリウム水溶液Ｆ（Ｄとは濃さが異なる）を 500mL 加えて混ぜたら，ちょうど中和して食塩水になりました。この食塩水をじゅうぶんに加熱したところ，ビーカーには 24g の食塩が残りました。

問 10　塩酸Ｅ，水酸化ナトリウム水溶液Ｆの濃さは何 g/mL ですか。それぞれ小数第３位までの数値で答えなさい。

2023年度

修道中学校　入学試験問題

【社会】

時間40分

表紙を除いて５ページ

受験上の注意　テストが始まるまでによく読んでください。

1．テスト終了《しゅうりょう》のチャイムが鳴るまで，テスト教室を出てはいけません。
2．腕時計《うでどけい》のアラームを鳴らしてはいけません。
3．休憩《きゅうけい》時間に付添《つきそい》の人に会ってはいけません。
4．からだの具合が悪くなったら，監督《かんとく》の先生に申し出てください。
5．問題用紙は回収しないので持ち帰ってください。
6．机の上に計算・下書き・落書きなどをしてはいけません。
7．自分の持ってきたメモ用紙，下敷《したじ》きや電卓《でんたく》を使ってはいけません。
8．机の中に物を入れてはいけません。
9．テストはまじめな態度で受けてください。テスト中によそ見をしたり先生の指示が守れない人は合格になりません。
10．問題の内容についての質問はいっさいしてはいけません。もし，印刷のわからないところなどがあったら，静かに手を挙げてください。
11．筆記用具，定規，コンパスなど物の貸し借りをしてはいけません。
12．答えは全《すべ》て解答用紙に書いてください。
13．解答用紙にＱＲコードシールをはり，名前は書かず，受験番号だけを算用数字で書いてください。
14．先生の「はじめなさい」の指示で鉛筆《えんぴつ》をとり「やめなさい」の指示があったらすぐに鉛筆を置いてください。
15．テスト中に物を落とすなど困ったことがあったら，静かに手を挙げてください。

1

次の文章Ａ～Ｆはそれぞれ，ある都道府県（以下，「県」と略します）について述べたものです。これを読んで，あとの問１～問７に答えなさい。

Ａ　この県は，平均標高が高く八ヶ岳のふもとの野辺山原では夏でも涼《すず》しくなっています。そのため，レタスや白菜など暑さに弱い葉物の野菜を夏の時期に出荷しており，６月から８月に東京都の市場に出荷されたレタスの量はこの県が一番多くなっています。また，八ヶ岳の西にある（１）周辺では豊富な水ときれいな空気を利用した精密機械産業もさかんです。

Ｂ　この県には，日本有数の米の産地となっている庄内平野があります。「はえぬき」や「つや姫《ひめ》」という品種の米はこの県にある水田農業試験場で開発されたもので，現在も①流通しています。また，この平野の沿岸部には北東から南西方向に②ならんでいる針葉樹林が見られます。

Ｃ　この県には，観光地として有名な湖が多く，日本で三番目に面積の大きい（２）もあります。この湖に面する市出身の選手を含《ふく》むチームが2022年，北京（ペキン）でおこなわれた冬季オリンピックで，ある種目において日本で初めて銀メダルを獲得《かくとく》しました。

Ｄ　この県は，茶や豚肉など農産物の生産がさかんです。こういった農業を支えるのは火山が噴火した際の灰などが積もった（３）ですが，2022年７月，桜島（御岳）が噴火を繰《く》り返すなど人々は火山による恵《めぐ》みと災害の影響《えいきょう》を受けながら生活しています。

Ｅ　この県には，大規模な製鉄所や石油化学コンビナートがあります。鉄の原料である鉄鉱石や，コークスの原料になる（４），燃料や工業原料として必要な石油などをほぼすべて輸入に頼《たよ》っているので，これらの工場はこの県のように海沿いに立地する場合がほとんどです。また，ブドウやモモなど果物の生産がさかんでもあります。

Ｆ　この県には，サバやイワシの水あげが多い（５）漁港があります。この漁港は，沖に暖流と寒流のぶつかる潮目があること，水深200ｍ程度までの大陸棚《たいりくだな》が存在していることなどから③よい漁場となっているため，2018年の漁港別水あげ量が日本で一番多くなっています。

問１　Ａ～Ｆの県の位置を，次の地図中のア～ソから一つずつ選んで，記号で答えなさい。

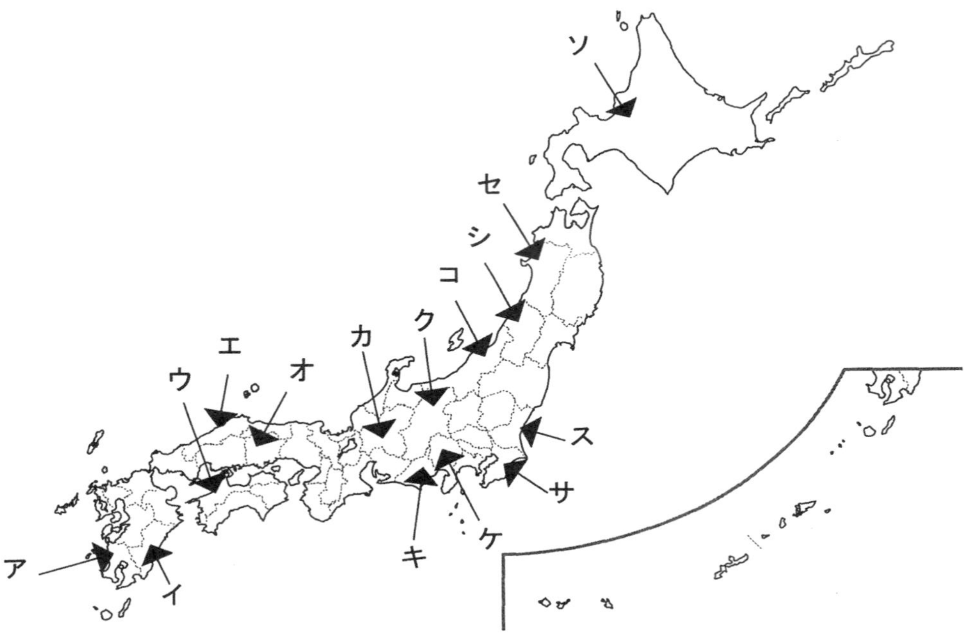

問２　文章中の（１）～（５）にあてはまる語を書きなさい。ただし，（１）と（２）には湖の名前が入ります。

問３　次の表は月別平均気温（1991年～2020年の平均値）と平均降水量（1991年～2020年の平均値）を示したもので，Ⅰ～ⅥはＡ～Ｆのいずれかの県庁所在地です。Ⅰ～Ⅵにあてはまる都市名を書きなさい。

	１月	２月	３月	４月	５月	６月	７月	８月	９月	10月	11月	12月	年間
Ⅰ	4.6	5.2	8.7	14.1	19.1	22.7	27.0	28.1	23.9	18.0	11.6	6.6	15.8（℃）
	36.2	45.4	82.5	90.0	112.6	169.3	177.4	97.2	142.2	95.4	53.3	41.5	1143.0（㎜）
Ⅱ	-3.2	-2.7	1.1	7.3	13.0	17.0	21.1	22.3	18.6	12.1	5.2	-0.9	9.2（℃）
	108.4	91.9	77.6	54.6	55.5	60.4	90.7	126.8	142.2	109.9	113.8	114.5	1146.3（㎜）
Ⅲ	6.1	6.6	9.6	14.5	18.9	21.9	25.7	27.1	23.8	18.6	13.4	8.6	16.2（℃）
	67.5	59.1	111.3	110.4	122.3	150.9	136.5	115.7	204.7	225.7	94.1	56.8	1455.0（㎜）
Ⅳ	-0.1	0.4	4.0	10.2	16.2	20.3	23.9	25.0	20.6	14.1	7.7	2.4	12.1（℃）
	87.8	63.0	72.1	63.9	74.5	104.8	187.2	153.0	123.8	105.1	74.4	97.2	1206.8（㎜）
Ⅴ	8.7	9.9	12.8	17.1	21.0	24.0	28.1	28.8	26.3	21.6	16.2	10.9	18.8（℃）
	78.3	112.7	161.0	194.9	205.2	570.0	365.1	224.3	222.9	104.6	102.5	93.2	2434.7（㎜）
Ⅵ	-0.4	0.4	4.3	10.6	16.4	20.4	24.3	25.4	21.0	14.4	7.9	2.3	12.3（℃）
	54.6	49.1	60.1	56.9	69.3	106.1	137.7	111.8	125.5	100.3	44.4	49.4	965.2（㎜）

（気象庁ホームページによる）

問４　次の表は1970年から2016年の日本の輸出入品の取り扱《あつか》い額に占《し》める割合（％）とその移り変わりを示したもので，Ｘ，Ｙは輸出もしくは輸入，Ⅰ～Ⅳは機械類，原油など燃料，自動車，せんいのいずれかです。Ｘにあてはまる言葉をあとの**ア**，**イ**から，Ⅰ～Ⅲにあてはまる品目名をあとの**ウ**～**カ**から一つずつ選んで，記号で答えなさい。ただし，機械類は輸出の場合，自動車を除いています。

Ｘ							
1970年		1990年		2010年		2016年	
原料品	35	Ⅰ	24	Ⅰ	29	Ⅱ	31
Ⅰ	23	Ⅱ	17	Ⅱ	24	Ⅰ	18
食料品	14	食料品	14	食料品	9	化学製品	11
Ⅱ	12	原料品	12	化学製品	9	食料品	10
化学製品	5	化学製品	7	原料品	8	原料品	6
その他	11	その他	26	その他	21	その他	24

Ｙ							
1970年		1990年		2010年		2016年	
Ⅱ	39	Ⅱ	57	Ⅱ	48	Ⅱ	46
鉄鋼	15	Ⅳ	18	Ⅳ	14	Ⅳ	16
Ⅲ	12	化学製品	6	化学製品	10	化学製品	10
Ⅳ	7	鉄鋼	4	鉄鋼	6	鉄鋼	4
化学製品	6	Ⅲ	3	Ⅲ	1	Ⅲ	1
その他	21	その他	12	その他	21	その他	23

（「小学社会５年」日本文教出版による）

ア　輸出　　**イ**　輸入　　**ウ**　機械類　　**エ**　原油など燃料　　**オ**　自動車　　**カ**　せんい

問５　下線部①に関して，日本の流通を支える輸送機関について述べた文として**適切でないもの**を，次の**ア**～**エ**から一つ選んで，記号で答えなさい。

ア　貨物列車は線路が敷《し》かれた場所にしか輸送できない。しかし，決められた時間に荷物を運ぶことができ，二酸化炭素の排出《はいしゅつ》が少なく環境に優しい輸送手段である。

イ　航空機は小型の荷物を短時間で運べる。輸送費がかかるので鮮度《せんど》を保ちたい食料品や軽くて単価の高い製品の輸送に向いている。

ウ　船は一度に大量の荷物を運ぶことができる。輸送に時間はかかるが，かかる費用を抑《おさ》えられるので重い工業製品の輸送に向いている。

エ　自動車は道路が通っていれば出発地から目的地まで直接輸送ができる。しかし，排気ガスによる環境への影響が問題視され，近年国内での貨物輸送量は鉄道に抜《ぬ》かれた。

問６　下線部②に関して，この針葉樹林が植えられた理由を針葉樹がならんでいる方向に注意してわかりやすく説明しなさい。

問７　下線部③に関して，潮目が存在することと大陸棚が広がっていることはよい漁場となる条件といえますが，よい漁場となる理由について，潮目と大陸棚に共通していることをわかりやすく説明しなさい。

2　設問１・設問２に答えなさい。

設問１　＜１＞は，日本と外国の間でおこったさまざまなできごとを年代順にならべたものです。＜１＞の②～⑥には，＜２＞のＡ～Ｆのいずれかの説明があてはまります。これを見て，あとの問いに答えなさい。

＜１＞

①　１万年ほど前に中国で始まった米作りが，日本列島に移り住んだ中国や朝鮮半島の人々によって伝えられた。

↓

②

↓

③

↓

④

↓

⑤

↓

⑥

↓

⑦　中国を征服《せいふく》するため，二度にわたって朝鮮に大軍が送られたが，（Ｘ）が途中《とちゅう》で病死したため，日本軍は引き上げた。

＜２＞

A　京都に右の写真の建築物を建てた将軍（１）は，中国との貿易をおこなって利益を上げた。

B　新しい国づくりのために，すすんだ制度や文化，学問を取り入れることが必要だと考えた（２）は，小野妹子らを使者として中国に送った。

C　西洋の学問である蘭学を学ぶ人々が増え，杉田玄白らがオランダの医学書を訳して『解体新書』と名づけて出版した。

D　（３）は，中国に使いを送り，おくり物をしたので，中国の皇帝は，そのお返しに（３）に倭王の称号を与え，織物や銅の鏡を授けた。

E　ポルトガル人を乗せた船が（４）に流れ着き，このとき鉄砲が初めて日本に伝えられた。

F　モンゴル人が支配する中国の軍が九州北部に攻《せ》めてきたが，執権の（５）は撃退《げきたい》に成功した。

問１　（１）～（５）にあてはまる語を書きなさい。

問２　②～⑥にあてはまるできごとを，A～Fから一つずつ選んで，記号で答えなさい。

問３　次の文章はある天皇が出した命令です。これに関連して，(1)・(2)に答えなさい。

> わたしは，人々とともに仏の世界に近づこうと思い，金銅の大仏をつくることを決心した。国中の銅を用いて大仏をつくり，大きな山をけずって仏堂を建て，仏の教えを広めよう。

(1)　この命令が出された時代は，A～Fのうち，どれとどれの間になりますか。解答欄《らん》に従ってアルファベットで答えなさい。

(2)　この命令を出した天皇と同じ時代のできごととして**誤っているもの**を，次の**ア～エ**から一つ選んで，記号で答えなさい。

ア　行基は，人々のために橋や道，池や水路などをつくった。

イ　日本への渡航《とこう》に何度も失敗した鑑真が，６回目の渡航でついに日本に到着《とうちゃく》した。

ウ　校倉造で建てられた倉庫に，アジア大陸各地でつくられた宝物がおさめられた。

エ　天皇のきさきに仕えた清少納言は『枕草子』というすぐれた随筆《ずいひつ》を書いた。

問４　BとDの間の時代のできごととして**誤っているもの**を，次の**ア～エ**から一つ選んで，記号で答えなさい。

ア　三内丸山遺跡としてのこる集落で人々が実際に生活した。

イ　日本に仏教が伝わった。

ウ　日本に漢字が伝わった。

エ　大和朝廷が九州から東北南部まで支配をひろげた。

問５　BとFの間の時代に関連する事項として**誤っているもの**を，次の**ア～エ**から一つ選んで，記号で答えなさい。

ア　「この世をばわが世とぞ思ふもち月のかけたることもなしと思へば」という和歌がつくられた。

イ　右の絵が描かれた。

ウ　かな文字がつくられた。

エ　寝殿造の建物があらわれた。

問６　（１）はある幕府の将軍でした。この幕府がつづいた期間にさかんになったものとして**誤っているもの**を，次の**ア～オ**から一つ選んで，記号で答えなさい。

ア　茶の湯　　**イ**　生け花　　**ウ**　歌舞伎　　**エ**　書院造　　**オ**　能・狂言

問７　Bの説明文にある「中国」の国名を書きなさい。

問８　（５）はある幕府の執権でした。この幕府がつづいた期間の説明として**誤っているもの**を，次の**ア～エ**から一つ選んで，記号で答えなさい。

ア　源氏の将軍が２代で絶えた。

イ　承久の乱で幕府軍が朝廷軍をやぶった。

ウ　御成敗式目がつくられた。

エ　幕府は外国軍との戦いで活躍《かつやく》した武士たちに，新しい領地を与《あた》えることがほとんどできなかった。

問９　（X）がおこなったこととして**誤っているもの**を，次の**ア～エ**から一つ選んで，記号で答えなさい。

ア　明智光秀をたおした。

イ　安土城を築いて城主となった。

ウ　朝廷から関白に命じられた。

エ　農民から取り上げた刀を，京都に新しくつくる大仏のくぎなどにすると命令した。

設問２　＜３＞は，19世紀後半以降に日本と外国の間でおこったさまざまなできごとを年代順にならべたものです。＜３＞の②～⑤には，＜４＞のA～Eのいずれかの説明があてはまります。これを見て，あとの問いに答えなさい。

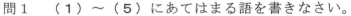

＜３＞

① アメリカ合衆国のペリーが来航し，幕府は日米和親条約を結んで，鎖国状態が終わった。

↓

②

↓

③

↓

④

↓

⑤

↓

⑥ ソ連との国交が回復し，日本は国際連合への加盟が認められた。

＜４＞

Ａ 日本軍と中国軍が北京郊外《こうがい》で戦いを始め，それが中国各地に広がって，全面的な日本と中国の戦争になった。

Ｂ アジアで初となるオリンピックが東京で開かれ，世界中の多くの国々から選手が参加した。

Ｃ ヨーロッパで戦争がおこり，日本は（Ｘ）との同盟にもとづいてこの戦争に参戦し，戦勝国の一つになった。この戦争がおこると，日本は輸出が増えて好景気をむかえた。

Ｄ 日本と（Ｙ）との間で戦争がおこった。日本はこの戦争に勝利し，（Ｙ）から賠償金を獲得した。

Ｅ 日本と（Ｚ）との間で戦争がおこった。日本はこの戦争に勝利し，韓国を日本の勢力のもとにおくことを（Ｚ）に認めさせた。

問10 ②～⑤にあてはまるできごとを，Ａ～Ｅから一つずつ選んで，記号で答えなさい。

問11 次のⅠ～Ⅲのできごとは，Ａ～Ｅのうち，どれとどれの間になりますか。解答欄に従ってアルファベットで答えなさい。

Ⅰ 日本は，満州国の独立を認めなかった国際連盟から脱退《だったい》した。

Ⅱ 日本は，ハワイのアメリカ軍港やマレー半島のイギリス軍を攻撃《こうげき》した。

Ⅲ 小村寿太郎外相が関税自主権の回復に成功し，日本は条約改正の達成によって欧米《おうべい》諸国と対等な関係を築いた。

問12 （Ｘ）・（Ｙ）・（Ｚ）はいずれも国名があてはまります。それぞれにあてはまる国名を書きなさい。

問13 ⑥のできごとよりも年代があとになるものとして**誤っているもの**を，次の**ア～エ**から一つ選んで，記号で答えなさい。

ア 政府が国民所得倍増計画を発表し，産業を急速に発展させる政策をすすめた。

イ 日本の国民総生産額がアメリカ合衆国に次いで世界第２位になった。

ウ 東京と大阪の間に東海道新幹線が開通した。

エ アメリカが支援《しえん》する韓国とソ連が支援する北朝鮮の間で朝鮮戦争がおこった。

問14 Ｅの説明文にある「戦争」のころの説明として最も適切なものを，次の**ア～エ**から一つ選んで，記号で答えなさい。

ア 富岡製糸場が官営工場として完成し，製糸業が日本の重要産業として発展していく土台がつくられた。

イ 与謝野晶子が戦場の弟を思う詩を発表して，戦争に反対する気持ちを表した。

ウ 国際連盟が戦争を終わらせるために，両国と交渉《こうしょう》をおこなった。

エ 25才以上のすべての男子が衆議院議員の選挙権をもつようになった。

問15 二重下線部について，このときなぜ日本からの輸出が増えたのですか。Ｃの説明文にある「戦争」の名称《めいしょう》にふれながら，わかりやすく説明しなさい。

３

今年，ある小学校の卒業記念として，タイムカプセルの中に20年後の自分へ向けた手紙を入れる行事が催《もよお》されます。昨年，小学校最後の夏休みに，その手紙を書く宿題が出されました。以下は，修君が提出した手紙です。この手紙を読んで，あとの問１～問５に答えなさい。

2022年７月31日

未来の自分へ

今の自分より

あなたは今どんな職業についていますか。もう30歳《さい》をこえているはずだから，たぶん決まっていますよね。ぼくはまだ自分の夢がはっきりしていないので，とても興味があります。ただ，ちょっと不安に思うこともあります。人生100年時代といわれているので，30歳ごろに職業が決まるとして，いつまで仕事をやることになるのでしょう。それに，将来，（１）や機械の導入で半分くらいの職業がなくなると聞きました。どんな職業がなくなりましたか。

ほかにも今の世の中は，たくさん問題をかかえています。①今年，②国連の安全保障理事会の③常任理事国であるにもかかわらず，ロシアがウクライナに侵攻《しんこう》しました。穀倉地帯のウクライナから小麦の輸出が滞《とどこお》っているということで，食糧《しょくりょう》危機も心配です。日本でもパンなどの値段が上がりました。今年の６月には【ａ】の第１回締約国《ていやくこく》会議がウィーンで開かれ，８月には，日本の④歴代首相としてはじめて⑤岸田文雄首相が【ｂ】の再検討会議に出席します。来年は，⑥Ｇ７サミットも首相ゆかりの地である広島で開かれます。広島に住んでいるぼくとしては，核《かく》兵器の廃絶《はいぜつ》には関心があります。⑦ちょうど今から60年前には，核戦争の危機が迫《せま》っていたそうです。核兵器の廃絶は進んでいますか。戦争はなくなりましたか。

日本で2020年から続いていたコロナ禍《か》は，変異株のゆくえもからんでいるので先が読めません。暑いときにマスクをするのはつらかったし，何よりお昼ご飯を食べているときに友達とおしゃべりできなかったのは残念でした。⑧感染症《しょう》は，はやっていますか。

環境問題も心配です。（２）大統領になって，アメリカがパリ協定に復帰したのは明るいニュースでしたが，プラスチックの問題は深刻です。ウミガメなど海洋生物のおなかのなかからプラスチックのゴミが出てくるそうです。空気中にもマイクロプラスチックが舞《ま》っているそうです。プラスチックのゴミは減りましたか。

日本経済も心配です。現在，日本政府の借金が1200兆円をこえていると聞きました。ちょっと見当もつかない金額です。それから，今円安が進んでいるので，《……》。また，一人あたりの日本の平均賃金は，韓国より低いそうです。日本の経済はどうなっていますか。

こんなふうに心配の種はつきないし，世界の先行きも不透明《ふとうめい》です。でも，どんな状況《じょうきょう》になっても対応できる力を今は身につけたいと思っています。最後に，あなたは幸せな人生をおくっていますか。

問１　（１）・（２）にあてはまる語を書きなさい。

問２　【ａ】・【ｂ】にあてはまる条約の組み合わせとして最も適切なものを，次の**ア**～**カ**から一つ選んで，記号で答えなさい。

ア　【ａ】中距離核戦力全廃条約　【ｂ】核拡散防止条約
イ　【ａ】中距離核戦力全廃条約　【ｂ】核兵器禁止条約
ウ　【ａ】核拡散防止条約　【ｂ】中距離核戦力全廃条約
エ　【ａ】核拡散防止条約　【ｂ】核兵器禁止条約
オ　【ａ】核兵器禁止条約　【ｂ】中距離核戦力全廃条約
カ　【ａ】核兵器禁止条約　【ｂ】核拡散防止条約

問３　《……》にあてはまる文として最も適切なものを，次の**ア**～**エ**から一つ選んで，記号で答えなさい。

ア　日本での外国製品の値段は上がります
イ　日本の輸出業者はもうけが減ります
ウ　日本へ来た外国人は，日本で買い物をするとき損をします
エ　外国へ行った日本人は，外国で買い物をするとき得をします

問４　下線部①～⑧に対応する，次の各問いに答えなさい。

①　2022年は，沖縄が日本に復帰してから50年目にあたりました。1972年の沖縄返還《へんかん》のときの日本の首相はだれでしたか。

②　現在の国連の事務総長を務めている人物はだれですか。

③　安全保障理事会では，重要な問題は常任理事国が１か国でも反対すると決定できません。この常任理事国がもっている権限のことを何といいますか。

④　(1)・(2)に答えなさい。

(1)　歴代首相について記した文として**適切でないもの**を，次の**ア**～**エ**から一つ選んで，記号で答えなさい。

ア　吉田茂首相は，サンフランシスコ平和条約によって日本の独立を回復し，日米安全保障条約によって独立後の安全保障をアメリカにたよる道を選んだ。
イ　池田勇人首相は，「所得倍増」をかかげて，すでに始まっていた高度成長をさらに進める経済政策を展開した。
ウ　岸信介首相は，「日本列島改造論」に基づく経済政策を進めるとともに，1972年に訪中して日中共同声明を発表し，日中国交正常化を実現した。
エ　小泉純一郎首相は，「構造改革」をかかげて郵政民営化などを進めるとともに，日朝首脳会談を通じて拉致被害者《らちひがいしゃ》の一部帰国を実現した。

(2)　首相は行政府の長として行政権を行使しますが，日本では三権分立が採用されています。このように政治権力が分かれているのはなぜですか。わかりやすく説明しなさい。

⑤　2022年の通常国会で岸田文雄内閣提出の設置法案が可決され，今年４月，新たにつくられることになった役所とは何ですか。

⑥　Ｇ７のメンバーとして**適切でないもの**を，次の**ア**～**キ**から一つ選んで，記号で答えなさい。

ア　イギリス　**イ**　カナダ　**ウ**　スペイン　**エ**　ドイツ　**オ**　イタリア　**カ**　アメリカ　**キ**　フランス

⑦　この危機のことを何といいますか。解答欄に従って書きなさい。

⑧　感染症を予防する活動を行っている国連の専門機関として最も適切なものを，次の**ア**～**エ**から一つ選んで，記号で答えなさい。

ア　ＵＮＩＣＥＦ　**イ**　ＦＡＯ　**ウ**　ＵＮＥＳＣＯ　**エ**　ＷＨＯ

問５　手紙の内容と**合致《がっち》していない文**を，次の**ア**～**エ**から一つ選んで，記号で答えなさい。

ア　修君はまだ自分の夢が決まっていないので，20年後に自分がどんな職業についているか興味がある。
イ　修君はウクライナ情勢もからんで物価が上昇《じょうしょう》していることを認識しているが，食糧危機については心配していない。
ウ　修君は暑いときにマスクをするのはつらいと思っているし，昼ご飯を食べているときに友達とおしゃべりできなかったのは残念だと考えていた。
エ　修君は世界の先行きが不透明だと考えているが，どんな状況になっても対応できる力を身につけたいと思っている。

※教英出版注
音声は，解答集の書籍ＩＤ番号を教英出版ウェブサイトで入力して聴くことができます。

2023年度

修道中学校　入学試験問題

【Ｃ．Ｔ．】

時間50分

表紙を除いて３ページ

受験上の注意　テストが始まるまでによく読んでください。

1．**このテストは放送を使って行われます。放送をよく聞いて，その指示に従ってください。**
2．テスト終了《しゅうりょう》のチャイムが鳴るまで，テスト教室を出てはいけません。
3．腕時計《うでどけい》のアラームを鳴らしてはいけません。
4．休憩《きゅうけい》時間に付添《つきそい》の人に会ってはいけません。
5．からだの具合が悪くなったら，監督《かんとく》の先生に申し出てください。
6．問題用紙は回収しないので持ち帰ってください。
7．机の上に計算・下書き・落書きなどをしてはいけません。
8．自分の持ってきたメモ用紙，下敷《したじ》きや電卓《でんたく》を使ってはいけません。
9．机の中に物を入れてはいけません。
10．テストはまじめな態度で受けてください。テスト中によそ見をしたり先生の指示が守れない人は合格になりません。
11．問題の内容についての質問はいっさいしてはいけません。もし，印刷のわからないところなどがあったら，静かに手を挙げてください。
12．筆記用具，定規，コンパスなど物の貸し借りをしてはいけません。
13．答えは全《すべ》て解答用紙に書いてください。
14．解答用紙にＱＲコードシールをはり，名前は書かず，受験番号だけを算用数字で書いてください。
15．先生の「はじめなさい」の指示で鉛筆《えんぴつ》をとり「やめなさい」の指示があったらすぐに鉛筆を置いてください。
16．テスト中に物を落とすなど困ったことがあったら，静かに手を挙げてください。

1　放送の指示に従って記入しなさい。

（下書き用）

学年　クラス　出席番号

年	組	番

姓名（漢字）

姓名（フリガナ）

生年月日

平成	年	月	日

2　放送を聞いて後の問いに答えなさい。

（表１）　**１年１組　時間割表**

時間＼曜日	A	B	C	D	E	F
1	数学	理科	体育	国語	書道	数学
2	地理	数学	国語	技術・家庭	数学	歴史
3	体育	英語	理科	技術・家庭	国語	英語
4	国語	美術	英語	数学	地理	音楽/美術
5	理科	歴史	音楽	英語	体育	理科
6	英語	国語	数学	道徳	英会話	国語

（表２）

４月　行事予定表			
1	金		
2	土		
3	日		
4	月		
5	火		春期休業終
6	水		前期始業式
7	木		入学式
8	金	A	１年オリエンテーション
9	土		
10	日		
11	月	B	１年オリエンテーション
12	火	C	身体測定
13	水	D	
14	木	E	
15	金	F１	
16	土		
17	日		
18	月	A◎	
19	火	B◎	
20	水	C◎	
21	木	D◎	
22	金	E◎	
23	土	A前◎	
24	日		
25	月	F２	
26	火	A	
27	水	B	大掃除
28	木		遠足
29	金		（昭和の日）
30	土		

問１　放送で出題します。

問２　４月15日までにＡ曜日からＦ曜日が一回りしますが，この期間に修君のクラスでは，数学の授業が全部で何回行われますか。

問３　４月23日の土曜日は，すべての授業が終了する時刻が何時何分になりますか。ただし，１時間目の授業は８時45分に始まり，授業と授業の間の休憩時間はすべて10分です。

問４　修君のクラスでは，４月に体育の授業は全部で何回行われますか。

問５　修君のクラスでは，４月に行われる音楽の授業時間を合計すると何分になりますか。

問６　修道の時間割は，月曜日の１時間目が何，２時間目が何，というような一般的な形式の時間割と比較してどのような利点があると先生は話していましたか。30字以内で書きなさい。

2023(R5) 修道中
教英出版　CT4の2

3　放送を聞いて後の問いに答えなさい。

おさむ	
みちお	
まなぶ	
たけし	

問１　放送で出題します。

問２　放送で出題します。

問３　放送で出題します。

問４　放送で出題します。

問５　放送で出題します。

4　放送を聞いて後の問いに答えなさい。

図１　迷いの世界

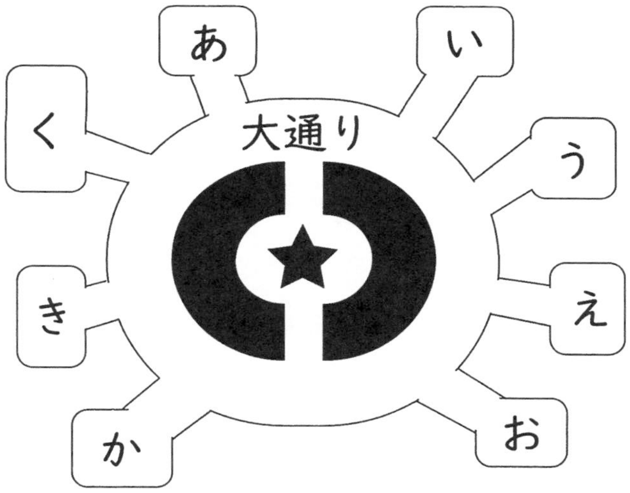

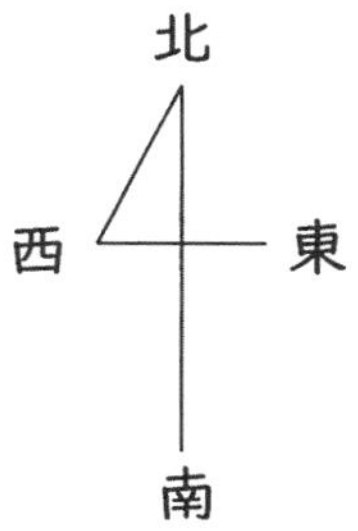

図２　迷路

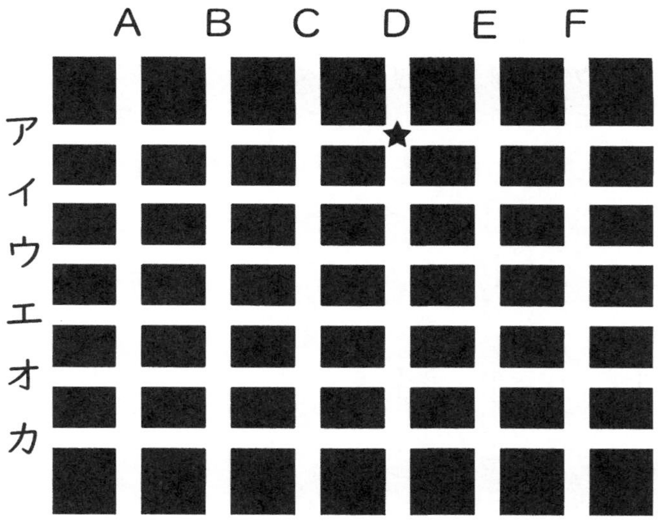

問１　放送で出題します。

問２　放送で出題します。
ア　５階の会議室　**イ**　３階の観光課　**ウ**　３階の資料室　**エ**　２階の観光課
オ　２階の資料室　**カ**　地下２階の観光課　**キ**　地下２階の資料室

問３　放送で出題します。

問４　放送で出題します。

5　放送を聞いて後の問いに答えなさい。

〈講演資料〉

講演会「きみも天文学者だ」

ドレイクの計算式　メモ

N ＝ S × P × E × L × I × C × T

S＝

P＝

E＝

L＝

I＝

C＝

T＝

問１　放送で出題します。

ア　他の星から電波を受け取る観測をした。

イ　電波望遠鏡を使って他の星へ電波を送った。

ウ　地球外知的生命体と電波で交信した。

エ　地球からの電波を受け取った星を，電波望遠鏡を使って観測した。

問２　放送で出題します。

問３　放送で出題します。

問４　放送で出題します。

問５　放送で出題します。

2023(R5) 修道中
教英出版　CT4の4

2023年度　修道中学校入試問題

国　語　解答用紙

230110

↓ここにシールをはってください。

受験番号

※125点満点
（配点非公表）

一　解答は、ていねいな字で書きなさい。

問一

①	⑤	⑨
②	⑥	⑩
③	⑦	
④	⑧	

⑤ しい　⑥ べる

問二

①　②　③　④　⑤

二

問一

問二

問三

X

Y

Z

問四

問五

ぼくは漢字テストで不合格の点数を取ったが、先生に急用ができたので、再テストがなくなってほっとした。

三

問一

「　」

問二

a

b

問三

問四

問五

問六

2023年度　修道中学校入試問題

算　数　解答用紙

230150

↓ここにシールをはってください。

※125点満点
（配点非公表）

受験番号

1

(1)①	(1)②	(1)③
(1)④	(1)⑤	(1)⑥
(2)	(3) 個	(4) 点
(5) m^2	(6) cm	(7) 度

2

(1) 個	(2)① cm^2	(2)② cm^2
(3)①	(3)② 本	

3

(1) 毎分 L	(2) 分後	(3) 分 秒

4

(1) 回目	角 から m	(2) 角	回目

5

(1)	(2)	(3)

2023年度　修道中学校入試問題

理　科　解答用紙

230140

↓ここにシールをはってください。

受験番号

※100点満点
（配点非公表）

1

	(1)	(2)	(3)			
問1			か		き	

	(1)													
問2	①		②		③		④		⑤		⑥		⑦	
	(2)												(3)	
	Ⅰ		Ⅱ		Ⅲ		Ⅳ		Ⅴ		Ⅵ			

	Ⅶ	⑧
問3		

2

	(1)	(2)		①	②	③								
問1			問2				問3		問4		問5		問6	

	(1)	(2)			
問7		①		②	

3

			(1)											(2)
問1		問2	①		②		③		④		⑤		⑥	

問3								

4

問1	

問2																				

問3		問4		問5		問6		問7	mL

	⑥	⑦		⑧	⑨		E	F
問8			問9			問10	g/mL	g/mL

2023年度　修道中学校入試問題
社　会　解答用紙

230120

↓ここにシールをはってください。

受験番号

※100点満点
（配点非公表）

1

問1					
A	B	C	D	E	F

問2		
1	2	3
4	5	

問3		
Ⅰ	Ⅱ	Ⅲ
Ⅳ	Ⅴ	Ⅵ

問4				問5
X	Ⅰ	Ⅱ	Ⅲ	

問6

問7

2

問1		
1	2	3
4	5	

問2					問3		問4
②	③	④	⑤	⑥	(1) と の間	(2)	

問5	問6	問7	問8	問9	問10			
					②	③	④	⑤

問11		
Ⅰ と の間	Ⅱ と の間	Ⅲ と の間

問12			問13	問14
X	Y	Z		

問15

3

問1		問2	問3
1	2		

問4			
①	②	③	④(1)
④(2)			
⑤	⑥	⑦ 危機	⑧

問5

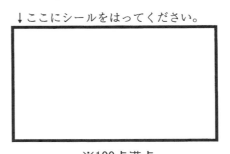

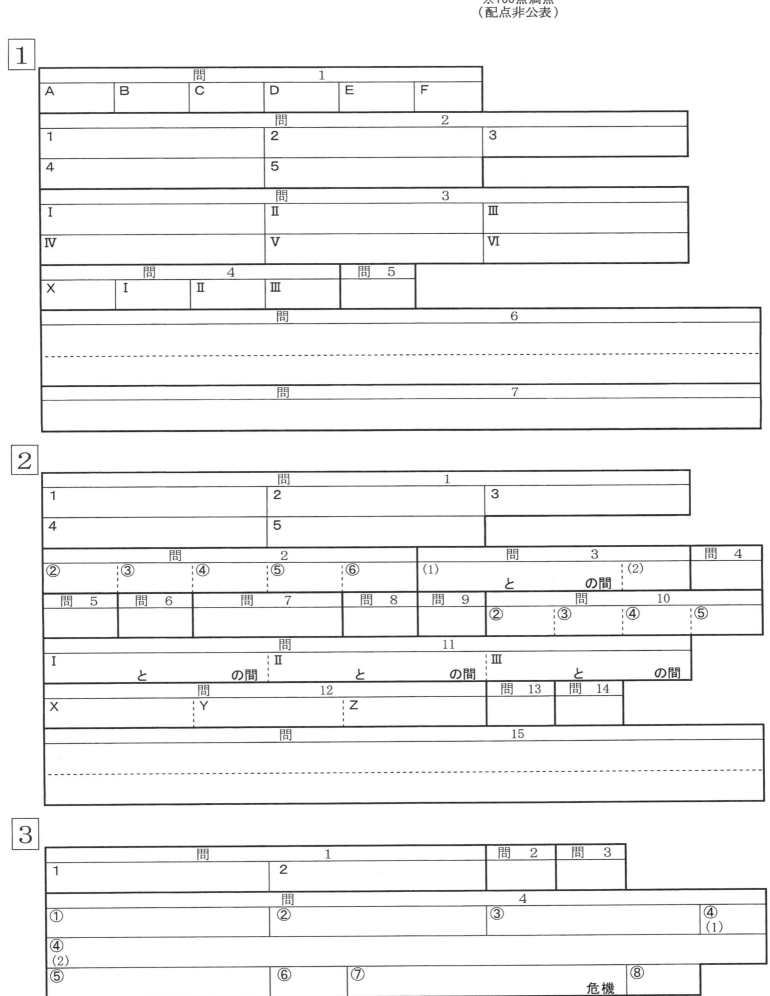

2023年度　修道中学校入試問題
C. T.　解答用紙

230130

↓ここにシールをはってください。

※100点満点
（配点非公表）

受験番号

1

学年　クラス　出席番号

	年		組		番

姓名（漢字）

姓名（フリガナ）

生年月日

平成		年		月		日

2

問1		問2	回	問3	時　分	問4	回	問5	分
問6									

3

問1	人	問2		問3	班　円	問4	人
問5							

4

問1		問2		問3		問4	

5

問1		問2			
問3	数値	百分率　％	問4	個	
問5					

2022年度

修道中学校　入学試験問題

【国語】

時間50分

表紙を除いて４ページ

受験上の注意　テストが始まるまでによく読んでください。

1．テスト終了《しゅうりょう》のチャイムが鳴るまで，テスト教室を出てはいけません。
2．腕時計《うでどけい》のアラームを鳴らしてはいけません。
3．休憩《きゅうけい》時間に付添《つきそい》の人に会ってはいけません。
4．からだの具合が悪くなったら，監督《かんとく》の先生に申し出てください。
5．問題用紙は回収しないので持ち帰ってください。
6．机の上に計算・下書き・落書きなどをしてはいけません。
7．自分の持ってきたメモ用紙，下敷《したじ》きや電卓《でんたく》を使ってはいけません。
8．机の中に物を入れてはいけません。
9．テストはまじめな態度で受けてください。テスト中によそ見をしたり先生の指示が守れない人は合格になりません。
10．問題の内容についての質問はいっさいしてはいけません。もし，印刷のわからないところなどがあったら，静かに手を挙げてください。
11．筆記用具，定規，コンパスなど物の貸し借りをしてはいけません。
12．答えは全《すべ》て解答用紙に書いてください。
13．解答用紙にＱＲコードシールをはり、名前は書かず，受験番号だけを算用数字で書いてください。
14．先生の「はじめなさい」の指示で鉛筆《えんぴつ》をとり「やめなさい」の指示があったらすぐに鉛筆を置いてください。
15．テスト中に物を落とすなど困ったことがあったら，静かに手を挙げてください。

一　次の漢字と語句の問題に答えなさい。

問一　①〜⑩の――線部のカタカナを漢字になおしなさい。

① ぼくの夢はサイバン官になることだ。
② 雨が降るカクリツは五十パーセントだ。
③ 祖母は毎日仏様をオガんでいる。
④ 新幹線は日本の大ドウミャクだ。
⑤ 本日は台風のためリンジ休業です。
⑥ 池にはアツい氷が張っていた。
⑦ 日本は多くのコクモツを輸入している。
⑧ ガンカで視力検査を受ける。
⑨ 小数第一位をシシャ五入する。
⑩ 新しい家が次々とケンチクされる。

問二　次の【　】にあてはまる言葉として適当なものを、次のア〜オから一つ選び、記号で答えなさい。

① 溺《おぼ》れる者は【　】をもつかむ　……困った時は、頼《たよ》りにならないものにもすがりつく。
ア 雲　イ わら　ウ 糸　エ 草　オ 枝

② 青菜に【　】　……力なくうなだれているようす。
ア 油　イ 水　ウ 火　エ 塩　オ 雪

③ 雨後の【　】　……物事がつぎつぎと出てくること。
ア かえる　イ きのこ　ウ たけのこ　エ なめくじ　オ つくし

④ 【　】で鯛《たい》を釣《つ》る　……わずかな労力で大きな利益を得る。
ア えび　イ 米　ウ かに　エ 虫　オ 豆

⑤ 【　】に衣着《きぬき》せぬ　……遠慮《えんりょ》しないではっきりと物を言う。
ア 口　イ 腹　ウ 歯　エ 顔　オ 尻《しり》

二　次の文章は、清水美好《しみずみよし》『きっかけは珈琲《コーヒー》カップのなかに』（文芸社）の一部です。コーヒー好きの女性である「私」は、ある日商店街の一角にある喫茶店《きっさてん》に引き寄せられるように入り、そこでコーヒーを飲みながら、店主の女性とコーヒーや人生について語っています。これを読んで、後の問いに答えなさい。

お詫び
著作権上の都合により、文章は掲載しておりません。
ご不便をおかけし、誠に申し訳ございません。
教英出版

（清水美好『きっかけは珈琲カップのなかに』）

（注）1　ルーティン……決まりきった仕事・手順。
2　鍛錬……修行《しゅぎょう》や練習を重ねて心身や技能をきたえること。
3　具現化……具体的な形に表すこと。
4　翻弄……ふりまわすこと。
5　趣……味わいのあるようす。

問一　――線部①「ただ素直に美しいと思った」とありますが、このように「私」が思ったのはなぜですか。その理由として適当なものを、次のア～オの中から一つ選び、記号で答えなさい。

ア　夕日によって赤く美しく染まった店主の姿がとても明るく照らされていて、薄暗い店内とは対照的だったから。

イ　珈琲の入れ方について熱く語る店主の姿から、彼女《かのじょ》の珈琲に対する夕日のように熱い情熱が伝わってきたから。

ウ　店主の言葉に感動して、今この瞬間に目の前にある夕日と、夕日に照らされている店主とを心から美しく感じているから。

エ　薄暗い店内の窓を通してながめる夕日は、「私」が出会ったことのない、何にもたとえようのない美しさであったから。

オ　喫茶店で一日中好きな珈琲を入れ、毎日決まって美しい夕日を見上げて過ごす店主の暮らし方をとても素晴らしいと感じているから。

問二　――線部②「珈琲の本質」とあるが、それはどのようなことだと考えられますか。その説明として適当なものを、次のア～オの中から一つ選び、記号で答えなさい。

ア　熱いうちに感じることのできる、カップの蒸気から立ちのぼる香りや、舌先やのどの奥で感じることのできる苦みや深みがあること。

イ　毎日同じ味の珈琲を入れ続けることができるようになるほどの熟練の技《わざ》によって引き出すことのできる苦みや深みがあること。

ウ　「冷めるまでが勝負」という言葉のとおり、珈琲が温かい時には感じられるが、冷めると抜《ぬ》け落ちてしまう苦みや深みがあること。

エ　一度冷めてしまった珈琲でも、店主が「私」をさすって温めてくれたように、もう一度温め直して味わうことのできる苦みや深みがあること。

オ　熱いうちに感じられる苦みや深みだけでなく、珈琲が冷めることによって初めて感じることのできる苦みや深みがあること。

問三　――線部③「心に宿った苦味」とありますが、これは「私」のどのような思いを表していますか。本文中の言葉を使って答えなさい。

問四　――線部④「このワクワクと高まった気持ち」とありますが、これはどのような気持ちだと考えられますか。本文中の言葉を使って答えなさい。

三　次の文章は動物学者である山極寿一《やまぎわじゅいち》の『人生で大事なことはみんなゴリラから教わった』（家の光協会）の一部です。これを読んで後の問いに答えなさい。

わたしたちは「信頼《しんらい》」という物語の世界に住んでいる

さて、本書を読んで、友達をつくるには自分の個性を発揮することと、相手の個性を知ることが大事だとわかったと思う。それは言葉や情報だけでは得られない。直接会って、いっしょに時間をかけてなにかをいっしょにしながら感じるしかないのだ。

スマホやメールで情報をやり取りするのは、親しい友達をつくってからでいい。親しくなろうとしてスマホを多用しても、うまくいくとは限らない。相手の言っていることが正しいかどうか、相手がどんな気持ちで言っているのか、なぜこんなことを言うのか、疑いだしたらきりがない。相手の個性を知っていれば、情報をやり取りしながら相手の顔が浮《う》かぶから、だいたいのことは想像できる。それでも、「①百聞《ひゃくぶん》は一見《いっけん》に如《し》かず」で、親しい相手が言っていることでも直接会っていっしょにその状況《じょうきょう》を確かめないと、思いがすれちがったり、誤解が生じたりする。

ふだん意識してはいないが、わたしたちは「信頼」という物語の世界に住んでいる。そこには一般的《いっぱんてき》な信頼と個別的な信頼がある。②一般的な信頼というのは、自分が暮らしている社会への信頼で、わたしたちの日常的なふるまいに関するものである。たとえば、わたしたちはレストランに行って食事をしたり、コンビニエンスストアで食料品を買ったりするさいに、まさか毒や針が仕込《しこ》まれているとは思わないだろう。さらに、横断歩道で信号待ちをしているときや、プラットホームで電車を待っているとき、まさか後ろから押《お》されるとは思っていないだろう。こういったことはまずこの社会では起こらないという、一般の人々への信頼がわたしたちの暮らしを支えている。でも、和歌山でカレーに毒が盛られていた事件や、過去にあちこちのスーパーマーケットで食品に針が混入していた事件など、悪意があれば人々を傷つけたり殺したりすることが可能だ。白昼に見知らぬ人にナイフで切りつけられたりすることがあるので、安心してもいられない。いったん、こうした信頼感がこわれれば、わたしたちはレストランで食事をすることも、往来を歩くことさえできなくなる。だからこそ、このような犯罪はみんなが共同で暮らしている社会の信頼を根底からくずすことになるので、厳しく取《と》り締《しま》らなくてはならないのだ。

もう一つは、③個人的な信頼で、顔を知っている仲間同士のものだ。これは5人を核《かく》として、3倍で増えていくという仮説がある。5人ぐらいがもっとも親しい仲間で、なにか困ったことがあれば、すぐに相談できるし、自分のことを親身になって助けてくれると思っている。これは家族であったり、毎日顔を合わせる友達であったりする。性格も能力もよく知っている間柄《あいだがら》で、なんの疑いもなく頼《たよ》れる。この仲間を持てるかどうかが、社会生活を送るうえでとても重要だ。

その外側に、この5人をふくむ15人ぐらいの仲間がいる。これはなにかをいっしょにする間柄で、たとえばクラブ活動とかスポーツとか体を同調させる仲間だ。たとえば、サッカーなら11人、ラグビーなら15人がチームを組むが、チーム全体がまるで一つの生き物のように動ける。その外にはこの15人をふくむ30～50人ぐらいの仲間がいる。これはクラスの仲間だ。みんな顔見知りだから、だれとだれとがどういう関係であるかをみんなが知っている。だれかがいないとすぐにわかる。だれかが手を挙げて提案すれば、クラス全体がまとまって動ける。だからこそ、先生や（注）ホームルーム委員長がみんなに指示を出したり、みんなの意見をまとめたりできる。

そして、この3倍の１５０人がどうやら個人的な信頼を寄せられる上限らしい。わたしは、年賀状を書くときに顔が目に浮かぶ人の数と言っている。名前ではなく顔が浮かぶというところが重要で、それは過去にいっしょになにかをしたり、喜怒哀楽《きどあいらく》をともにしたりした間柄ということだ。つまり、スマホなどの通信機器だけでつながっているのではなく、体でつながった経験が必要なのである。

イギリスの人類学者ロビン・ダンバーは、サルや類人猿《るいじんえん》の脳の大きさと集団の大きさとの間に対応関係があることを発見した。たとえば、人間の脳はゴリラの脳の3倍大きい。ゴリラの集団の平均的な大きさは10～15頭で、これを脳との対応関係を表す係数に当てはめると、人間の脳に合った集団の大きさは１５０人になる。もともと人間の祖先の脳の大きさはゴリラ並みで、２００万年前から大きくなり始め、20万年前に現れた現代人ホモ・サピエンスで今の大きさになった。今から1万２０００年前の農耕・牧畜《ぼくちく》の開始まで、サピエンスは狩猟《しゅりょう》採集生活をしていた。現代の狩猟採集民の村の規模もだいたい１５０人という報告がある。つまり、農耕・牧畜の開始以後に急速に集団の大きさは増加したものの、いまだに人間の脳は１５０人ぐらいの人々と暮らすようにできているということなのだ。

現代はスマホやインターネットなどの情報機器を使って、さらにつきあう人の数は増えている。ツイッターやフェイスブックで一度に数千、数万の人々と交信することも可能だ。しかし、だからといって１５０人を超《こ》える人々と簡単に個人的な信頼関係を結べるわけではない。情報機器を通じてつながる人々と、顔や性格を知って信頼関係を結ぶ人々とを分けて、ちがうつきあいをしなければならない時代なのである。

たとえば、④１５０人の外にいる名前だけの仲間とは、それぞれが都合のいい情報を交《か》わし合うだけにとどめるべきだ。おたがい、相手の暮らしに深入りせず、悩《なや》みも相談するべきではない。きわめてドライにつきあうことを心がけたほうがいい。

１５０人に入る仲間は、少なくとも個別の信頼を寄せる相手だ。おたがいの暮らしや事情や性格をよく知っていて、相談ができる間柄である。だから、頻繁《ひんぱん》に連絡《れんらく》を取り合う必要がある。人間は生き物だから日々変化しているし、人間はあちこち移動していろんな人々と接するから、近況《きんきょう》報告をしておかないとその変化が読めない。とくに、もっとも親しい５人の仲間やチームワークを組むことができる15人の仲間は、特別に気を使う必要があるだろう。それこそかれらは自分の犠牲《ぎせい》をいとわず尽《つ》くしてくれる仲間であり、生きていくうえでかけがえのない存在である可能性が高いからだ。こうした仲間には誠実に接しなければならず、だましたり、悪事に引《ひ》き込《こ》んだりするのはもってのほかである。情報機器は頻繁に連絡を取り合うのには便利だが、信頼関係を保つにはやはり直接会って親交を深めなければならない。家族は長期間会わなくても信頼関係は切れないが、友達は会えなくなると関係が希薄《きはく》になる。むしろ、親しい友達関係は、頻繁に会うようになる新しい友達に取って代わると思っていたほうがいい。

（山極寿一『人生で大事なことはみんなゴリラから教わった』）

（注）ホームルーム委員長……学級委員長。

問一　――線部①「百聞は一見に如かず」ということわざの意味を簡潔に答えなさい。

問二　――線部②「一般的な信頼」にもとづいて考えている例として適当なものを、次のア～エの中から一つ選び、記号で答えなさい。

ア　財布《さいふ》をなくしたので、友達が帰りの電車賃を貸してくれるだろうと考えること。

イ　自分を支えてくれる家族を信じて、受験に集中しようと考えること。

ウ　本屋で買い物をしたら、きっとおつりをもらえるだろうと考えること。

エ　自分と同じ学校の生徒であれば、必ず自分に親近感を感じてくれるだろうと思うこと。

問三　――線部③「個人的な信頼」を寄せることができるのは、どのような相手だと筆者は述べていますか。説明しなさい。

問四　――線部④「１５０人の外にいる名前だけの仲間」との付き合い方として**筆者の考えとは合わないもの**を、次のア～カの中から二つ選び、記号で答えなさい。

ア　おたがいのことがよく分からないので、それぞれが都合のいい情報を交わし合うだけにとどめるべきだ。

イ　インターネット上のやりとりだけでは関係が深まらないので、直接会って交流を深めるべきだ。

ウ　顔も分からないのに、相手の暮らしに深入りしたり、個人的な悩みを相談したりするべきではない。

エ　人間の脳があつかえる能力の上限を超えているので、きわめてドライな関係性で付き合うべきだ。

オ　社会的信頼を失わないために、おたがいに相手の犯罪行為《こうい》を積極的に取《と》り締《し》まらなくてはならない。

カ　日々の生活の変化を頻繁にこと細かく知らせてまで、おたがいの関係性を深める必要はない。

問五　＝＝線部「スマホやメールで情報をやり取りするのは、親しい友達をつくってからでいい」とありますが、「親しい友達」ではない人と「スマホやメールで情報をやり取りする」場合、どのようなことが生じる可能性があると筆者は述べていますか。説明しなさい。

問六　筆者は動物の生態を研究した成果の上で、「人間と人間が結ぶ関係」について述べています。さて、現代社会ではさまざまなロボットの開発が急速に進んでいて、近い将来にはロボットが身近な存在になると予想されます。そのとき、あなたが毎日顔をあわせるのはどのようなロボットになると思われますか。あなたの考えるロボットについて、理由もふくめて説明しなさい。

2022年度

修道中学校　入学試験問題

【算数】

時間50分

表紙を除いて５ページ

受験上の注意　テストが始まるまでによく読んでください。

1．テスト終了《しゅうりょう》のチャイムが鳴るまで，テスト教室を出てはいけません。
2．腕時計《うでどけい》のアラームを鳴らしてはいけません。
3．休憩《きゅうけい》時間に付添《つきそい》の人に会ってはいけません。
4．からだの具合が悪くなったら，監督《かんとく》の先生に申し出てください。
5．問題用紙は回収しないので持ち帰ってください。
6．机の上に計算・下書き・落書きなどをしてはいけません。
7．自分の持ってきたメモ用紙，下敷《したじ》きや電卓《でんたく》を使ってはいけません。
8．机の中に物を入れてはいけません。
9．テストはまじめな態度で受けてください。テスト中によそ見をしたり先生の指示が守れない人は合格になりません。
10．問題の内容についての質問はいっさいしてはいけません。もし，印刷のわからないところなどがあったら，静かに手を挙げてください。
11．筆記用具，定規，コンパスなど物の貸し借りをしてはいけません。
12．答えは全《すべ》て解答用紙に書いてください。
13．解答用紙にＱＲコードシールをはり、名前は書かず，受験番号だけを算用数字で書いてください。
14．先生の「はじめなさい」の指示で鉛筆《えんぴつ》をとり「やめなさい」の指示があったらすぐに鉛筆を置いてください。
15．テスト中に物を落とすなど困ったことがあったら，静かに手を挙げてください。

1

次の問いに答えなさい。(1)～(5)については□にあてはまる数を答えなさい。

(1) $246 \times 79 = \square$

(2) $\left(\square - 0.3\right) \div 14\frac{1}{2} \times 35 + 3 = 4$

(3) 1.6 L − 12.4 dL + 234 mL = □ L

(4) 35 で割ると 9 余る数のうち，2022 に最も近い数は□です。

(5) ひし形の紙を用意し，右の図のように，ひし形の 1 つの頂点が 1 つの辺の上に重なるように折り返しました。角 ア の大きさは□°です。

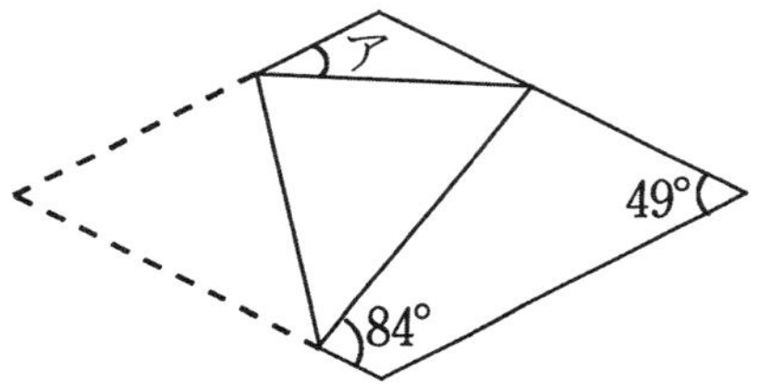

(6) 2 % の食塩水 210 g に別の食塩水 120 g を加えたところ，4 % の食塩水ができました。加えた食塩水の濃度《のうど》は何 % ですか。

(7) 正方形 ABCD について，右の図のように，各辺の長さを 4 倍に延《の》ばしたところに点 E，F，G，H をとって，正方形 EFGH をつくります。正方形 EFGH の面積は正方形 ABCD の面積の何倍ですか。

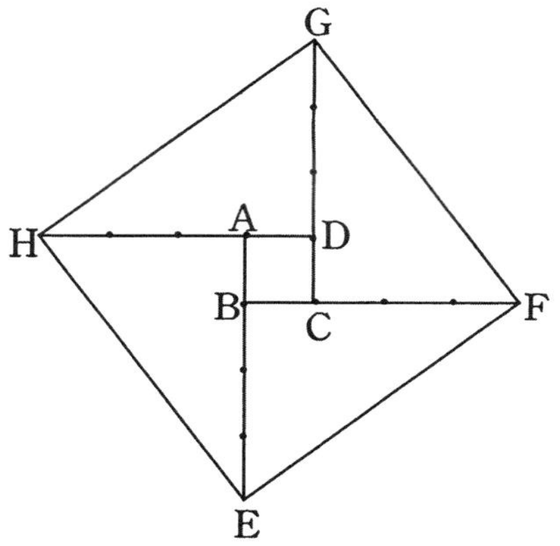

(8) A さん，B さん，C さん，D さん，E さん，F さんの 6 人がテストを受けました。A さん，B さん，C さん，D さんの 4 人の平均点は 72.5 点で，D さん，E さん，F さんの 3 人の平均点はちょうど 68 点でした。D さんの得点が 80 点であるとき，6 人全員の平均点を求めなさい。

(9) 半径 3 cm の円板と，縦《たて》も横も 6 cm より大きい長方形の枠《わく》があります。図 1 では円板を枠の外側に沿《そ》って，図 2 では円板を枠の内側に沿って，それぞれもとの位置にくるまで 1 周させます。 このとき，円板の中心が通る線の長さは，図 1 の方が図 2 の方より何 cm 長くなりますか。ただし，円周率は 3.14 とします。

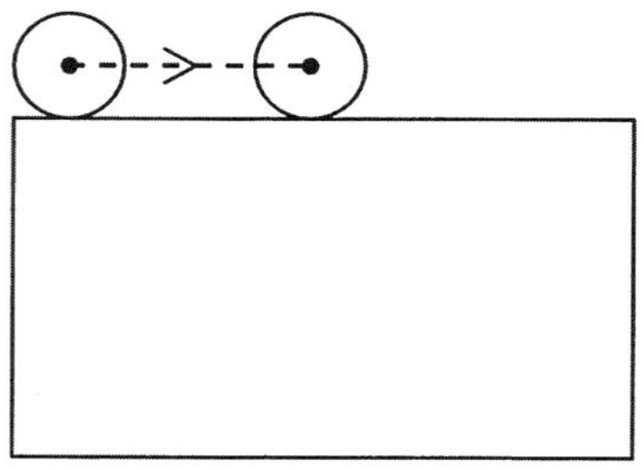
図 1

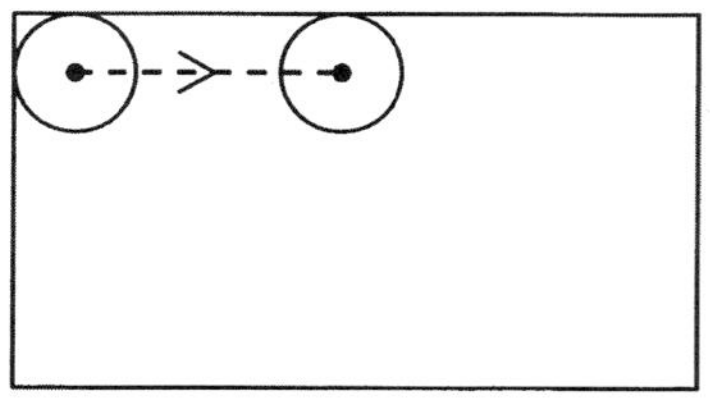
図 2

2 次の問いに答えなさい。

（1） Aさん，Bさん，Cさん，Dさんの4人にカードを1枚ずつ配《くば》って，自分の名前を書いてもらいました。このカードを集めて，よく混ぜて1枚ずつ配り直しました。4人のうち1人だけが自分の名前が書いてあるカードになるような配り方は何通りありますか。

（2） 右の図のような，2つの直方体を組み合わせた形の密閉《みっぺい》された容器に水が入っています。長方形アの面を下にして水平な面の上に置くと，水の深さは15 cmになります。長方形イの面を下にして水平な面の上に置き直すとき，水の深さは何cmになりますか。

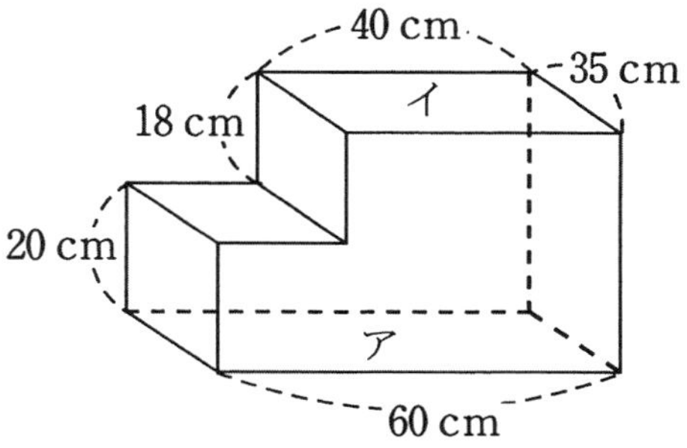

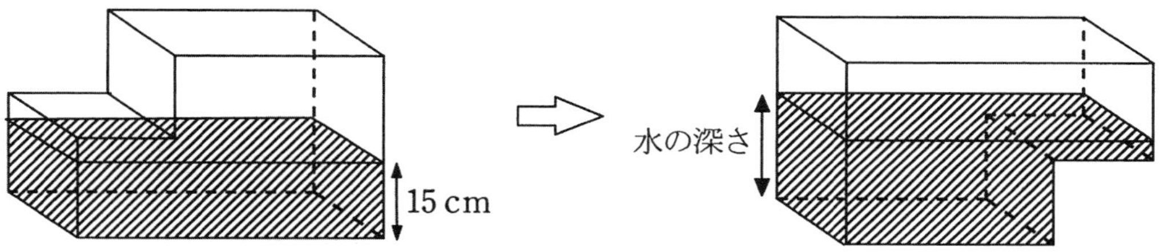

（3） 右下の図のように①～⑤のマス目が順に並んでいて，それぞれ1以上の整数が1つずつ入ります。③，④，⑤の整数は，それぞれ左1つ前と左2つ前の2つの数の和になるようにします。たとえば，①と②の整数の和が③に入ります。⑤の整数が10であるとき，①，②にあてはまる数をそれぞれ答えなさい。

①	②	③	④	⑤
				10

（4） 半径3 cmの円が3つあり，右の図のようにそれぞれの円は他の2つの円の中心を通ります。

斜線《しゃせん》を付けた3つの部分について，周《まわ》りの長さの和と，面積の和を求めなさい。ただし，円周率は3.14とします。

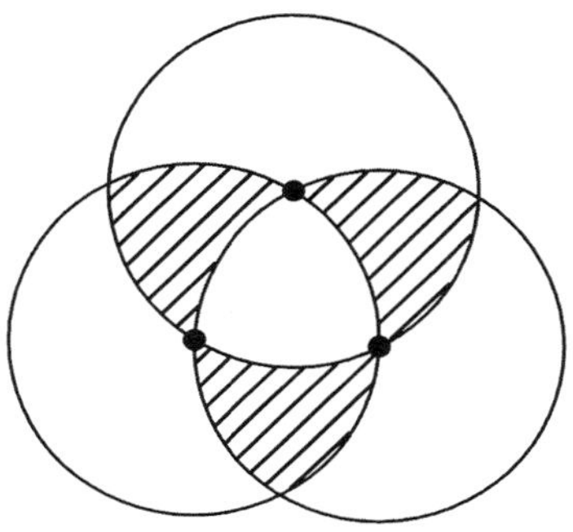

3 下の図のように，縦《たて》10 cm，横 15 cm の長方形の紙を，一定の幅《はば》ののりしろで貼《は》り合わせていき，大きい長方形を作ります。次の問いに答えなさい。

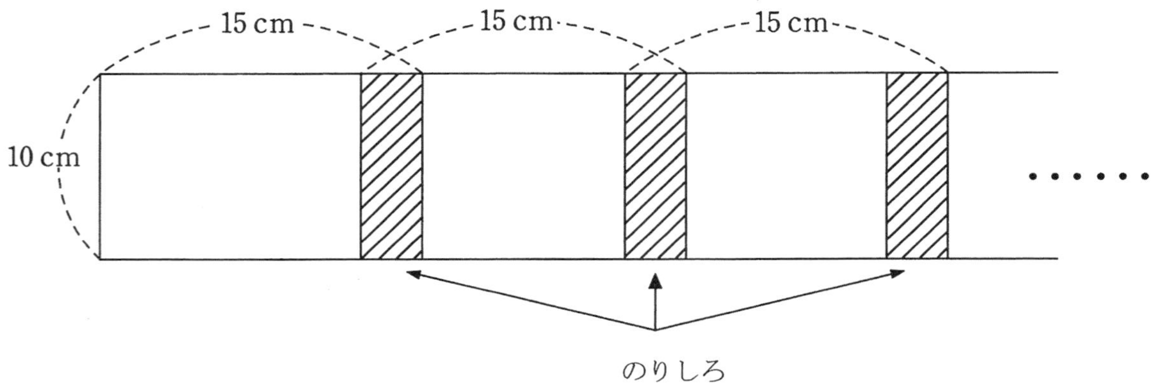

(1) のりしろの幅を 2 cm にして，3 枚の紙を貼り合わせて作った長方形の面積は何 cm^2 ですか。

(2) 10 枚の紙を貼り合わせて作った長方形の周りの長さを測《はか》ると 257 cm でした。このとき，のりしろの幅は何 cm ですか。

(3) のりしろの幅を 1 cm 以上 5 cm 以下にして貼り合わせていって，横の長さが 2 m の長方形を作ります。必要になる紙は何枚以上何枚以下ですか。

4

地点A，Bを結ぶ片道945 mのジョギングコースがあります。修さんは分速135 mで地点Aからジョギングに出発し，道子さんは，そのちょうど2分後に，同じコースを地点Bから一定の速さでジョギングに出発して，ともにくり返しコースを往復します。道子さんが出発してからちょうど3分後に，修さんと道子さんの2人は初めてすれちがい，その後何回か，すれちがったり，追いついたりしました。次の問いに答えなさい。

なお，下の図は，修さんと道子さんのそれぞれについて，修さんが出発してからの時間(分)と地点Aからの距離(m)の関係を表したグラフです。

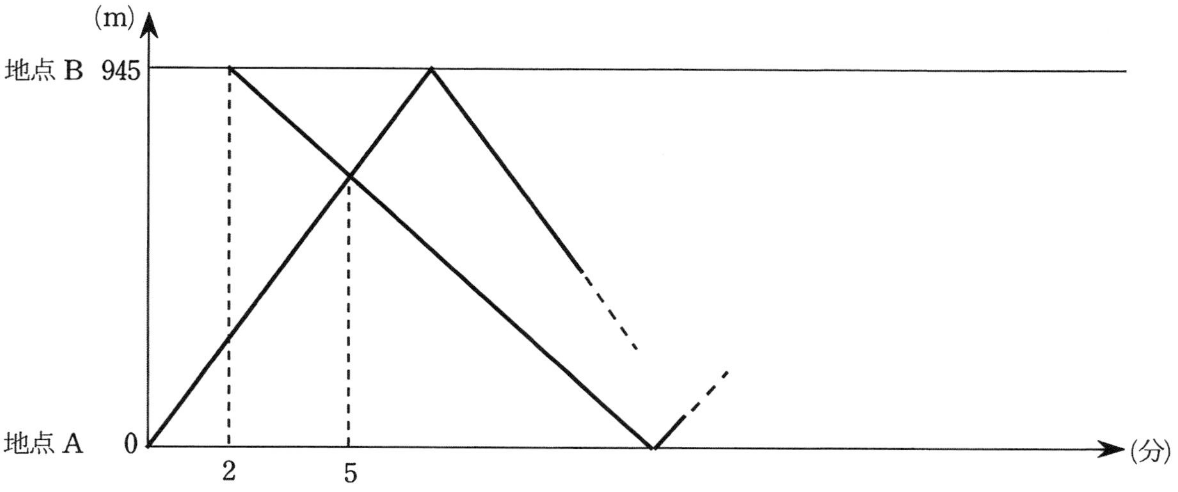

（1）　道子さんのジョギングの速さは分速何mですか。

（2）　2人が2度目にすれちがうのは修さんが出発してから何分何秒後ですか。

（3）　修さんが道子さんに初めて追いつくのは地点Aから何mのところですか。

5

1辺の長さが1cmの正方形何個かを，方眼紙(1マスは1辺の長さが1cm)の上に置いて，いくつかの辺だけをぴったりと重ねてつなぎ合わせ，周《まわ》りの長さが12cmになる図形を作り，その図形の面積について考えます。たとえば，下の図1と図2は，それぞれ面積が9cm^2，6cm^{2}になるものの例です。図3の場合は，周りの長さは16cmになると考えます。次の問いに答えなさい。ただし，回転したり，裏返したりして，ぴったりと重なるものは同じ図形とみなします。

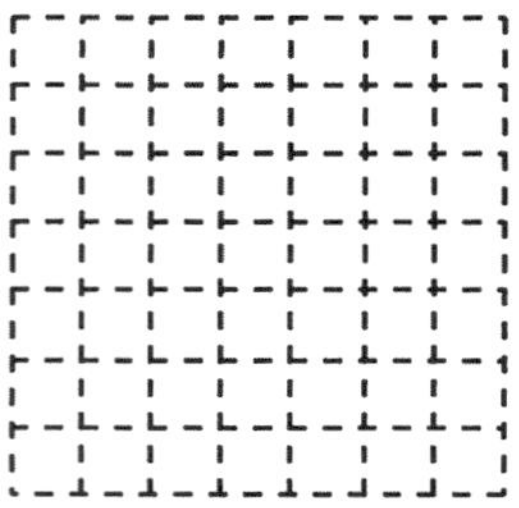
方眼紙

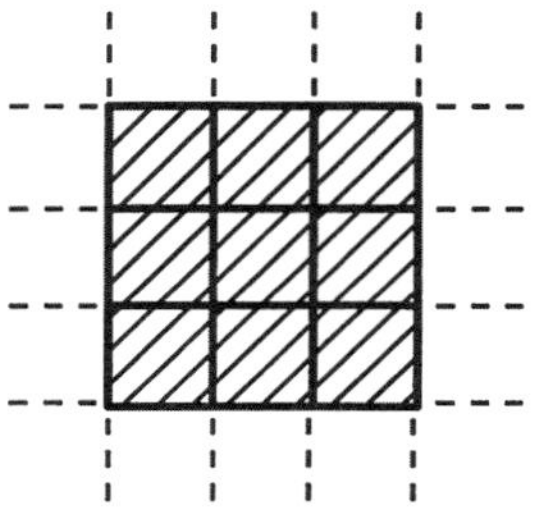
図1

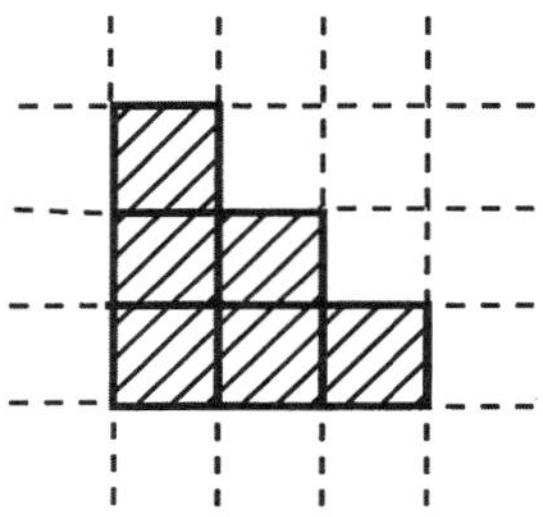
図2

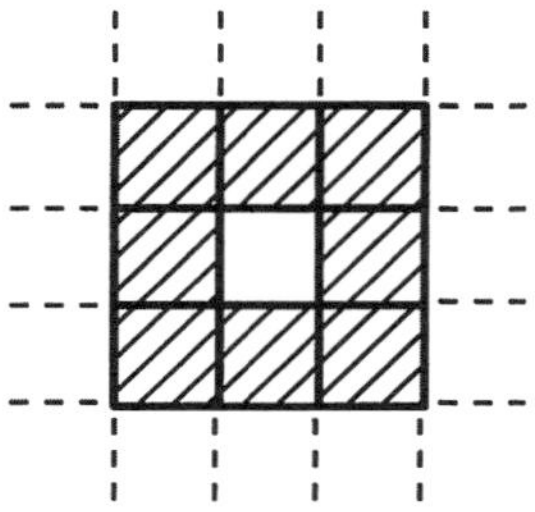
図3

(1)　周りの長さが12cmで，面積が4cm^2 以下や10cm^{2}以上になるような図形は作れません。このことを説明したいと思います。次の【説明】の中の[　　]にあてはまる整数を答えなさい。

【説明】

『　1つの正方形の周りの長さは4cmです。それに1個の正方形をつなぎ合わせて図形Aを作ると，その周りの長さは6 cmとなり，その図形Aに3個目の正方形をつなぎ合わせて図形Bを作ると，その周りの長さは必ず 8 cmとなります。図形Bにさらに4個目の正方形をつなぎ合わせるとき，図形Bの形や4個目の正方形のつなぎ方のちがいから，周りの長さは[ア]cmまたは[イ]cmのいずれかになります。ですから，面積が 4cm^{2}以下で，周りの長さが 12cmの図形は作れません。』
(ただし，[ア]は[イ]より小さい数とします。)

『　10 個以上の正方形をつなぎ合わせてできる図形を図形Pとし，図形Pの全体を含《ふく》むようなできるだけ小さな長方形Q(正方形も長方形とみなします)を，方眼紙を使ってかきます。図形P の面積は10cm^{2}以上ですから，長方形Qの面積も10cm^{2}以上なので，長方形Qの縦と横の長さのうち，

長くない方が1cmのとき，もう一方は10 cm以上

長くない方が2cmのとき，もう一方は[ウ]cm以上

長くない方が3cmのとき，もう一方は[エ]cm以上

です。また，長くない方が4cm以上のときは，もう一方はそれ以上です。ですから，長方形Qの周りの長さは12cmより長く，図形Pの周りの長さは長方形Qの周りの長さ以上なので，これも12 cmより長くなります。したがって，面積が10cm^{2}以上で，周りの長さが12cmになる図形は作れません。』

(2)　周りの長さが12cmで，面積が8cm^{2}になる図形で異《こと》なるものは2つ作れます。解答用紙の方眼紙に，その2つをかきなさい。

(3)　周りの長さが12cmで，面積が7cm^{2}になる図形で異なるものは何個作れますか。

2022年度

修道中学校　入学試験問題

【理科】

時間40分

表紙を除いて５ページ

受験上の注意　テストが始まるまでによく読んでください。

1．テスト終了《しゅうりょう》のチャイムが鳴るまで，テスト教室を出てはいけません。
2．腕時計《うでどけい》のアラームを鳴らしてはいけません。
3．休憩《きゅうけい》時間に付添《つきそい》の人に会ってはいけません。
4．からだの具合が悪くなったら，監督《かんとく》の先生に申し出てください。
5．問題用紙は回収しないので持ち帰ってください。
6．机の上に計算・下書き・落書きなどをしてはいけません。
7．自分の持ってきたメモ用紙，下敷《したじ》きや電卓《でんたく》を使ってはいけません。
8．机の中に物を入れてはいけません。
9．テストはまじめな態度で受けてください。テスト中によそ見をしたり先生の指示が守れない人は合格になりません。
10．問題の内容についての質問はいっさいしてはいけません。もし，印刷のわからないところなどがあったら，静かに手を挙げてください。
11．筆記用具，定規，コンパスなど物の貸し借りをしてはいけません。
12．答えは全《すべ》て解答用紙に書いてください。
13．解答用紙にＱＲコードシールをはり、名前は書かず，受験番号だけを算用数字で書いてください。
14．先生の「はじめなさい」の指示で鉛筆《えんぴつ》をとり「やめなさい」の指示があったらすぐに鉛筆を置いてください。
15．テスト中に物を落とすなど困ったことがあったら，静かに手を挙げてください。

1　次の修君と先生の会話を読んで，あとの各問いに答えなさい。

先生：　①水にはいろいろなものがとけて水溶液《すいようえき》ができます。今日は水に対するもののとけ方について調べていきましょう。まず，ビーカーに入っている20℃の水100gに，食塩50gを加えてガラス棒でよくかき混ぜてみてください。

修君：　目に見える食塩のつぶがだんだん少なくなってきました。でも全部はとけないですね。

先生：　では，②これをろ過してみましょう。ビーカー内のものを全部ろ紙の上に流し出してください。

修君：　ろ紙の上にとけ残った食塩のつぶが集まりました。③ろ紙を通りぬけた液には，20℃の水100gに食塩が限度いっぱいまでとけているということになりますね。

先生：　そうだね。一定量の水にとけるものの量には限度があって，その量はものの種類や水の温度によって変化します。【表１】は，食塩と硝酸《しょうさん》カリウムという固体が，水100gに対して最大何gまでとけるかを温度別に示したものです。

【表１】水100gにとける最大の量〔g〕

水の温度	20℃	40℃	60℃
食塩〔g〕	37	38	39
硝酸カリウム〔g〕	32	64	109

修君：　硝酸カリウムとちがって，食塩は［　④　］ことがわかりますね。

先生：　いいところに気づきましたね。この性質のちがいを利用して，硝酸カリウムと食塩が混じったものから硝酸カリウムだけを取り出すことができるよ。ここに硝酸カリウム30gと食塩10gが混じった固体があります。60℃の水40gを加えてかき混ぜてみてください。

修君：　全部きれいにとけました。

先生：　では，これを20℃まで冷やしてみましょう。

修君：　白色の固体がたくさん出てきますね。

先生：　このとき出てきた固体は硝酸カリウムだけで，食塩を含《ふく》んでいません。なぜそう言えるのでしょうか。この水溶液には２種類のものが同時にとけていますが，互《たが》いのとける量に対する影響《えいきょう》はあまり大きくないので，それぞれが【表１】に示した最大の量までとけると考えてもかまいません。

修君：　20℃まで冷やしたとき，水の量は40gだから，食塩は最大［⑤］gまでとけますが，もともと10gしか入っていないので食塩は全部とけたままです。硝酸カリウムの方は，20℃の水40gに対して最大［⑥］gまでしかとけないので，［⑦］gがとけきれなくなって出てくるということですね。

先生：　その通りです。では，出てきた硝酸カリウムをろ過して集めてみましょう。

修君：　ろ紙の上に集まった硝酸カリウムには，食塩がとけた水溶液がついているはずなので，20℃の水を少しずつかけて混じっている食塩を洗《あら》い流しますね。その後しっかり乾燥《かんそう》させて，ろ紙上の硝酸カリウムの重さをはかってみます。

先生：　結果はどうでしたか。

修君：　予想した［⑦］gよりもかなり少ないですね。

先生：　ろ紙上の硝酸カリウムを水で洗ったことが原因だと思います。⑧20℃の水の代《か》わりにどのようなものを使って洗えば，出てきた硝酸カリウムの量をあまり減らさずに取り出すことができるでしょうか。

問１　下線部①について，水溶液を正しく説明しているものを，次の**ア**～**エ**から**すべて**選んで，記号で答えなさい。

ア　色は必ず無色である。　　**イ**　とけたものは液全体に均一《きんいつ》に広がっている。

ウ　すき通った透明《とうめい》な液である。　　**エ**　時間がたつと，液の下の方がだんだん濃《こ》くなっていく。

問２　下線部①について，次の**ア**～**エ**の水溶液から，あとの（１）～（４）にあてはまるものをそれぞれ**すべて**選んで，記号で答えなさい。同じものをくり返し選んでもかまいません。

ア　アンモニア水　　**イ**　砂糖水　　**ウ**　塩酸　　**エ**　石灰水

（１）においがある。

（２）蒸発皿に少量とって加熱したとき，あとに何も残らない。

（３）赤色のリトマス紙につけると青色に変わる。

（４）鉄やアルミニウムを入れると，気体を発生しながらこれらの金属がとけていく。

問３　下線部②について，ろ過は【図１】のように４つ折りにしたろ紙を用いて行うことが多いのですが，【図２】のような「ひだ折りろ紙」が利用されることもあります。「ひだ折りろ紙」を用いたろ過は，４つ折りにしたろ紙を用いたろ過にくらべてどのような点が優《すぐ》れていると思いますか。10字以内で書きなさい。

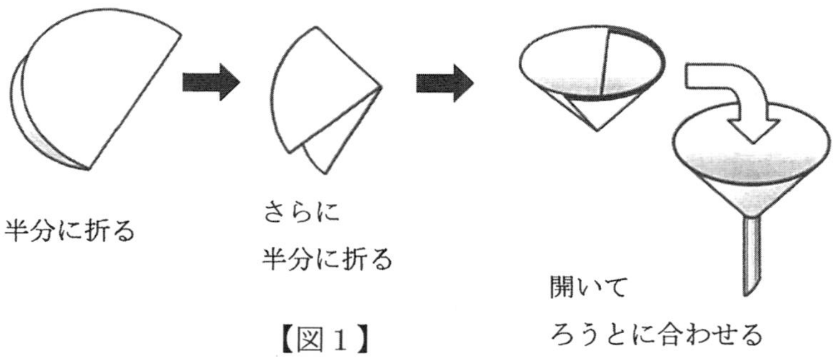

【図１】

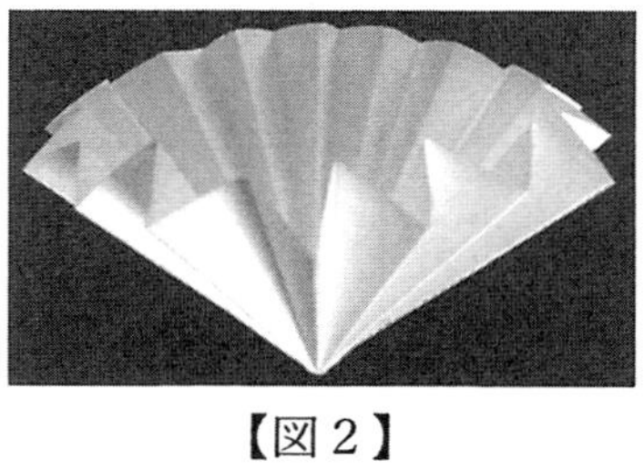

【図２】

問４　下線部③について，ろ紙を通りぬけた液の濃《こ》さ（水溶液全体の重さに対するとけているものの重さの割合）は何%ですか。【表１】を使って考え，小数第１位を四捨五入して**整数**で答えなさい。ただし，温度は20℃のままで，100gの水と，水にとけた食塩はすべてろ紙を通りぬけたものとします。

問５　修君と先生の会話の内容に合うように，文中の［　④　］にあてはまる修君の言葉を20字以内で書きなさい。

問６　文中の［　⑤　］～［　⑦　］にあてはまる数値を，【表１】を使って考え，**小数第１位までの数値**で答えなさい。

問７　下線部⑧について，ろ紙上の硝酸カリウムをどのようなもので洗えばよいと思いますか。20字以内で書きなさい。

問８　【表１】を使って，次の（１）と（２）に答えなさい。

（１）40℃において，濃さが20%の食塩水50gには，さらに何gの食塩をとかすことができますか。**小数第１位までの数値**で答えなさい。

（２）60℃の水100gに硝酸カリウムを限度いっぱいまでとかしました。この水溶液を加熱して水をいくらか蒸発させた後，20℃まで冷やしたら全部で85gの固体が出ていました。蒸発させた水は何gですか。**整数**で答えなさい。なお，水溶液を加熱して水を蒸発させるとき，硝酸カリウムは蒸発しません。

２　【図１】はある川の流れを簡単に示したものです。Ａ地点はＡ～Ｃの３つの地点の中では最も傾斜《けいしゃ》が急な場所（山地：上流）で，Ｂ地点は川の流れの向きが大きく曲がる場所（山のふもと：中流）です。Ｃ地点はＡ～Ｃの３つの地点の中では最も川幅《はば》が広く，傾斜が緩《ゆる》やかな場所（平地：下流）です。

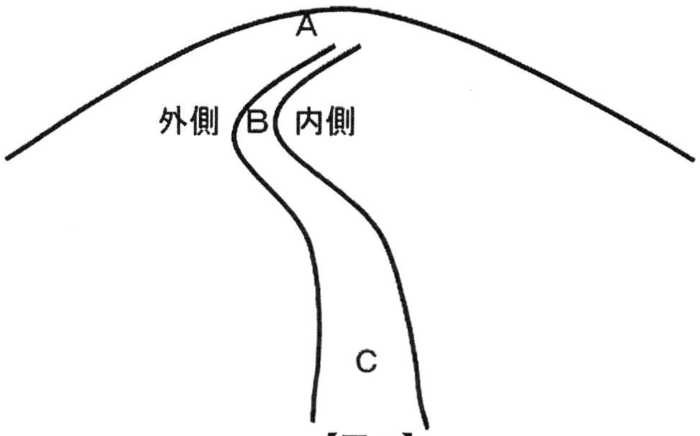

【図１】

次の会話文は，夏のある日，修太君と道夫君が，川の特徴《とくちょう》を調べにハイキングに出かけたときのものです。これについて，あとの各問いに答えなさい。

修太君：おはよう，道夫君。まだ，朝６時だし夏でもこの時間はすずしいね。
道夫君：そうだね，まだ平地だし川べりは気持ちいいね。
修太君：Ｃ地点についたよ。
道夫君：川の流れの速さを調べてみよう。どうやって調べる。
修太君：たしか，あの北側の橋から，あの南側の橋までがちょうど１kmだったね。北側の橋の下から，草の葉を川に流し，南側の橋に達するまでの時間をストップウォッチで計れば調べられるよね。
道夫君：よし，やってみよう。よーい，はじめ。
修太君：どれくらいの時間がかかったのかな。
道夫君：①3分20秒だね。これで川の流れの速さがわかったね。
修太君：次は，石の特徴を調べてみよう。
道夫君：小さくて，丸い石が多いね。砂もけっこう多いな。
修太君：Ｃ地点の観察はこのくらいにして，Ｂ地点に進もう。
修太君：Ｂ地点についたよ。あっ，あそこに橋がある。あの橋の上から観察してみよう。
道夫君：橋の上からの方が安全だもんね。
修太君：Ｂ地点は川の内側と外側で全くようすが違《ちが》うね。
川の内側は〈　②　〉になっていて，外側は〈　③　〉になっている。
道夫君：これは，川の内側と外側で水の流れの速さが異なることが原因だね。
川の流れの向きが大きく曲がるところでは，流れの〈　④　〉ではけずられて〈　③　〉になり，流れの〈　⑤　〉は石や砂が積もって〈　②　〉になっているんだね。
修太君：次は，Ｂ地点の石の特徴を調べてみよう。
道夫君：Ｃ地点と同じように，小さな石や砂もあるけど，少し大きな石もあるね。少し大きめの石も角が丸いね。
修太君：Ｂ地点の観察はこのくらいにして，Ａ地点に進もう。
道夫君：Ａ地点についたよ。Ａ地点での石の特徴は，大きくてゴツゴツして，角の丸くない石が多いね。

問１　下線部①の川の流れの速さでマラソン（42.195km）を走ったとすると，タイムは何時間何分何秒になりますか。

問2　修太君と道夫君は，Ｂ地点で川の内側と外側で特徴に違いがあることに気づきました。②～⑤に入る言葉の組み合わせとして正しいものを，次の**ア～カ**の中から一つ選んで，記号で答えなさい。

	②	③	④	⑤
ア	川原	がけ	遅い外側	速い内側
イ	がけ	川原	速い外側	遅い内側
ウ	川原	がけ	遅い内側	速い外側
エ	がけ	川原	速い内側	遅い外側
オ	川原	がけ	速い外側	遅い内側
カ	がけ	川原	遅い内側	速い外側

問3　Ｂ地点での川底の形状として最も適当なものを，右の**ア～ウ**の中から一つ選んで，記号で答えなさい。

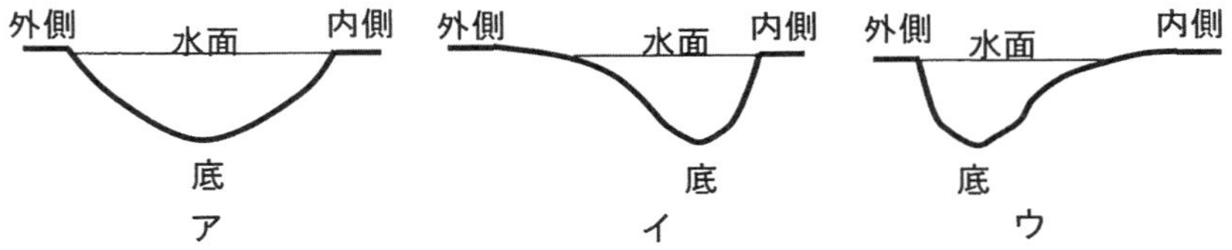

問4　川を流れる水で地面がけずられることを何といいますか。

問5　修太君と道夫君の会話によると，Ａ地点（山地：上流）～Ｂ地点（山のふもと：中流）～Ｃ地点（平地：下流）にかけて石の特徴が変化していっていることがわかります。このように石の特徴が変化していく理由を，50字以内で説明しなさい。

問6　Ｃ地点での川底の形状として最も適当なものを，右の**ア～ウ**の中から一つ選んで，記号で答えなさい。

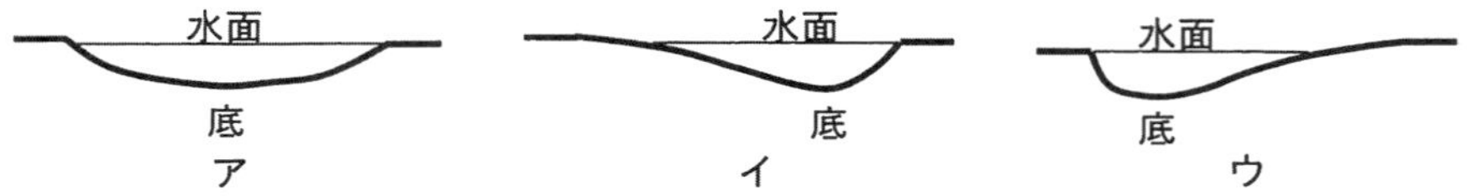

問7　川の流れによって運ばれてきた「どろ」，「砂」，「れき」は海にたどりついた後，海底に沈《しず》み地層をつくります。【図２】は海底にできた地層のようすを表しています。【図２】中のａ～ｃの組み合わせとして正しいものを，次の**ア～カ**から一つ選んで，記号で答えなさい。

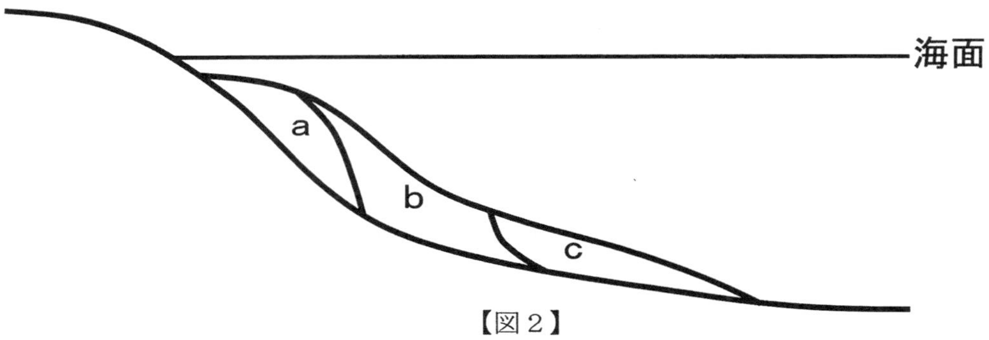

【図２】

	a	b	c
ア	砂	れき	どろ
イ	どろ	砂	れき
ウ	れき	どろ	砂
エ	砂	どろ	れき
オ	どろ	れき	砂
カ	れき	砂	どろ

3　あるばねにつるすおもりの重さを変化させ，おもりをつるし始めてからのばねの伸《の》びた長さと，つるすおもりの重さにどのような関係があるかを調べる実験をしました。次の実験１～実験４について，あとの各問いに答えなさい。

実験１　【図１】のようにあるばねを天井《てんじょう》からつり下げて，そのときのばねの長さを測ると 20cm でした。その後，つるすおもりの重さを 20g ずつ重くし，それぞれの重さのときのばねの長さを測定すると次ページの【表１】のような結果になりました。

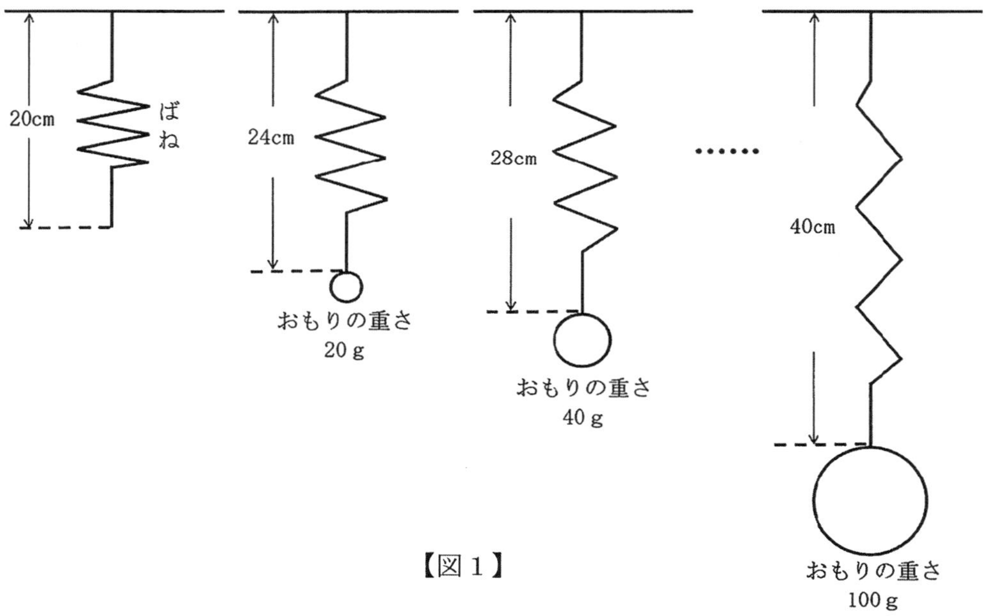

【図１】

【表１】おもりの重さとばねの長さの関係

おもりの重さ〔g〕	0	20	40	60	80	100
ばねの長さ〔cm〕	20	24	28	32	36	40

問１　【表１】の結果から，つるすおもりの重さ〔g〕と，ばねの伸びた長さ〔cm〕の関係を示すグラフをかきなさい。ただし，かき方については【図４】のグラフを参考にすること。

問２　問１の結果から，つるすおもりの重さ〔g〕と，ばねの伸びた長さ〔cm〕の間にはどのような関係があるといえますか。漢字２文字で答えなさい。

問３　つるすおもりの重さが 50g のとき，ばねの伸びは何 cm ですか。

問４　このばねを 1cm 伸ばすのに必要なおもりの重さは何 g ですか。

実験２　【図２】のように，なめらかでまさつのない斜面《しゃめん》の上に実験１で使ったばねをのせ，片方のはしを斜面台のかべに固定しました。ばねのもう片方のはしに，ある重さのおもりをつけて，斜面の角度を変化させ，ばねの伸びる長さを測定する実験をしました。

【図３】はその実験結果です。

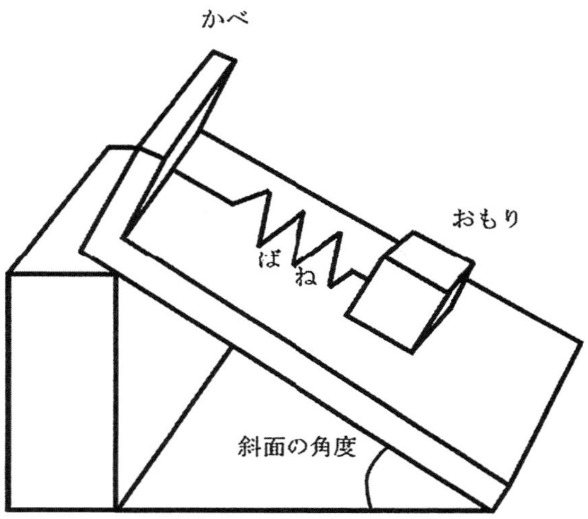

【図２】

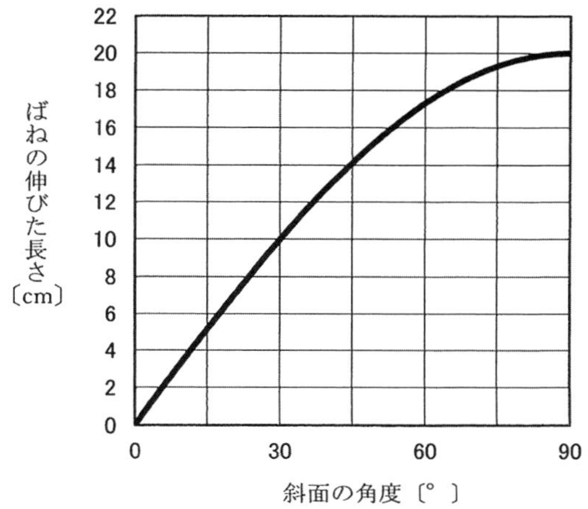

【図３】

問５　この実験で使用したおもりの重さは何 g ですか。

問６　次におもりの重さを２倍にして同じように実験しました。斜面の角度が 30°のとき，ばねの伸びる長さは何 cm になりますか。ただし，斜面台上での実験でも，つるすおもりの重さ〔g〕と，ばねの伸びた長さ〔cm〕の間には問２の関係が成り立ちます。

実験３　実験１および実験２で使用したばねをばね１とします。これとはちがうばね２で実験１と同じ実験３を行いました。その結果は【図４】のグラフのようになりました。最初にばね２を天井からつり下げて，おもりをつるしていないとき，ばねの長さは実験１と同じように 20cm でした。ばね１，ばね２ともにばねの重さはないものとします。ばね１とばね２を【図５】のように直列につなぎ，50g のおもりをつるしました。

問７　ばね１の伸びた長さとばね２の伸びた長さを足すと何 cm になりますか。２つのばねを直列につなぐと，両方のばねに同じ大きさの重さがかかります。

実験４　【図６】のようにばね１とばね２を並列につなぎ，長さ 12cm の重さが無視できる棒が水平になるように，棒におもりをつるしました。そのときのばね１およびばね２の長さはともに 22cm でした。

問８　おもりをつるした位置は，棒の左はしから何 cm のところですか。

問９　棒につるしたおもりの重さは何 g ですか。

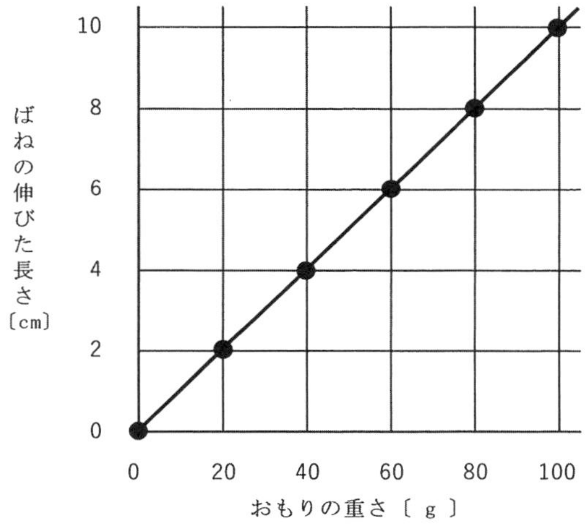

【図４】

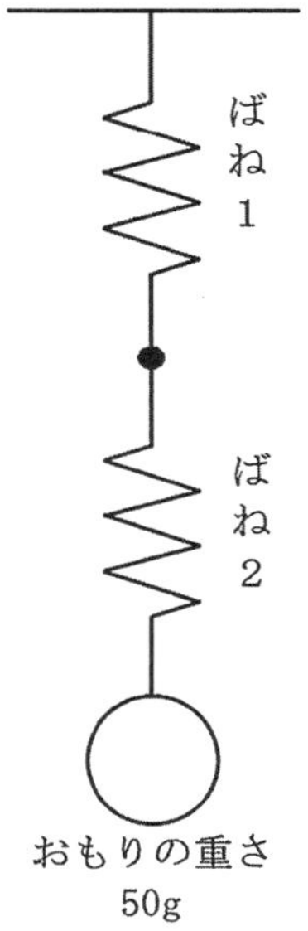

【図５】

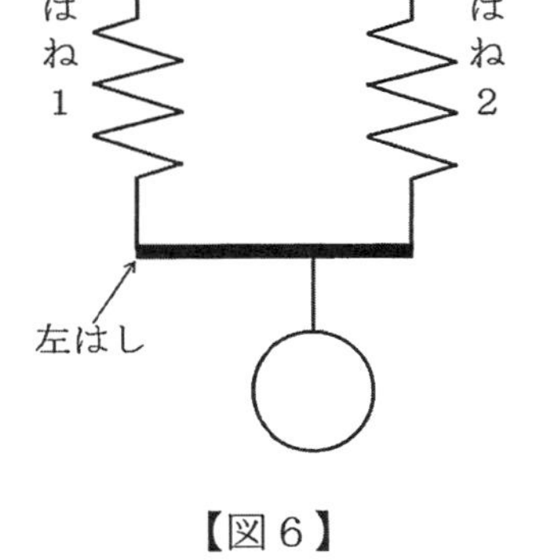

【図６】

4 次の文章を読んで，あとの各問いに答えなさい。

人の，①口からこう門までつながった管を消化管といい，②食道，胃，小腸，大腸といった臓器がはたらいています。食べ物は様々な消化液で消化されて養分となり，体内に吸収されていきます。また，人は呼吸によって酸素を取り入れて，二酸化炭素を吐《は》き出しています。取りこまれた養分や酸素は，胸の（　X　）にある心臓のはたらきで血液の流れにより体のすみずみまで運ばれます。つまり，体のすみずみでこれらの物質を使うために，動物は食べたり呼吸をしたりしているのです。

では，これらの物質は体のすみずみでどのように使われているのでしょうか。酸素を用いる化学反応として，君たちはものが燃えること（燃焼という）を知っているはずです。木や紙，布などを燃やすと，熱や光などが発生します。これは，木や紙，布などから，エネルギーが熱や光として放出されている状態です。消化されてできた養分を材料に，酸素を使う化学反応を体内で起こすと，同じように養分からエネルギーが取り出されます。この取り出されたエネルギーを，動物は放出するのではなく，体を動かすなどの目的に使っています。つまり，動物はものを食べて呼吸をすることで，体を動かしたりするためのエネルギーを作っているのです。

③また，木や紙，布などを燃やすと灰や二酸化炭素などの不要物もできます。体内で酸素を使う化学反応を起こすと，同じように不要物ができ，血液中に放出されます。そのうちの一つが二酸化炭素です。二酸化炭素以外の不要物は，（　Y　）という臓器で血液中から取り除かれて体の外に排出《はいしゅつ》されます。

では，植物は呼吸をしていないのでしょうか。実は植物も呼吸をしています。ということは，ものを食べる代わりの④別の生命活動によって，酸素を用いる化学反応に使う材料を得ています。逆に言えば，動物がものを食べるのは，この生命活動ができないからです。だから，⑤草食動物は植物を食べ，肉食動物は草食動物などのほかの動物を食べています。

問１　下線部①について，ご飯（たいた米）を口の中でよくかむと，ある消化液が出て次第に甘《あま》く感じられるようになります。これについて，次の（１）と（２）に答えなさい。

（１）口から出る消化液を何といいますか。

（２）（１）の消化液のはたらきを調べる実験を行いました。材料は，人の（１）の消化液（A 液）と，ご飯に水を加えてすりつぶして得られた汁《しる》の上澄《うわず》み（B 液），およびヨウ素液です。このとき，得られた結果と，その結果からわかることとして正しいものを，次の**ア**～**エ**から一つ選んで，記号で答えなさい。

ア　A 液と B 液を混ぜても反応しなかったので，この消化液は口内でのみはたらくことがわかった。

イ　A 液と B 液を混ぜて，35℃のお湯で 5 分ほど温めてヨウ素液を加えると，青紫色に変化したので，試験管中でもはたらくことがわかった。

ウ　A 液は，B 液にふくまれる成分を別のものに変えたので，ほかの動物の口内で出されるこの消化液も A 液と同じはたらきをもっていることがわかった。

エ　A 液の代わりに，水を B 液と混ぜて，35℃のお湯で 5 分ほど温めてヨウ素液を加えると青紫色に変化したので，A 液が消化にはたらいたことがわかった。

問２　下線部②について，次の（１）と（２）に答えなさい。

（１）消化液を出して消化が行われている臓器を，次の**ア**～**エ**から**すべて**選んで，記号で答えなさい。

ア　食道　　**イ**　胃　　**ウ**　小腸　　**エ**　大腸

（２）消化されてできた養分を主に吸収する臓器を，次の**ア**～**エ**から一つ選んで，記号で答えなさい。

ア　食道　　**イ**　胃　　**ウ**　小腸　　**エ**　大腸

問３　文中の空らん（　X　）に当てはまる語句を，次の**ア**～**ウ**から一つ選んで，記号で答えなさい。

ア　自分の右手側　　**イ**　まん中　　**ウ**　自分の左手側

問４　下線部③について，燃焼と呼吸について比較《ひかく》した次の文のうち正しいものを，次の**ア**～**エ**から一つ選んで，記号で答えなさい。

ア　ふたをした集気びんの中でろうそくを燃やすと，すべての酸素が二酸化炭素に変わるのと同じように，人の呼吸で吐き出される空気の中に酸素は残っていない。

イ　ふたをした集気びんの中でろうそくを燃やすと，すべての酸素が二酸化炭素に変わるのと異なり，人の呼吸で吐き出される空気の中に酸素は残っている。

ウ　ふたをした集気びんの中でろうそくを燃やすと，一部の酸素しか二酸化炭素に変わらないのと異なり，人の呼吸で吐き出される空気の中に酸素は残っていない。

エ　ふたをした集気びんの中でろうそくを燃やすと，一部の酸素しか二酸化炭素に変わらないのと同じように，人の呼吸で吐き出される空気の中に酸素は残っている。

問５　文中の空らん（　Y　）に当てはまる語を答えなさい。

問６　下線部④について，次の（１）と（２）に答えなさい。

（１）これはどのような生命活動ですか。**日光**という言葉を必ず使って解答らんのわく内に書きなさい。

（２）植物は日光がないと生育できませんが，発芽に日光が必要ではない植物も多くあります。この理由を解答らんのわく内に書きなさい。

問７　下線部⑤について，このような生き物どうしの食べたり食べられたりする関係のひとつながりを何といいますか。

2022年度

修道中学校　入学試験問題

【社会】

時間40分

表紙を除いて５ページ

受験上の注意　テストが始まるまでによく読んでください。

1．テスト終了《しゅうりょう》のチャイムが鳴るまで，テスト教室を出てはいけません。
2．腕時計《うでどけい》のアラームを鳴らしてはいけません。
3．休憩《きゅうけい》時間に付添《つきそい》の人に会ってはいけません。
4．からだの具合が悪くなったら，監督《かんとく》の先生に申し出てください。
5．問題用紙は回収しないので持ち帰ってください。
6．机の上に計算・下書き・落書きなどをしてはいけません。
7．自分の持ってきたメモ用紙，下敷《したじ》きや電卓《でんたく》を使ってはいけません。
8．机の中に物を入れてはいけません。
9．テストはまじめな態度で受けてください。テスト中によそ見をしたり先生の指示が守れない人は合格になりません。
10．問題の内容についての質問はいっさいしてはいけません。もし，印刷のわからないところなどがあったら，静かに手を挙げてください。
11．筆記用具，定規，コンパスなど物の貸し借りをしてはいけません。
12．答えは全《すべ》て解答用紙に書いてください。
13．解答用紙にＱＲコードシールをはり、名前は書かず，受験番号だけを算用数字で書いてください。
14．先生の「はじめなさい」の指示で鉛筆《えんぴつ》をとり「やめなさい」の指示があったらすぐに鉛筆を置いてください。
15．テスト中に物を落とすなど困ったことがあったら，静かに手を挙げてください。

1　次の表の**Ａ～Ｏ**はそれぞれ，ある都道府県について，さまざまな統計資料を示したものです。これを見て，あとの問１～問６に答えなさい。なお，**Ａ～Ｆ**の都道府県庁所在地はすべて，政令指定都市です。▼は，都道府県の名前とは異なった名前の都市です。※は，その都道府県で最も人口の多い都市ではありません。

	都道府県庁所在地の人口（千人）	１月平均気温(℃)	12～２月降水量(mm)	６～８月降水量(mm)	海岸線の長さ(km)	耕地にしめる田の割合(%)	最多の在留外国人の国籍《こくせき》とその割合(%)
Ａ	２５８４	６．０	１５０．９	４３２．４	２４０．６	６９．９	韓国　３８．０
Ｂ	２２１３▼	４．５	１５９．０	５３０．９	６６９．４	５６．７	ブラジル２２．３
Ｃ	１９４４▼	－３．６	３１９．３	２５１．６	４４６０．６	１９．４	中国　２５．３
Ｄ	１３６０	４．６	１６６．６	５６６．５	３１５．２	７７．９	韓国　３６．６
Ｅ	７２７	５．７	１９７．０	９７９．２	１０７７．８	６１．５	ベトナム３５．０
Ｆ	６８７※	６．７	２４０．６	８２１．３	５１８．３	３４．２	ブラジル３１．１
Ｇ	５９９	８．５	２６０．９	９９４．２	２６６５．６	３１．６	ベトナム４１．２
Ｈ	５１２▼	２．５	１１２．３	５９０．３	０	７８．４	ベトナム１７．５
Ｉ	４４５▼	３．８	７２３．６	５５６．２	５８３．７	８３．２	中国　２７．６
Ｊ	４１２	７．０	２１０．５	８２４．４	４１８３．４	４５．８	中国　２２．０
Ｋ	４０８	２．７	６７８．６	５９１．３	１４７．４	９５．４	中国　２５．２
Ｌ	３６３	６．０	１５４．９	４１９．５	６５１．４	２９．４	韓国　２７．１
Ｍ	３２８▼※	３．５	８１．４	５４４．８	０	３８．２	ブラジル２１．２
Ｎ	３１６▼	１７．０	３２９．５	６２９．１	２０３７．４	２．２	ベトナム１５．１
Ｏ	２８０	－１．２	４０６．７	３１５．３	７９６．５	５２．９	ベトナム３１．４

都道府県庁所在地の人口は2020年現在。　気温と降水量は，都道府県庁所在地の平年値。　耕地にしめる田の割合は2019年現在。　在留外国人のデータは2020年現在。

『平成29年版 環境《かんきょう》統計集』，『2021 データブック オブ・ザ・ワールド』，『在留外国人統計 統計表』による。

問１　都道府県**Ａ～Ｏ**は，次の地図中の**ア～ソ**のいずれかに位置しています。このうち，**Ａ・Ｃ・Ｅ・Ｇ・Ｉ・Ｋ・Ｍ・Ｏ**の位置を，**ア～ソ**からそれぞれ選んで，記号で答えなさい。なお，この地図には，日本の領土に属する主な島だけが描《えが》かれています。

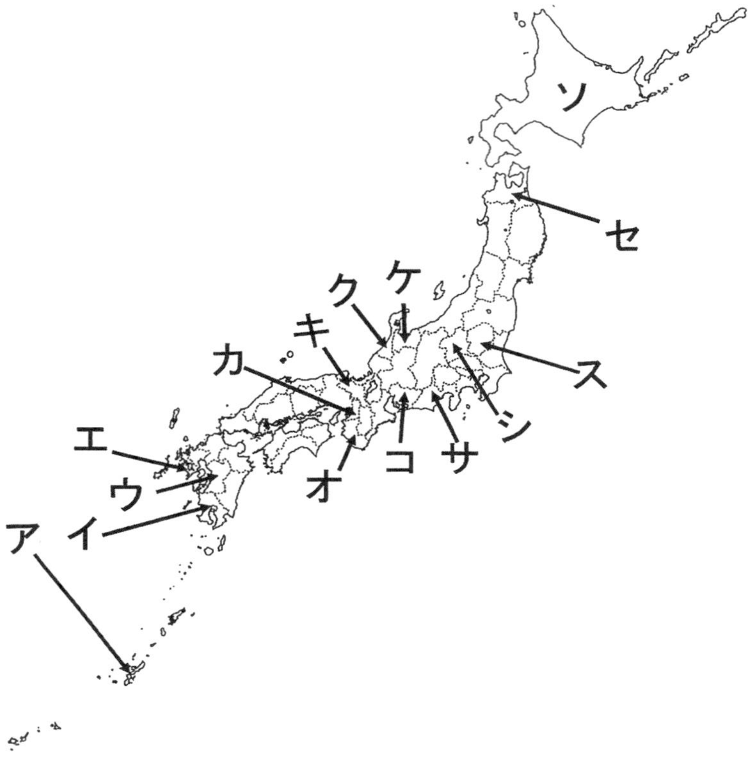

問２　次の写真**タ～ホ**は，都道府県**Ａ～Ｏ**のいずれかで撮影《さつえい》されたものです。このうち，**Ｂ・Ｄ・Ｆ・Ｈ・Ｊ・Ｌ・Ｎ**の都道府県に対応する写真を，**タ～ホ**からそれぞれ選んで，記号で答えなさい。

タ

チ

ツ

テ

ト

ナ

ニ

ヌ

ネ

ノ

ハ

ヒ

フ

ヘ

ホ

問３　Ｂ・Ｃ・Ｈ・Ｉ・Ｍ・Ｎはいずれも，都道府県庁所在地の名前が都道府県の名前と異なっています（▼印）。それぞれの都道府県庁所在地の名前を，解答らんにしたがって漢字で書きなさい。

問４　Ｃ・Ｉ・Ｋ・Ｏの降水量の値を，他の都道府県と比べると，ある共通した違《ちが》いがみられます。それはどのような違いですか。また，それはなぜ生じたのでしょうか。わかりやすく説明しなさい。

問５　耕地にしめる田の割合について，次の(1)・(2)の問いに答えなさい。

(1)　ＩとＫではともに，他の都道府県に比べて田の割合が高くなっています。共通した理由として考えられることを，次の語を必ず用いて，わかりやすく説明しなさい。　雪

(2)　ＧとＮではともに，気温や降水量の点では米づくりに適しているにもかかわらず，田の割合が小さくなっています。共通した理由として考えられることを，次の語を必ず用いて，わかりやすく説明しなさい。　土

問６　ブラジル国籍の在留外国人が多く居住する都道府県Ｂ・Ｆ・Ｍには，どのような工業の共通点がありますか。解答らんにしたがって説明しなさい。

2　次の問１・問２に答えなさい。

問１　次の(1)～(14)の問いに答えなさい。

(1)　2021年に世界遺産に登録されることが決定した「北海道・北東北の縄文遺跡群」にふくまれ，縄文時代の遺跡としてはこれ

までにない大きな建造物の跡《あと》などが見つかっている青森県青森市の遺跡を何といいますか。解答らんにしたがって答えなさい。

(2) 3～7世紀ごろに各地で勢力を広げ，くにをつくりあげた王や豪族の墓を何といいますか。

(3) 中国にならって8世紀の初めに新たにつくられた国を治めるためのきまりを何といいますか。

(4) 平清盛が一族のはん栄を願って平家納経をおさめた広島県の神社を何といいますか。

(5) 2020年の大河ドラマの主役として注目を集めた人物で，天下統一の途中《とちゅう》であった織田信長を京都の本能寺で自害に追いこんだのは誰《だれ》ですか。

(6) 江戸幕府が全国の大名を取りしまるために制定したきまりを何といいますか。

(7) 前野良沢とともに，オランダ語の医学書をほん訳して『解体新書』を出版した人物は誰ですか。

(8) 日本初の女子留学生の一人で，のちに女子英学塾《じゅく》（現在の津田塾大学）をつくり，2024年度発行予定の新5000円札の肖像《しょうぞう》として採用が決まっている人物は誰ですか。

(9) 明治天皇から初代の内閣総理大臣に任命され，その後憲法をつくる仕事にも力を注いだ人物は誰ですか。

(10) 足尾銅山の工場から出る有毒なけむりや廃水《はいすい》から農民の生活を守るための運動を中心になって進めた人物は誰ですか。

(11) 次の「刀狩令」を読んで，「刀狩を実際に行うのは誰か」が分かる部分を，最も簡潔な形でぬき出して答えなさい。

刀狩令

一 百姓が刀・わきざし・弓・やり・鉄砲，その他の武具を所持することを固く禁止する。その理由は，不必要な武具を持つと，年貢を納めずに一揆をくわだてることになるので，大名と家臣は，百姓の所持する武具をすべて取り上げ，秀吉に差し出すこと。

(12) 室町時代の文化と最も関係の深いものを，次の**ア**～**オ**から選んで，記号で答えなさい。

ア 源氏物語　　**イ** 歌舞伎　　**ウ** 能　　**エ** 浮世絵　　**オ** 人形浄瑠璃

(13) 吉野ヶ里遺跡の所在地を，右の地図の**ア**～**コ**から選んで，記号で答えなさい。

(14) 関ヶ原の戦いがおこった場所を，右の地図の**ア**～**コ**から選んで，記号で答えなさい。

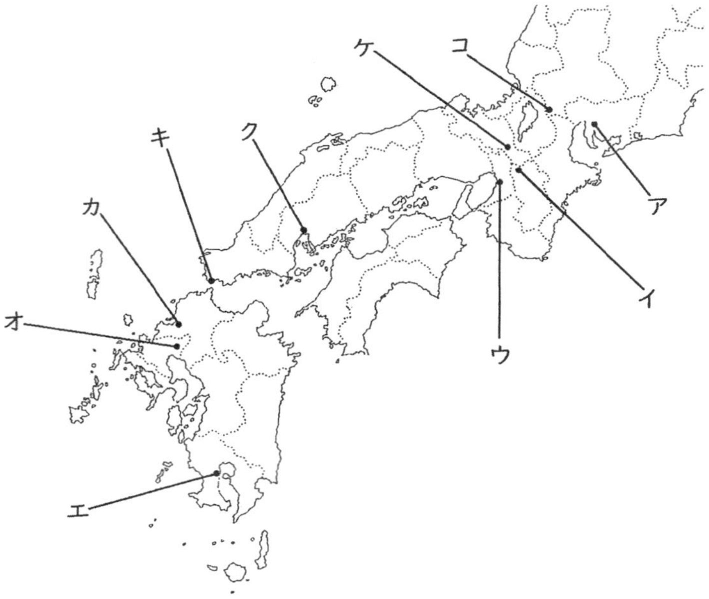

問２　次の年表や図を見ながら，あとの(1)～(12)の問いに答えなさい。

年	できごと
239	卑弥呼が中国に使いを送る
	A
593	聖徳太子が政治に参加する
	B
743	大仏をつくる命令を出す …ア
	C
1018	①藤原道長が歌をよむ
	D
1192	②源頼朝が【 1 】になる
	E
1368	足利義満が【 1 】になる
	F
1603	③徳川家康が【 1 】になる
	G
1623	④徳川家光が【 1 】になる
	H
1877	西南戦争がおこる …イ
	I
1889	大日本帝国憲法が発布される …ウ
	J
【 2 】	アジアや太平洋の各地を戦場とした戦争が終わる

図1

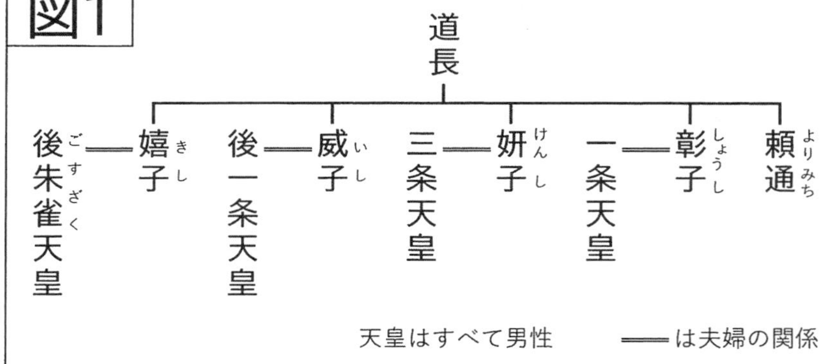

図2

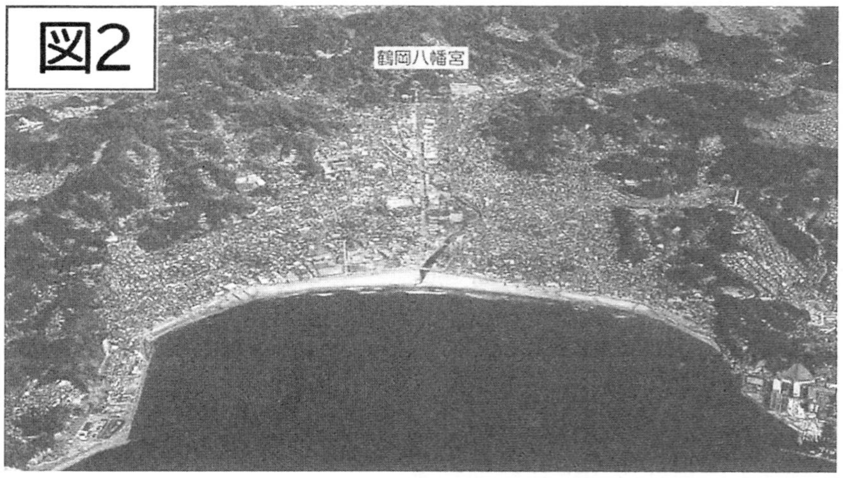

(1) 年表中の下線部①について，藤原道長が「この世をば わが世とぞ思ふもち月の かけたることも なしと思へば」という歌をよんだくらい大きな力を持ったのはなぜですか。**図１**から読み取れることをもとに，わかりやすく説明しなさい。

(2) 年表中の下線部②について，源頼朝が鎌倉に幕府を開いたのは，主に二つの理由があると考えられています。一つは「鎌倉が源氏にゆかりのある土地だったから」という理由ですが，もう一つの理由は何ですか。**図２**から読み取れることにふれながら，わかりやすく説明しなさい。

(3) 年表中の下線部③に関連して，徳川家康が行った外様大名の配置の特徴《とくちょう》を，次の語を必ず用いて，わかりやすく説明しなさい。　**江戸**

(4) 年表中の下線部④に関連して，1623年は何世紀ですか。解答らんにしたがって答えなさい。

(5) 年表中の【 １ 】に共通してあてはまる語を，解答らんにしたがって漢字５字で書きなさい。

(6) 年表中の【 ２ 】にあてはまる数字を書きなさい。

(7) 年表中の**ア**について，東大寺に大仏をつくる命令を出した人物は誰ですか。ひらがなで書かれた次の選択肢《し》から選んで，漢字に直して書きなさい。

がんじん　　　しょうむてんのう　　　てんじてんのう　　　ぎょうき

(8) 年表中の**イ**について，鹿児島の士族たちを率いてこの戦争をおこした人物は誰ですか。ひらがなで書かれた次の選択肢から選んで，漢字に直して書きなさい。

おおくぼとしみち　　　いたがきたいすけ　　　さいごうたかもり　　　さかもとりょうま

(9) 年表中の**ウ**について，大日本帝国憲法のもとに置かれた二つの議院のうち，一つは選挙で選ばれる衆議院ですが，もう一つを何といいますか。ひらがなで書かれた次の選択肢から選んで，漢字に直して書きなさい。

さんぎいん　　　すうみついん　　　しょうそういん　　　きぞくいん

(10) 中大兄皇子が天皇を中心とする国づくりを始めた時期を，年表中の**Ａ～Ｊ**から選んで，記号で答えなさい。

(11) 参勤交代の制度が整えられた時期を，年表中の**Ａ～Ｊ**から選んで，記号で答えなさい。

(12) 日清戦争がおこった時期を，年表中の**Ａ～Ｊ**から選んで，記号で答えなさい。

3

日本の国民の祝日に関して，小学６年生の修太くんは，お父さんと次のような会話をしました。また，あとの資料は，修太くんが作成した日本の国民の祝日の一覧です。会話文と資料を読んで，あとの問１～問４に答えなさい。

修太：ようやく冬休みの宿題が終わったよ。明日からまた学校だし，中学受験ももうすぐだから，お正月気分も味わえなかったな。

父　：お疲《つか》れさま。合格までもう一息だ。大変だと思うけどがんばるんだぞ。

修太：ありがとう。そういえば冬休みの宿題で日本の祝日について調べて改めて気づいたんだけど，日本の祝日って結構多いんだね。

父　：そうだね。日本は①世界の国の中でも上位に入るぐらい祝日が多い国なんだよ。

修太：へえー。今まで学校が休みになるからラッキーぐらいにしか思ってなかったな。

父　：日本の祝日は，「国民の祝日に関する法律」という②法律で定められていて，よりよい社会と豊かな生活を築き上げるために，国民をあげて祝ったり感謝したり，記念したりするための大切な日なんだ。修太も日本に暮らしているのなら祝日のことをしっかり知っておかないとね。

修太：はーい。でも調べてもよくわからない祝日もあったんだけど，例えば，③昭和の日ってどんな祝日なの？？

父　：これはもともと昭和天皇の誕生日だったことから，2007年に昭和の日になったんだ。昭和の時代には日本は外国と大きな戦争をしていたし，戦後も経済の発展による④公害の問題とか色々大変なことがあったから，その激動の時代に思いをはせるためにつくられたんだ。そういえばお父さんが今の修太と同い年の時に昭和から平成に変わったんだよ。それが今では令和の時代になってもう４年目。時がたつのは本当に早いな。

修太：そうだったんだね。ぼくは平成生まれだから，昭和のことはよく知らないけど，⑤確か天皇誕生日も平成のときは今と違っていたよね。天皇が変わるごとに祝日も変わるって不思議な感じだな。

父　：そうだね。でも成人の日や海の日のように，日にちで決めるのではなくて特定の週の月曜日に固定する祝日もあるんだよ。

修太：本当だね。なんでそんな祝日があるの？？

父　：それは《　　　　　》だよ。

修太：なるほど，そういうことか。祝日って色々と考えられているんだね。

父　：他に気になる祝日はあるかな。

修太：気になるというか，成人の日ってなんか複雑な気持ちになる祝日だと思ったな。祝福されるのはうれしいけど，大人って大変そうだから子どものままでいたいと思う人もいるんじゃないかな。

父　：お父さんも昔は同じようなことを思っていたよ。確かに大人になったら色々と大変だけど，その分楽しいこともいっぱいあるぞ。良くも悪くも自分で責任を持って行動しないといけないのが大人だからね。⑥修太もあと６年後には成人だけど，高額商品の契約《けいやく》やお酒の飲み過ぎには十分に気をつけるんだぞ。

修太：うん，気をつけるよ。よーし，将来立派な大人になるためにもまずは勉強がんばるぞ。

[国民の祝日の一覧]

祝日の名前	月　日	内　容
元日	１月１日	年のはじめを祝う。
成人の日	１月の第２月曜日	大人になったことを自覚し，みずから生きぬこうとする青年を祝いはげます。
建国記念の日	２月11日	建国をしのび，国を愛する心を養う。
天皇誕生日	２月23日	天皇の誕生日を祝う。
春分の日	春分日	自然をたたえ，生物をいつくしむ。
昭和の日	４月29日	激動の日々を経て，復興をとげた昭和の時代を顧《かえり》み，国の将来に思いをいたす。
憲法記念日	５月３日	⑦日本国憲法の施行《しこう》を記念し，国の成長を期する。
【Ａ】の日	５月４日	自然に親しむとともに，その恩恵に感謝し，豊かな心をはぐくむ。
こどもの日	５月５日	こどもの人格を重んじ，こどもの幸福をはかるとともに，母に感謝する。
海の日	７月の第３月曜日	海の恩恵に感謝するとともに，海洋国日本のはん栄を願う。
【Ｂ】の日	８月11日	【Ｂ】に親しむ機会を得て，【Ｂ】の恩恵に感謝する。
敬老の日	９月の第３月曜日	多年にわたり社会につくしてきた老人を敬愛し，長寿《ちょうじゅ》を祝う。
秋分の日	秋分日	祖先をうやまい，なくなった人々をしのぶ。
スポーツの日	10月の第２月曜日	⑧スポーツにしたしみ，健康な心身をつちかう。
【Ｃ】の日	11月３日	自由と平和を愛し，【Ｃ】をすすめる。
勤労感謝の日	11月23日	⑨勤労をたっとび，生産を祝い，国民たがいに感謝しあう。

問１　【Ａ】～【Ｃ】にあてはまる語を書きなさい。

問２　修太くんのお父さんは何歳《さい》だと推測できますか。最も適切なものを，次の**ア**～**エ**から選んで，記号で答えなさい。

ア　39歳　**イ**　42歳　**ウ**　45歳　**エ**　48歳

問３　下線部①～⑨に対応する，次の各問いに答えなさい。

①　世界中の国の安全と平和を守るための組織に国際連合がありますが，そのうち難民問題に取り組んでいる機関として最も適切なものを，次の**ア**～**エ**から選んで，記号で答えなさい。

ア　ＵＮＥＳＣＯ　**イ**　ＵＮＨＣＲ　**ウ**　ＵＮＩＣＥＦ　**エ**　ＵＮＥＰ

②　法律の制定の説明として最も適切なものを，次の**ア**～**エ**から選んで，記号で答えなさい。

ア　法律案の審議《しんぎ》は衆議院から先におこなわなければならない。
イ　本会議では専門家から意見をきくための公聴会が開かれる場合がある。
ウ　法律案は国会議員だけでなく内閣も提出することができる。
エ　衆議院と参議院それぞれで可決された法律は内閣によって公布される。

③　昭和時代におきた次の**ア**～**エ**のできごとを，解答らんにしたがって，古いものから順に並べかえなさい。

ア　サンフランシスコ平和条約の締結《ていけつ》　**イ**　日中平和友好条約の締結
ウ　第一次石油危機の発生　**エ**　ソ連との国交回復

④　公害についての次の記述Ⅰ～Ⅲのうち，正しいものはどれですか。正しい記述の組合せとして最も適切なものを，あとの**ア**～**キ**から選んで，記号で答えなさい。

Ⅰ　四大公害の原因はすべて水質汚染《おせん》によるものである。
Ⅱ　四大公害の発生を受け1967年に公害対策基本法が制定された。
Ⅲ　公害防止や環境保全のために1971年に環境省が設置された。

ア　Ⅰ　**イ**　Ⅱ　**ウ**　Ⅲ　**エ**　ⅠとⅡ　**オ**　ⅠとⅢ　**カ**　ⅡとⅢ　**キ**　ⅠとⅡとⅢ

⑤　平成時代に天皇誕生日だった日付を，解答らんにしたがって答えなさい。

⑥　このお父さんの発言は，日本の法律上適切であるとはいえません。それはどのような点ですか。本文の内容をもとに，次の語を必ず用いて，わかりやすく説明しなさい。　**成人**

⑦　次の日本国憲法第９条の条文の【Ｘ】・【Ｙ】にあてはまる語を漢字で書きなさい。

> 日本国民は，正義と秩序を基調とする国際平和を誠実に希求し，国権の発動たる戦争と【Ｘ】による威嚇又は【Ｘ】の行使は，国際紛争を解決する手段としては永久にこれを【Ｙ】する。

⑧　右の図は，東京オリンピック2020で実際に使用された競技種目の図記号の一つです。これは文字や会話によるコミュニケーションが困難な人でも正しく情報を理解するために作られたものですが，このような図記号を何といいますか。カタカナで書きなさい。

⑨　「勤労の義務」は，国民の三大義務の一つですが，あとの二つを答えなさい。

問４　《　　　》にあてはまる言葉を，本文の内容に合うように答えなさい。

※教英出版注
音声は，解答集の書籍ＩＤ番号を教英出版ウェブサイトで入力して聴くことができます。

2022年度

修道中学校　入学試験問題

【Ｃ．Ｔ．】

時間50分

表紙を除いて5ページ

受験上の注意　テストが始まるまでによく読んでください。

1．**このテストは放送を使って行われます。放送をよく聞いて，その指示に従ってください。**
2．テスト終了《しゅうりょう》のチャイムが鳴るまで，テスト教室を出てはいけません。
3．腕時計《うでどけい》のアラームを鳴らしてはいけません。
4．休憩《きゅうけい》時間に付添《つきそい》の人に会ってはいけません。
5．からだの具合が悪くなったら，監督《かんとく》の先生に申し出てください。
6．問題用紙は回収しないので持ち帰ってください。
7．机の上に計算・下書き・落書きなどをしてはいけません。
8．自分の持ってきたメモ用紙，下敷《したじ》きや電卓《でんたく》を使ってはいけません。
9．机の中に物を入れてはいけません。
10．テストはまじめな態度で受けてください。テスト中によそ見をしたり先生の指示が守れない人は合格になりません。
11．問題の内容についての質問はいっさいしてはいけません。もし，印刷のわからないところなどがあったら，静かに手を挙げてください。
12．筆記用具，定規，コンパスなど物の貸し借りをしてはいけません。
13．答えは全《すべ》て解答用紙に書いてください。
14．解答用紙にＱＲコードシールをはり、名前は書かず，受験番号だけを算用数字で書いてください。
15．先生の「はじめなさい」の指示で鉛筆《えんぴつ》をとり「やめなさい」の指示があったらすぐに鉛筆を置いてください。
16．テスト中に物を落とすなど困ったことがあったら，静かに手を挙げてください。

1

問１　放送で出題します。

問２　放送で出題します。

ア　グラウンド

イ　中庭

ウ　ピロティー

エ　メインアリーナ

問３　放送で出題します。

ア　剣《けん》道《どう》班

イ　柔《じゅう》道《どう》班

ウ　ワンダーフォーゲル班

エ　ハンドボール班

問４　放送で出題します。

問５　放送で出題します。

問６　放送で出題します。

ア　プール → グラウンド → テニスコート

イ　グラウンド → プール → テニスコート

ウ　グラウンド → テニスコート → プール

エ　プール → テニスコート → グラウンド

オ　テニスコート → プール → グラウンド

カ　テニスコート → グラウンド → プール

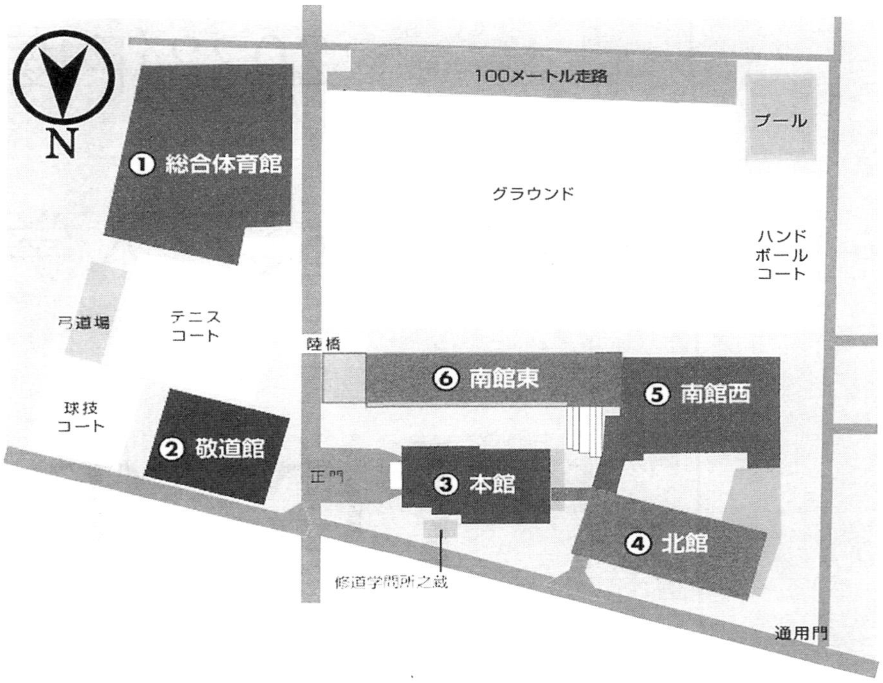

2022(R4) 修道中
教英出版　CT6の2

2

問１　放送で出題します。

問２　放送で出題します。

ア　にんじん

イ　じゃがいも

ウ　さやいんげん

エ　うす切り肉

オ　ほうれん草

問３　放送で出題します。

ア　食材に焼き目を付けるため。

イ　食材のくずれを防ぐため。

ウ　味をしみ込《こ》みにくくするため。

エ　アクを取るため。

オ　うまみを取り除《のぞ》くため。

問４　放送で出題します。

ア

イ

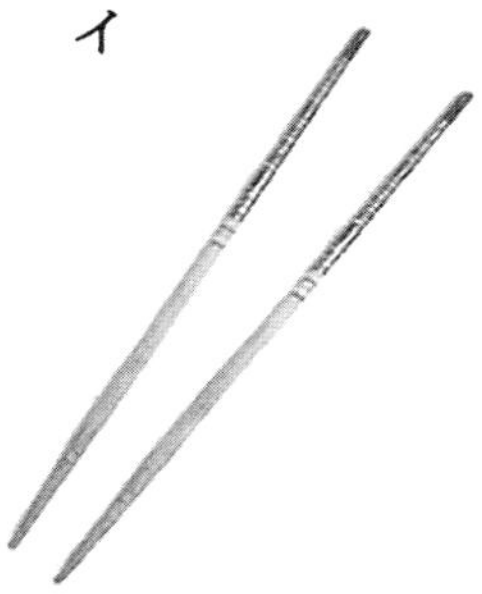

ウ

エ

オ

問５　放送で出題します。

問６　放送で出題します。

ア

時間	ご飯	肉じゃが	ごま和《あ》え
10:30～		いも・野菜の下ごしらえ	
10:40～			
10:50～	米を洗う	食材をいためる	ほうれん草をゆでる
11:00～	米をたく	食材をにる	ごまと調味料を混ぜる
11:10～			ほうれん草と調味料を和える
11:20～	盛《も》り付け		

イ

時間	ご飯	肉じゃが	ごま和え
10:30～	米を洗う	いも・野菜の下ごしらえ	ほうれん草をゆでる
10:40～	米をたく		ごまと調味料を混ぜる
10:50～		食材をいためる	ほうれん草と調味料を和える
11:00～		食材をにる	
11:10～			
11:20～	盛り付け		

ウ

時間	ご飯	肉じゃが	ごま和え
10:30～	米を洗う	いも・野菜の下ごしらえ	
10:40～	米をたく		
10:50～		食材をいためる	ほうれん草をゆでる
11:00～		食材をにる	ごまと調味料を混ぜる
11:10～			ほうれん草と調味料を和える
11:20～	盛り付け		

エ

時間	ご飯	肉じゃが	ごま和え
10:30～	米を洗う		ほうれん草をゆでる
10:40～	米をたく	いも・野菜の下ごしらえ	ごまと調味料を混ぜる
10:50～			ほうれん草と調味料を和える
11:00～		食材をいためる	
11:10～		食材をにる	
11:20～	盛り付け		

2022(R4) 修道中
教英出版　CT6の3

3　次の表を参考にして、放送で出題する問題に答えなさい。

番号	項目《こうもく》	数値《すうち》
①	あるコンビニエンスストア１店舗《てんぽ》の１日の利用者数	８００人
②	あるコンビニエンスストア１店舗の従業員数	１５人
③	あるコンビニエンスストア１店舗の１日の売上	５０万円
④	広島県にあるコンビニエンスストアの店舗数	１，１００店舗
⑤	１日の国内のコンビニエンスストアの総利用者数	４，０００万人
⑥	１日の国内のコンビニエンスストアの総売上	３００億円
⑦	日本の総人口	1億2，０００万人
⑧	日本の国土面積	３７８，０００㎢
⑨	日本の都道府県数	４７

問１　放送で出題します。

ア　７００＋４７で計算して約７５０局

イ　７００－４７で計算して約６５０局

ウ　７００×４７で計算して約３３，０００局

エ　７００÷４７で計算して約１５局

問２　放送で出題します。

ア　④×⑧　または　⑧×④

イ　④×⑨　または　⑨×④

ウ　①×⑧　または　⑧×①

エ　①×⑨　または　⑨×①

問３　放送で出題します。

（解答例）

問3	③×⑦

4

問１　放送で出題します。

問２　放送で出題します。

ア　年号や漢字などをたくさん書くことで覚える。

イ　複数の情報を関連付けることで覚える。

ウ　テストをたくさんこなすことで覚える。

エ　競技として楽しむことで覚える。

問３　放送で出題します。

問４　放送で出題します。

問５　放送で出題します。

（１）　漢字について、部首やつくりの働きや意味・音を意識しながら覚える。

（２）　日本の都道府県名や県庁《けんちょう》所在地名を、地図と照らし合わせて覚える。

（３）　円周率の3.14よりあとの数字を、覚えられるだけ覚える。

（４）　初めて知った英単語の意味を、文脈の中で理解して覚える。

5

問１　３人は集合時間より何分早く集合しましたか。算用数字で答えなさい。

問２　３人が最も早く原爆《げんばく》ドームに行くために使う交通機関は何ですか。駅のアナウンスや時刻《じこく》表を参考にして答えなさい。

問３　３人が原爆ドームから宮島港に行くために使う交通機関は何ですか。駅のアナウンスや時刻表を参考にして答えなさい。

問４　３人が宮島港に到着するのは、何時何分ですか。駅のアナウンスや時刻表を参考にして答えなさい。

問５　ひろきさんが宮島でやりたいことは何ですか。２つ答えなさい。

［時刻表］

JR 電車経由					
広島駅	10:00	10:40	11:05	11:30	11:45
↓					
西広島駅	10:13	10:53	11:18	11:43	11:58
↓					
宮島口駅	10:25	11:05	11:30	11:55	12:10
↓（フェリー利用）					
宮島港	10:40	11:20	11:45	12:10	12:25

路面電車経由					
広島駅	9:46	10:10	10:25	10:35	10:50
↓					
原爆ドーム前	10:01	10:24	10:39	10:49	11:04
↓					
宮島口駅	10:42	11:05	11:20	11:30	11:45
↓（フェリー利用）					
宮島港	11:00	11:20	11:35	11:45	12:00

市内バス					
広島駅	9:45	10:06	10:17	10:28	10:39
↓					
原爆ドーム前	9:55	10:16	10:27	10:38	10:49

高速船					
原爆ドーム前	10:07	10:23	10:40	11:05	11:13
↓					
宮島港	10:52	11:08	11:25	11:50	11:58

6

①

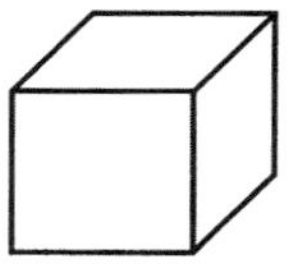

②

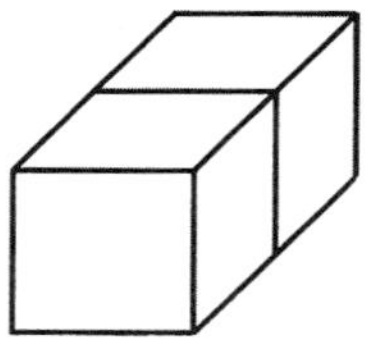

③－1

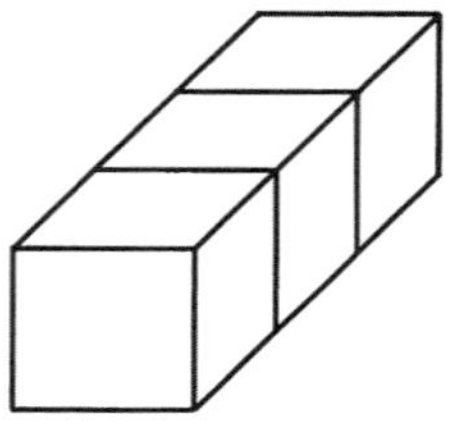

③－2

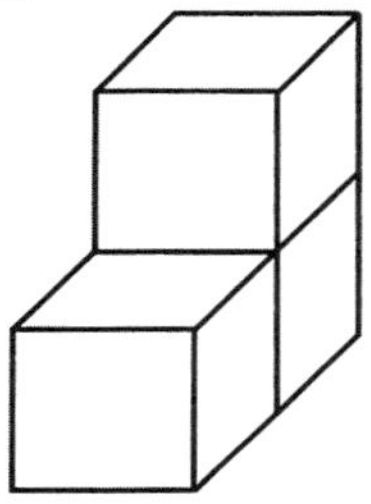

④－1

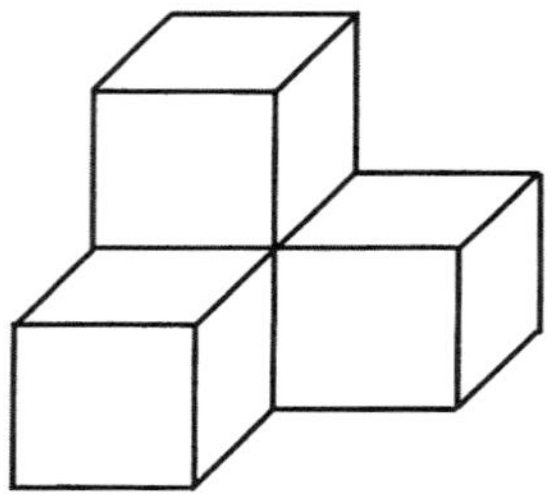

④－2

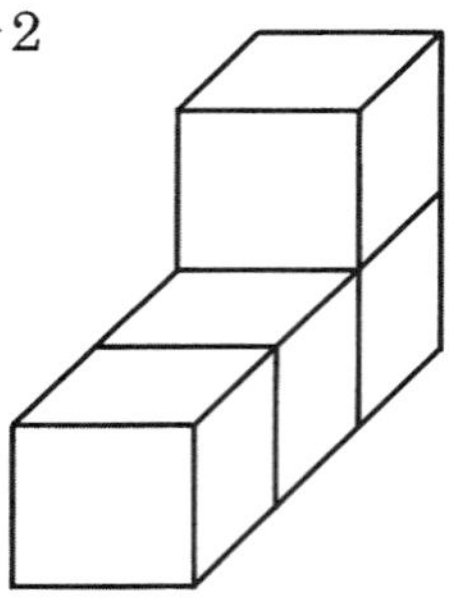

④－3

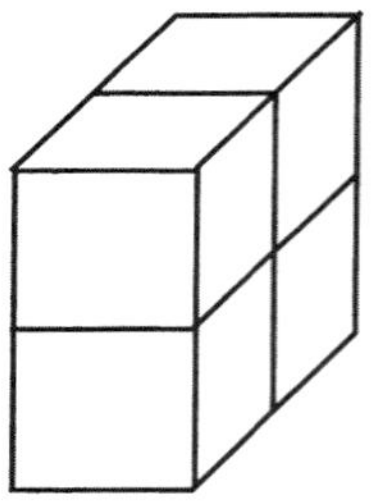

④－4

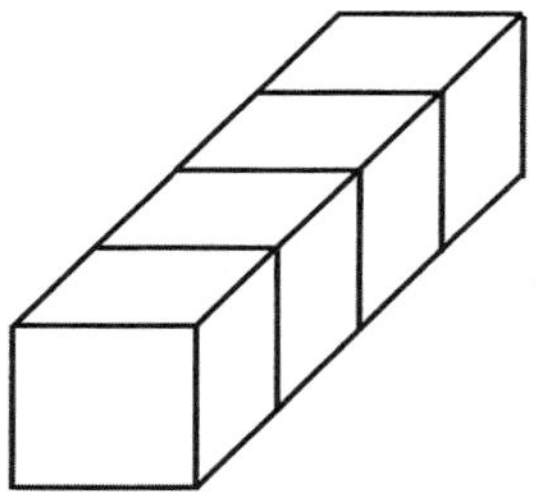

④－5

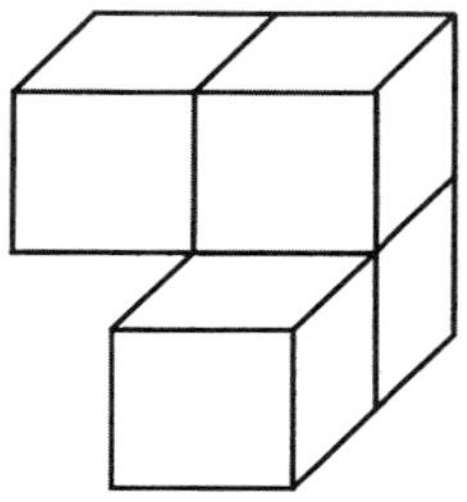

④－6

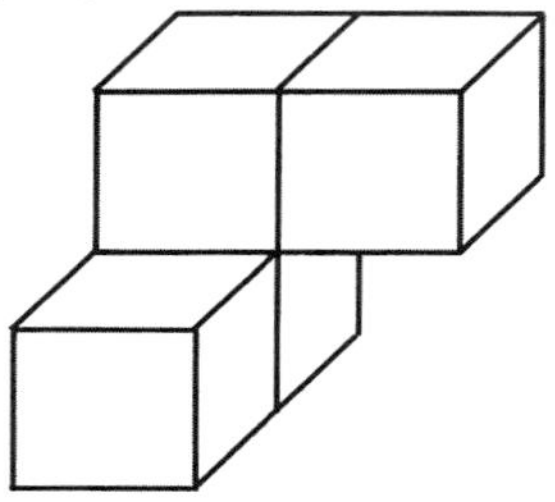

④－7

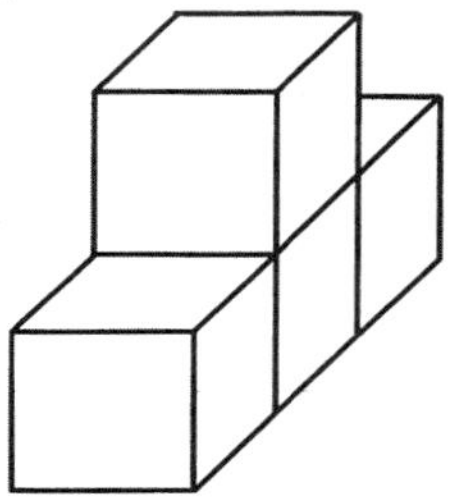

④－8

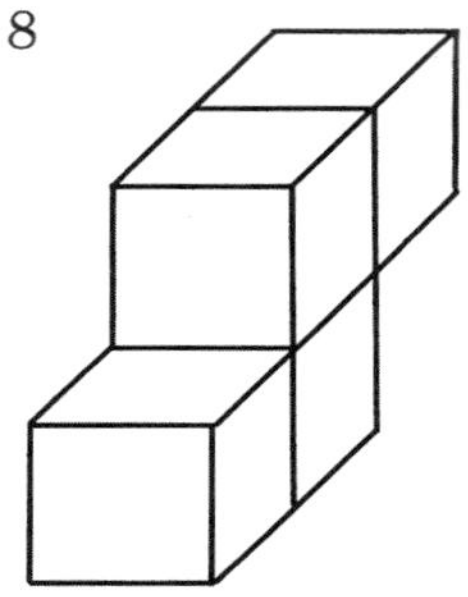

問1　放送で出題します。解答時間は 30 秒です。

問2　放送で出題します。解答時間は 60 秒です。

問3　放送で出題します。

2022年度　修道中学校入試問題
国　語　解答用紙

220110

↓ここにシールをはってください。

受験番号

※125点満点
（配点非公表）

一

問一　解答は、楷書《かいしょ》でていねいに書きなさい。

①

②

③ んで

④

⑤

⑥ い

⑦

⑧

⑨

⑩

問二

①

②

③

④

⑤

二

問一

問二

問三

問四

三

問一

問二

問三

問四

問五

問六

2022年度　修道中学校入試問題
算　数　解答用紙

220150

↓ここにシールをはってください。

※125点満点
（配点非公表）

受験番号

1

(1)	(2)	(3)
(4)	(5)	(6) %
(7) 倍	(8) 点	(9) cm

2

(1) 通り	(2) cm	(3)①	(3)②
(4)周りの長さの和 cm	面積の和 cm^2		

3

(1) cm^2	(2) cm	(3) 枚以上	枚以下

4

(1) 分速 m	(2) 分 秒後	(3) m

5

(1)ア	(1)イ	(1)ウ	(1)エ
(2)	(3) 個		

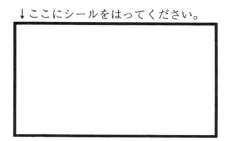

2022年度　修道中学校入試問題
理　科　解答用紙

220140

↓ここにシールをはってください。

受験番号

※100点満点
（配点非公表）

1

問1

問2 (1) (2) (3) (4)

問3

問4 %

問5

問6 ⑤ ⑥ ⑦

問7

問8 (1) g (2) g

2

問1 時間 分 秒

問2

問3

問4

問5

問6

問7

3

問1

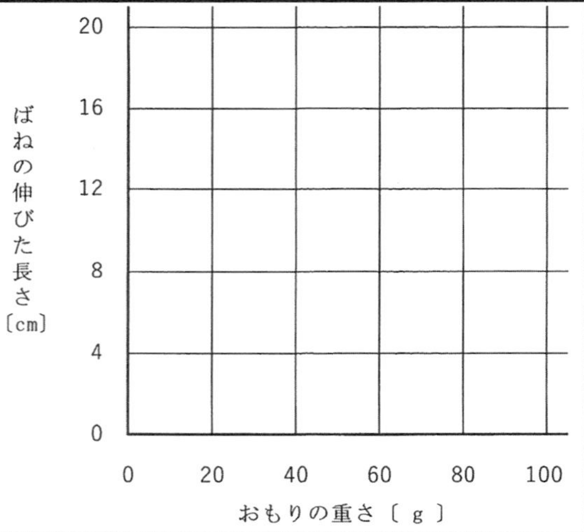

問2

問3 cm

問4 g

問5 g

問6 cm

問7 cm

問8 cm

問9 g

4

問1 (1) (2)

問2 (1) (2)

問3

問4

問5

問6 (1) (2)

問7

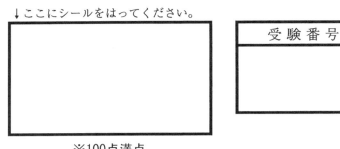

2022年度　修道中学校入試問題
社　会　解答用紙

220120

↓ここにシールをはってください。

受験番号

※100点満点
（配点非公表）

1

問1							
A	C	E	G	I	K	M	O

問2						
B	D	F	H	J	L	N

問3		
B　市	C　市	H　市
I　市	M　市	N　市

問4

問5
(1)
(2)

問6
工業がさかんであること。

2

問1				
(1)　遺跡	(2)	(3)	(4)	(5)
(6)	(7)	(8)	(9)	(10)
(11)		(12)	(13)	(14)

問2				
(1)				
(2)				
(3)				
(4)　世紀	(5)		(6)	(7)
(8)	(9)	(10)	(11)	(12)

3

問1			問2
A	B	C	

問3				
①	②	③　→　→　→	④	⑤　月　日
⑥				
⑦ X	Y	⑧		
⑨				

問4

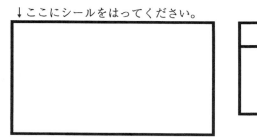

2022年度　修道中学校入試問題
C. T.　解答用紙

220130

↓ここにシールをはってください。

※100点満点
（配点非公表）

受験番号

1

問1	分間	問2		問3		問4	班
問5							
問6							

2

問1		問2		問3	
問4		問5	ml	問6	

3

問1		問2		問3	

4

問1			問2		問3	スポーツ
問4	こと。					
問5	(1)	(2)	(3)	(4)		

5

問1	分	問2		問3		問4	時　分
問5							

6

問1	面	問2	
問3	記号	面の数　面	

2021年度

修道中学校　入学試験問題

【国語】

時間50分

表紙を除いて６ページ

受験上の注意　テストが始まるまでによく読んでください。

1．テスト終了《しゅうりょう》のチャイムが鳴るまで，テスト教室を出てはいけません。
2．腕時計《うでどけい》のアラームを鳴らしてはいけません。
3．休憩《きゅうけい》時間に付添《つきそい》の人に会ってはいけません。
4．からだの具合が悪くなったら，監督《かんとく》の先生か腕章《わんしょう》を着けた生徒に申し出てください。
5．問題用紙は回収しないので持ち帰ってください。
6．机の上に計算・下書き・落書きなどをしてはいけません。
7．自分の持ってきたメモ用紙，下敷《したじ》きや電卓《でんたく》を使ってはいけません。
8．机の中に物を入れてはいけません。
9．テストはまじめな態度で受けてください。テスト中によそ見をしたり先生の指示が守れない人は合格になりません。
10．問題の内容についての質問はいっさいしてはいけません。もし，印刷のわからないところなどがあったら，静かに手を挙げてください。
11．筆記用具，ものさし，コンパスなど物の貸し借りをしてはいけません。
12．答えは全《すべ》て解答用紙に書いてください。
13．解答用紙には名前は書かず，受験番号だけを算用数字で書いてください。
14．先生の「はじめなさい」の指示で鉛筆《えんぴつ》をとり「やめなさい」の指示があったらすぐに鉛筆を置いてください。
15．テスト中に物を落とすなど困ったことがあったら，静かに手を挙げてください。

一 次の漢字と語句の問題に答えなさい。

問一 ①～⑩の文章中の――線部のカタカナを漢字になおしなさい。

① 演奏会のキョウサン企業《きぎょう》を募集《ぼしゅう》する。
② 預かった物をゲンジュウに保管する。
③ 台風のイキオいがおとろえる。
④ 予定をタンシュクする。
⑤ カソウ行列を見物する。
⑥ 読書家の祖父はハクシキだ。
⑦ 在宅キンムが広まった。
⑧ 首相《しゅしょう》のキョシュウが話題になる。
⑨ 多大なソンガイをこうむる。
⑩ 過去のカンレイに従う。

問二 次の□にあてはまる言葉として適当なものを、次のア～オから一つ選び、記号で答えなさい。

① □に火をともす……非常にけちなこと。
ア 爪《つめ》　イ 鼻　ウ 髪《かみ》　エ 指　オ 腰《こし》

② □を売る……仕事をなまけること。
ア 夢　イ 媚《こび》　ウ 恩《おん》　エ 顔　オ 油

③ 他山の□……他人のつまらぬ言行も自分を育てる助けとなること。
ア 玉　イ 鏡　ウ 石　エ 鬼《おに》　オ 森

④ 一日《いちじつ》千□……非常に待ちどおしいこと。
ア 春　イ 朝　ウ 秋　エ 年　オ 夜

⑤ 火中の□を拾う……自分の利益にならないのに、他人のために危険をおかすこと。
ア 豆　イ 梨　ウ 柿《かき》　エ 桃《もも》　オ 栗《くり》

二 次の文章は、稲垣栄洋《いながきひでひろ》『身近な雑草の愉快《ゆかい》な生きかた』（筑摩書房《ちくましょぼう》）の一部です。これを読んで、後の問いに答えなさい。

山路来て何やらゆかし菫草《すみれぐさ》（『野ざらし紀行』）

①松尾芭蕉《まつおばしょう》の句に詠《よ》まれるように、スミレは山道のやや明るいところによく生えている。しかし、山野に咲《さ》くイメージが強いスミレも、気をつけてみるとコンクリートの割れ目や石《いし》垣《がき》の隙間《すきま》など、街のなかでも見ることができる。

②スミレの種子には「エライオソーム」というゼリー状の物質が付着している。この物質はアリの好物で、お菓子《かし》の「おまけ」のような役割を果たしている。子どもたちが「おまけ」欲《ほ》しさにお菓子を衝動《しょうどう》買いしてしまうように、アリもまたエライオソームを餌《えさ》とするために種子を自分の巣に持ち帰るのだ。このアリの行動によってスミレの種子は遠くへ運ばれるのである。

しかし、アリの巣は地面の下にある。地中深くへと持ち運ばれたスミレは芽を出すことができるのだろうか。もちろん心配はご無用。これも計算のうちである。

アリがエライオソームを食べ終わると、種子が残る。種子はアリにとっては食べられないゴミなので、巣の外へ捨ててしまうのだ。このアリの行動によってスミレの種子はみごとに散布されるのである。

アリの巣は必ず土のある場所にある。街のなかではアリの巣の出入口はアスファルトやコンクリートの隙間をうまく利用している。野の花のイメージが強いスミレが街の片隅《かたすみ》のコンクリートの隙間や石垣に生えているのは、わずかな土を選んでアリに種を播《ま》いてもらっているからにほかならない。そのうえ、アリのごみ捨て場所には、ほかにも植物の食べかすなども捨てられているから、水分も栄養分も豊富に保たれているという特典つきである。

スミレは花にも驚《おどろ》くべき秘密がある。スミレの花をよく見ると、③花を長くして後ろへ突《つ》き出た形になっている。この突き出ているのが「距《きょ》」と呼ばれる部分である。距は蜜《みつ》の容《い》れ物になっている。茎《くき》は前方の花の部分と後方の距の真ん中についていて、やじろべえのようにバランスをとっている。花を長くするために、中央でバランスをとるような構造になっているのである。

そうまでして花を長くしたのには理由がある。花にはさまざまな虫が訪《おとず》れる。花粉を運んでくれる虫もいれば、花粉を運ばずに蜜だけを盗《ぬす》んでいく虫もいる。スミレは玉石混淆《ぎょくせきこんこう》の虫のなかから、真に花粉を運んでくれるパートナーを選び出さなければならない。そのため長い花を作り上げたのである。

『イソップ物語』の「ツルとキツネ」では、ツルがごちそうした長い筒状《つつじょう》の容器では、キツネはスープを飲むことができなかった。代わりにキツネがごちそうした平たい容器では、ツルはスープを飲むことができなかった。スミレの花粉を運んでくれるのは、［a］ハナバチの仲間である。だから、ツルの話と同じように長い筒状の容器を用意すればいい。これがスミレの花が長くなった理由である。

花のなかをのぞいてみると、雌《め》しべのまわりには膜《まく》があって、ちょうど片手で水をすくうときのような形になっている。［b］のだ。そして、［c］のである。

これで準備は整った。ハナバチが訪れて、花のなかに頭を突《つ》っ込《こ》むと、五本の指から中指が離《はな》れるように雌しべの部分がずれて容れ物に隙間ができる。そして、［d］のである。

しかし、こんなに用意周到《よういしゅうとう》に準備して待っていても、春を過ぎるとハナバチはすっかり訪れなくなってしまう。そのころになるとスミレはつぼみ（蕾）のまま、花を咲かせなくなる。別にふてくされてしまったわけではない。つぼみのなかで雄《お》しべが雌しべに直接ついて、受粉してしまうのである。開くことなく種子をつけるこの花は「⑤閉鎖花《へいさか》」と呼ばれている。閉鎖花は最初から咲く気がないのである。④忍者屋敷《にんじゃやしき》のしかけを連想させるような何とも手の込《こ》んだ構造になっている。

たしかに、自分の花粉をつけるよりも他の花から運んでもらった花粉をつけるほうがいい。そのほうが、さまざまな遺伝子を持つ子孫を残すことができるからである。しかし、それはハナバチが訪れてくれればの話である。いくら理想を語っても種子が残せなければ意味がない。そこで次善の策として自分の花粉で受精するのである。

この閉鎖花にもメリットはある。

一つは虫まかせな方法に比べて、確実に種子を残すことができる。さらに季節にも左右されないので、ハナバチが訪れなくなった夏から秋まで種子の生産が可能である。もう一つは、コスト削減《さくげん》が可能な点にある。虫を呼び寄せるための花びらも蜜も必要ない。花粉も受精に必要な最低限の量を用意すればいいのだ。

ひっそりと咲くスミレを「ゆかしい」と評した松尾芭蕉も、もし⑥この花のしたたかさを知ったなら、一体どう表現しただろうか。

（稲垣栄洋『身近な雑草の愉快な生きかた』）

問一　――線部①「松尾芭蕉」の作品を、次のア～オから一つ選び、記号で答えなさい。

ア　夏草に汽罐車《きくわんしや》の車輪来て止《とま》る　（注…汽罐車＝「機関車」のこと）

イ　古池や蛙《かはづ》とびこむ水の音　（注…蛙＝「かえる」のこと）

ウ　分け入つても分け入つても青い山

エ　プラタナス夜もみどりなる夏は来《き》ぬ　（注…プラタナス＝「植物」の一種）

オ　柿《かき》くへば鐘《かね》が鳴るなり法隆寺

問二　――線部②「スミレの種子には『エライオソーム』というゼリー状の物質が付着している」とありますが、このことは、スミレの種子にとってどのような利点がありますか、百字以内で詳《くわ》しく説明しなさい。

問三　――線部③「花を長くして」とありますが、なぜスミレの花は長くなっているのでしょうか。その説明として適当な一文を四十五字程度でさがし、最初の五字を答えなさい。

問四　［a］にあてはまるハナバチの説明として適当なものを、次のア～オから一つ選び、記号で答えなさい。

ア　強い飛行能力をもつ

イ　舌を長く伸《の》ばすことのできる

ウ　スミレの蜜が大好物の

エ　花粉が体にくっつきやすい

オ　街のなかにも生息している

問五　――線部④「忍者屋敷のしかけを連想させるような何とも手の込んだ構造」について、その具体的な説明が［b］～［d］に入ります。それぞれにあてはまる説明として適当なものを、次のア～ウから一つずつ選び、記号で答えなさい。

ア　花粉がこぼれ落ちてハナバチの頭に降り注ぐ

イ　雄《お》しべは花粉をこの容れ物のなかにすべて落として入れてしまう

ウ　片手の中指の部分が雌しべになっていて、雌しべと膜とで花粉を入れる容れ物となる

問六　――線部⑤「閉鎖花」についての説明として誤っているものを、次のア～オから一つ選び、記号で答えなさい。

ア　閉鎖花は春に咲くことはないが、花粉を運んでくれるハナバチが飛ばなくなった夏から秋にかけて現れる。

イ　閉鎖花は、つぼみの中で自らの雄しべと雌しべで受粉するための仕組みであるため、虫の力を借りての受粉にくらべると、受粉の確率は高いといえる。

ウ　虫を呼び寄せるための花びらも蜜も必要のない閉鎖花は、無駄《むだ》なエネルギーを使うことなく受粉を可能とする方法である。

エ　閉鎖花は、虫に花粉を運ばせずに、花のなかで受粉を行うための手段であるが、多様な遺伝子をもった子孫を残すことができないという欠点がある。

オ　花を咲かせての受粉は、多くのエネルギーを必要とし受粉の効率もわるいため、スミレは閉鎖花での受粉を主要な手段として選択《せんたく》した。

問七　――線部⑥「この花のしたたかさ」とありますが、筆者はスミレのどのような点を「したたか」だと述べているのでしょうか。自分の言葉で簡潔《かんけつ》に説明しなさい。

三　次の文章は、佐藤《さとう》まどか『アドリブ』（あすなろ書房《しょぼう》）の一部です。ユージは日本人だが、幼少期から母とイタリアで暮らしており、フルートの美しさに感動して以来、国立音楽院でフルートを習っている。本文は、彼《かれ》がイタリア・ヤングオーケストラ（テレビでも放送されるオーケストラ）のオーディションに挑《いど》む場面で、第一次審査《しんさ》の曲、バッハの『パルティータ』を練習する中、同じ音楽院に通う（注1）サンドロに「『パルティータ』なんて難しくないだろ」「おまえにはバッハは理解できない」と馬鹿にされて悩《なや》むシーンから始まる。これを読んで、後の問いに答えなさい。

家でフルートを吹《ふ》いていて、窓の外にふと目をやった。

季節は春で、すでに日が長くなってきていた。光り輝《かがや》く草の斜面《しゃめん》は赤く染まり、太陽は丘《おか》の向こうに沈《しず》み、ゆっくりと暗くなっていくけどまだほんのり明るくて、夕方と夜のあいだになる。

ぼくはこの時間が好きだ。真っ暗な夜が始まるまで、昼行性の動物は巣に入り、夜行性の動物はのろのろと這《は》い出してくる。

昼と夜のあいだ、音と無音のあいだ、行と行のあいだ、大人と子どものあいだ……。

そんな「あいだ」が好きだ。どっちでもないし、どっちでもある「[a]的」なもの。それはサンドロが好きな「[b]的なもの」とはちがうのだろう。

バッハは神のために作曲したのかもしれない。でもぼくには信仰《しんこう》がない。だから一点から光を与《あた》える[c]的なものじゃなくて、天と地のあいだの、消えゆく光のあいまいではかないものを感じながら吹いた。

ぼくにとっての『パルティータ』はこれだ、と思った。

第一次審査で参加者が次々に吹く『パルティータ』を聴《き》いて、同じ曲でもこんなにちがうのかと、愕然《がくぜん》とした。

サンドロの演奏は、ほかの音楽院のだれよりも正確で、非の打ちどころがなかった。まるで[d]ように、論理的で隙《すき》がなかった。サンドロにとって、バッハの『パルティータ』の答えは、完全無欠なのだ。

第一次審査の結果が出たとき、参加者はみな会場の大ホールにいた。結果発表が張りだされると、ホール中が大騒《おおさわ》ぎになった。ものすごい人だかりができて、張り紙になかなか近づけなかった。でも、早く結果を知りたかった。いつのまにか人をかきわけて前に進んでいた。パスしているように祈《いの》りながら、大きな紙を見つめた。前にいる人たちの頭が邪魔《じゃま》で、紙の下のほうが見えない。

どいてくれるように頼《たの》もうとしたとき、同じ音楽院のチェロ科の子が叫《さけ》んだ。

「ちぇっ、オレ、ダメだった。ヴァイオリンは……あったぞ、ジャンフランコ！　あとうちの音楽院では……フルートのサンドロと、えっ、ユージかよ？」

「まじ？　ユージ？」

同じ音楽院のなん人かがぼくを見た。

「そんなにおどろくことないだろ」

というと、みんなが笑った。

ぼくは自分の目で、第一次審査通過者リストに自分の名前があることを確認《かくにん》し、ホッと息をついた。

通らないかもしれないと思っていた。だからうれしいと同時に、意外だった。サンドロはもちろんパスしていたけれど、①マルタの名前がなかった。

マルタはぼくの背中をドスン、と叩《たた》いた。

「ま、こうなることは予想してたよ。あたし、バッハ苦手だし。せめてあんたが通ってよかった」

「……ごめん」

「あやまるな。ユージ！　あたしの仇《かたき》を討《う》て。ぜったい、サンドロに負けるなよ！」

ぼくはいつものように元気なマルタの声を聞くと、安心してうなずいた。でも、みんなにあいさつをして帰っていくマルタの顔は、くやしそうだった。

（注2）サンティーニ先生が歩いてきた。

「よかったよ、ユージ、サンドロ。ふたり残れたのは快挙だな。よし、二次審査に向けて、最後の調整をしよう。学院にもどるぞ」

ぼくたちは会場を出て、駅に向かった。

勝ち負けじゃない。これはコンクールじゃないんだから、順位があるわけじゃない。でも、選ばれたい。どうしても最終審査まで残って、本物のオケでソリストをやってみたい。しかも、最終審査の課題曲であるライネッケの『バラード』は大好きな曲なのだ。

翌日の第二次審査の演奏は、公平さを保つために、その場でランダムにくじを引いて、順番が決まった。

ぼくは三番目だった。

ぼくが吹く曲、ムーケの『パンの笛』には、それぞれの楽章に詩がついている。顔は人間で角を持ち、四肢《しし》は山羊《やぎ》のパン。陽《ひ》のあたる野原や森をかけまわり、小川のほとりでまどろみ、気ままな暮らしをしているパンを生き生きと描《えが》いた明るい曲だ。

楽しくて、ワクワクしてくるような第一楽章〈パンと羊飼い〉。

ゆったりとしたアダージョの第二楽章〈パンと小鳥たち〉。鳥のさえずりのような美しいメロディ。豊かな大自然の中で、自由に飛ぶ鳥。少しもの悲しいようなこの第二楽章がぼくは大好きだ。第一楽章や、華《はな》やかな第三楽章にはさまれた「あいだ」だ。

静かに終わった第二楽章のあとは、きらびやかな第三楽章。〈パンと妖精《ようせい》たち〉。ものすごい速さで動きまわり、あちこちでいたずらをしてまわる楽しい無邪気《むじゃき》な牧神パンをイメージしながら、『パンの笛』を吹きおえた。

頭を下げて、退場する。息を使いすぎたせいか、興奮していたからか、頭がくらくらして、よろめくように袖《そで》に入り息を整えた。

会場にはマルタも来ていた。サンティーニ先生は自分自身のデュオ・コンサートだったから、来られなかった。結果が出たらすぐ知らせるようにいわれている。

フルートを拭《ふ》いて、マルタのとなりにすわると、「すごくよかったよ」といわれてホッとした。マルタは、うっすらと涙《なみだ》を浮《う》かべていた。

「ちょっとヤキモチを焼きたくなるくらい、よかったよ、ユージ」

と、ささやいてくれたとき、もしここで敗退しても、やれるだけのことはやったと自覚できた。もちろん、最終審査でオケと吹きたい気持ちは残っているけれど。

サンドロの出番は最後だった。ぼくがまだ吹けそうにない『カルメン』を、彼は完璧《かんぺき》にこなした。感動したかどうか、は別の話だけど。

マルタが不服そうに耳打ちした。

「カルメンっぽくない。ドン・ホセに殺されるロマの女、カルメンの話だよ？　どろどろとした愛と憎《にく》しみ、落ちぶれた酒場、情熱と悪夢がまじりあったドラマチックな曲には聴こえなかったけど！」

たしかに、ぼくもそう思った。ライバルのことを悪く評価するのはアンフェアな気がして黙《だま》っていたけど、サンドロのテクニックに感心はしても、胸を揺《ゆ》さぶられたことはない。とくに、こういう情熱的な曲は、サンドロには向いていない気がした。

彼のバッハの解釈《かいしゃく》はわからないでもない。でも、カルメンをどう解釈しているんだろう？　サンドロのカルメンは、②えらくドラマチックな話をテレビの画面で（注3）ポテチでもかじりながら他人事《ひとごと》として観《み》ているような感じがした。

じりじりと待たされるのは、きつかった。結果は一時間後に出るはずだったけど、審査員の意見が分かれているらしく、一時間半過ぎても、結果は出なかった。

マルタは試験勉強があるからといって帰ってしまった。サンドロはいなくなり、ぼくは会場の外のベンチで自販機《じはんき》のエスプレッソコーヒーを飲んで板チョコをかじり、また会場の大ホールにもどって、ラテン語の勉強をした。

発表の時間になると、張り出された紙の前にあっという間に人が集まり、自分の名前を探すのにひと苦労した。でも、今度は十人しか残らない。目を凝《こ》らして、じっと見る。Yuji のYを探したけど、ない……ない……いや、あった！

【Mori Yuji】　あった！

心臓がバクバク打ちはじめた。小さくガッツポーズをした。

やった！　最終審査でオケと吹けるぞ！

あ、サンドロは？　あわててもう一度目を凝らす。

デッラ・コルテ・サンドロ……サンドロ・デッラ・コルテ……。ない。サンドロの名前がない。そんなバカな。なんど確認しても、やっぱりサンドロの名前はなかった。

③複雑な気分だった。正直、「あいつに勝ったぞ」という気持ちがなかったわけではない。でも同時に、後ろめたい気分にもなっていた。

キョロキョロすると、サンドロがホールから出ていくのが見えた。

ぼくは焦《あせ》って追いかけた。

「サンドロ！」

サンドロはスタスタ歩いていく。

「サンドロ、あのさ」

横に並んで話しかけると、サンドロはピタッと足を止めた。

「なぐさめの言葉でもかけに来たのか？」

その目は、いつものクールなサンドロのものじゃなかった。憎しみに満ちあふれていた。

「ご、ごめん。まさかこういう……」

「ばかやろう、あやまるな！」

サンドロはぼくの胸《むな》ぐらをつかむと、おそろしい形相《ぎょうそう》をした。その目は赤くなっていて、ぼくはハッとした。サンドロにも、感情はあるのだ。

なにもいえずにいると、サンドロはぼくの襟《えり》をつかんでいた手を放した。
「オレはおまえらのだれよりも努力してるし、テクニックもある！」
「わかってる」
「腹が立つんだ。毎日三十分しか練習していないヤツが選ばれたことにな！」
「それはちがうよ。今は毎日二時間ぐらい練習してるし、週末は五時間吹くよ。本当はもっと練習したい。でもぼくには、音楽家になれなかったら家を継《つ》ぐみたいな選択肢《せんたくし》はない。学校の勉強だってちゃんとやって、将来は仕事を見つけないといけないんだ」
「フン」と、サンドロは鼻で笑った。
「おまえんちの事情なんか関係ない。練習時間が二時間になっても変わらない。オレはずっと、ずっと、何年ものあいだ、毎日三時間吹いてきた。友だちも、学校も、ほかのことすべてを犠牲《ぎせい》にしてきた。ダメだったら家を継ぐみたいな選択肢は、オレにだってないんだよ！　そんな生半可《なまはんか》な気持ちでできるわけないだろう！　おまえやマルタとは、音楽への向き合い方がちがうんだ。おまえみたいなヤツが通って、オレが通らないのは許せない！」
　ぼくの中に、今まで感じたこともないような苛立《いらだ》ちがつのりはじめ、感情を抑《おさ》えきれなくなってきた。
「じゃあいわせてもらうけど、④なんで落ちたと思う？　きみほどのテクニックがあって、なぜ選ばれなかったんだ？」
　サンドロは目をむいた。
「趣味《しゅみ》の問題だ！　あいつら審査員の趣味に合わなかったから、オレは落ちた。ただそれだけだ。あいつらは、大げさな表現をするヤツが好きなんだろう。おまえみたいにな。オレはちがう。オレの音楽性は、そういう下品なものじゃない。わかる人にはわかるんだ」
　こんどこそ、ぼくはムカッと来た。
「そういう上から目線じゃ、審査員はおろか人の心を揺さぶるような演奏はできないと思う。サンドロはなんのために吹くんだ？　自分の超絶技巧《ちょうぜつぎこう》を自慢《じまん》したいからか？　ミスがひとつもないって褒《ほ》めてもらいたいからか？　自己満足に陶酔《とうすい》したいからか？　カルメンの悲劇に共感し、悲しみや喜びや情熱をだれかとシェアしたいからじゃないんだろう？」
「ふざけるな！　オレはおまえの何倍も努力してきた。それをおまえみたいな……」
　ぼくは彼の話をさえぎる。
「きみに足りないのは、テクニックじゃない。努力でもない。闇《やみ》だよ。不安で泣いたり、コンプレックスに苦しんだり、差別されて惨《みじ》めな想《おも》いをしたり、だれかに片思いをしたり、孤独《こどく》で死にそうになったりしたことなんてないだろ？　きみの心にはそういう闇がないから、人の苦しみや悲しみがわからないんだよ！　つまり、それが音楽だろう？」
　⑤サンドロが拳《こぶし》を振《ふ》りあげた。
　ぼくは思わず飛びのいた。
「一度ぐらいオレに勝ったからって、いい気になるな！」
　⑥サンドロはそのまま走っていってしまった。
　とんでもないことをいってしまった。でも、本心だった。
　サンドロにあんなことをいっておいて、罪悪感に押《お》しつぶされそうになっていた。
　ぼくには、本当に選ばれる権利なんてあったんだろうか。このまま先に進んでいいんだろうか。
　いや、ぼくは先に進まなければならない。ベストを尽《つ》くして、最終審査に挑もう。そして、ヤングオーケストラに入ろう。
　それがぼくの答えだ。適当にやり過ごしておずおずとあきらめるわけにはいかない。

（佐藤まどか『アドリブ』）

（注）1　サンドロ　……ユージの同級生でフルート科のエース
2　サンティーニ先生　……音楽院のフルートの教授
3　ポテチ　……ポテトチップスのこと

問一　[a]・[b]・[c]にあてはまる言葉の組み合わせとして適当なものを、次のア～クから一つ選び、記号で答えなさい。

ア	a　絶対	b　絶対	c　絶対
イ	a　絶対	b　絶対	c　非絶対
ウ	a　絶対	b　非絶対	c　絶対
エ	a　絶対	b　非絶対	c　非絶対
オ	a　非絶対	b　絶対	c　絶対
カ	a　非絶対	b　絶対	c　非絶対
キ	a　非絶対	b　非絶対	c　絶対
ク	a　非絶対	b　非絶対	c　非絶対

問二　[d]にあてはまる言葉として適当なものを、次のア～オから一つ選び、記号で答えなさい。
ア　複雑な数式がどんどん解かれていく
イ　大粒《おおつぶ》の雨が激しく降っている

ウ　堅《かた》く結ばれた糸が少しずつほどけていく

エ　夏場の蝉《せみ》が夜になっても鳴きやまない

オ　夜空の星がいつまでも輝いている

問三　――線部①「マルタの名前がなかった」とありますが、マルタはどのような人物だと思われますか。その説明として適当なものを、次のア～オから一つ選び、記号で答えなさい。

ア　プライドが高く、自分の技術に絶対的な自信を持っていて、その余裕《よゆう》ゆえに演奏技術が未熟な「ぼく」にも温かく接してくれる人物。

イ　周囲の自分への評価をまったく気にしない性格で、自分の感情を隠《かく》すことのない、とても純粋《じゅんすい》で、やや幼い人物。

ウ　自分の演奏技術が未熟であることを分かっているからこそ、他人の成功を自分のことのように喜べる心の広い人物。

エ　音楽に真剣《しんけん》に向き合い、結果にもこだわる一方で、友人の合格を素直《すなお》に喜んだり優《すぐ》れた演奏に感動したりできる人物。

オ　腹の底にある感情をめったに人に見せることはないが、ときには悔《くや》しくて涙を流してしまうような音楽への情熱あふれる人物。

問四　――線部②「えらくドラマチックな話をテレビの画面でポテチでもかじりながら他人事として観ているような感じがした」とありますが、「ぼく」がそのように感じたのはなぜですか。その理由を、次の文章中の空らんを補うかたちで答えなさい。

> 本来『カルメン』という曲を演奏するには、［　　　　］という姿勢が必要なのに、サンドロの演奏からは、その姿勢が伝わらなかったから。

問五　――線部③「複雑な気分だった」とありますが、このときの「ぼく」の気持ちとして適当なものを、次のア～オから一つ選び、記号で答えなさい。

ア　念願だったコンクールに予想外に受かってうれしい反面、自分の憧《あこが》れだったサンドロが落ちたことに納得《なっとく》できないでいる。

イ　最高の演奏ができたことがうれしい反面、自分だけが受かってしまったことで、サンドロから妬《ねた》まれることを恐《おそ》れている。

ウ　審査に合格し、オケと演奏できることが決まってうれしい反面、落ちたサンドロのことを考えると素直には喜べないでいる。

エ　見下してきた人たちの予想を裏切って合格したことがうれしい反面、目標が急になくなってしまうことを残念がっている。

オ　自分だけ合格を手にしたことがうれしい反面、落ちた人たちのことを考えると、どうしても罪悪感を消すことができないでいる。

問六　――線部④「なんで落ちたと思う？」とありますが、その理由を「ぼく」はどのようなものと考えていますか、七十五字以内で答えなさい。

問七　――線部⑤「サンドロが拳を振りあげた」とありますが、このときのサンドロの気持ちとして適当なものを、次のア～オから一つ選び、記号で答えなさい。

ア　一目置いていた「ぼく」だけが受かったことを、なかなか受け入れられずにいる。

イ　「ぼく」に気を遣《つか》われた上に、同情めいた態度をとられ、ひどく落ちこんでいる。

ウ　今まで必死に築きあげてきた技術と努力を「ぼく」に否定され、ひどく怒《おこ》っている。

エ　落ちた理由について、「ぼく」に図星をつかれ、何も言い返せず悔しく思っている。

オ　自分に対して見下すような口調で一方的に批難してきた「ぼく」を恨《うら》んでいる。

問八　――線部⑥「サンドロはそのまま走っていってしまった」とありますが、あなたがこの直後に「サンドロ」により良い演奏ができるようになるための助言をするならば、どのように声をかけますか。その内容を、理由とともに答えなさい。

2021年度

修道中学校　入学試験問題

【算数】

時間50分

表紙を除いて７ページ

受験上の注意　テストが始まるまでによく読んでください。

1．テスト終了《しゅうりょう》のチャイムが鳴るまで，テスト教室を出てはいけません。
2．腕時計《うでどけい》のアラームを鳴らしてはいけません。
3．休憩《きゅうけい》時間に付添《つきそい》の人に会ってはいけません。
4．からだの具合が悪くなったら，監督《かんとく》の先生か腕章《わんしょう》を着けた生徒に申し出てください。
5．問題用紙は回収しないので持ち帰ってください。
6．机の上に計算・下書き・落書きなどをしてはいけません。
7．自分の持ってきたメモ用紙，下敷《したじ》きや電卓《でんたく》を使ってはいけません。
8．机の中に物を入れてはいけません。
9．テストはまじめな態度で受けてください。テスト中によそ見をしたり先生の指示が守れない人は合格になりません。
10．問題の内容についての質問はいっさいしてはいけません。もし，印刷のわからないところなどがあったら，静かに手を挙げてください。
11．筆記用具，ものさし，コンパスなど物の貸し借りをしてはいけません。
12．答えは全《すべ》て解答用紙に書いてください。
13．解答用紙には名前は書かず，受験番号だけを算用数字で書いてください。
14．先生の「はじめなさい」の指示で鉛筆《えんぴつ》をとり「やめなさい」の指示があったらすぐに鉛筆を置いてください。
15．テスト中に物を落とすなど困ったことがあったら，静かに手を挙げてください。

1　次の(1)～(6)については□にあてはまる数を答えなさい。
(7)については解答用紙の展開図《てんかいず》に答えをかきなさい。

(1)　$6.2\times2+3.1\times4+12.4+24.8=$□

(2)　$1\div\left(1-\frac{1}{5}\right)\div\left(1-\frac{1}{4}\right)\div\left(1-\frac{1}{3}\right)\div\left(1-\frac{1}{2}\right)=$□

(3)　$0.125\times\left(1\frac{2}{5}\times\square-3\right)-0.5=0.35$

(4)　右の図の正六角形の面積が96 cm^{2}のとき，斜線《しゃせん》部分の面積は□cm^{2}です。

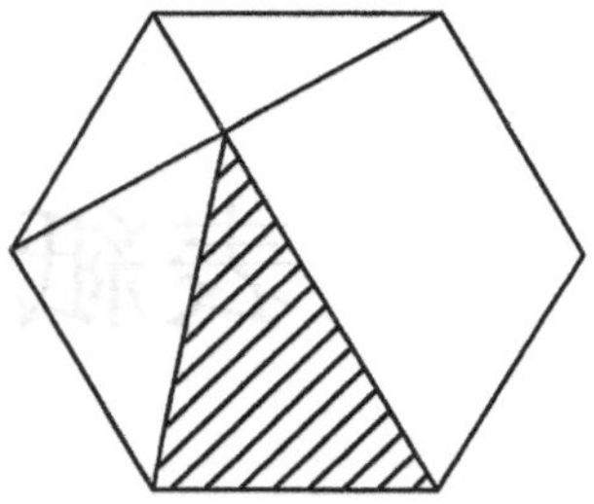

(5)　1辺の長さが6 cmの正方形の頂点の1つを中心として，半径を6 cmとするおうぎ形を，右の図のようにかきます。
右の図の斜線部分の面積の和は□cm^{2}です。
ただし，円周率を3.14として計算しなさい。

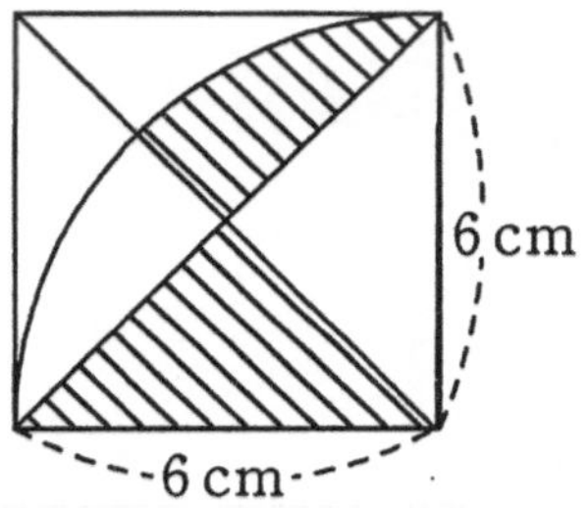

(6)　10 %の食塩水340 gに食塩を加えて15 %の食塩水を作るとき，加える食塩の量は□gです。

(7)　下の図の立方体において，3つの面の対角線AC，CF，FAをひきました。
解答用紙の展開図に，この3本の対角線AC，CF，FAをかきなさい。

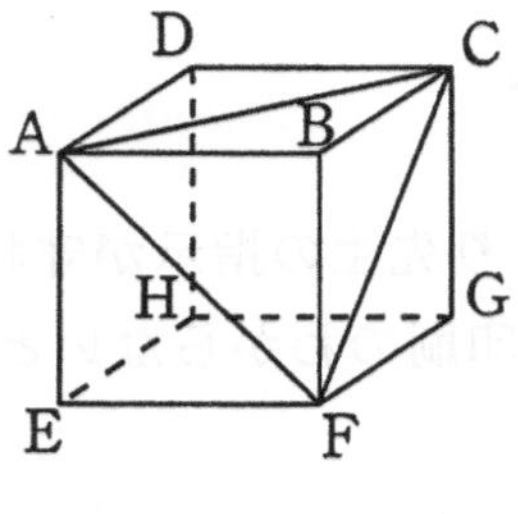

【展開図】

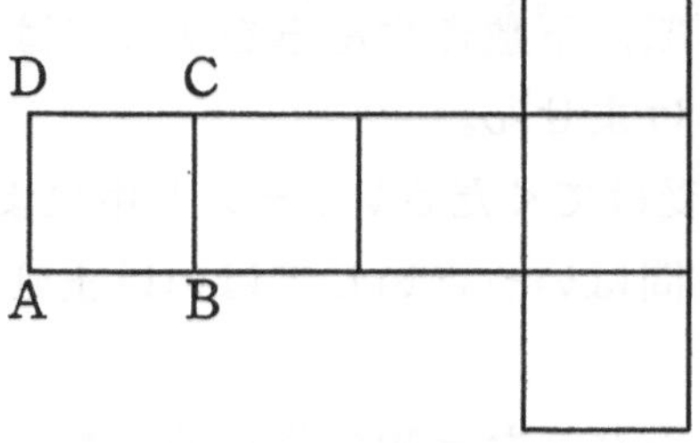

2 次の問いに答えなさい。

（1） 整数 n の約数の個数を $[n]$ と表すこととします。

たとえば，6の約数は1，2，3，6ですから，$[6]=4$ となります。

① $[48]$ を求めなさい。

② $[n]=4$ となる2けたの整数 n のうち，もっとも大きいものを求めなさい。

（2） 5時と6時の間で，時計の長針と短針が重なるのは，5時何分ですか。

（3） 下の図において，円の中心Oを通る直線と円周上の2点A，Bを通る直線とでつくられる角アの大きさを求めなさい。

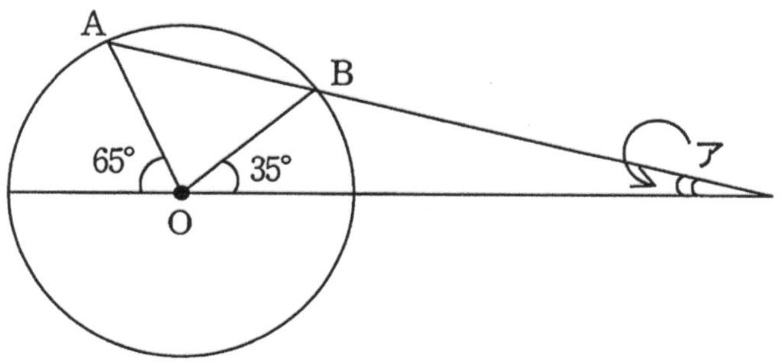

（4） 1，2，3，4，5，6の番号が書いてある箱があり，同じボールが3個あります。

6つの箱は，どれもボールを1個だけ入れることができて，2個以上入れることはできません。

たとえば，下の図のように，奇数の番号が書かれた箱にだけボールが入っている場合は1通りしかありません。

ボールを入れた3つの箱に書かれた番号の中に偶数が含《ふく》まれているようなボールの入れ方は，全部で何通りありますか。

(5)　下の図1のような長方形があり，たてに点線を２本ひき，３つの長方形の面積が等しくなるように分けます。
次に，図２のように，ひいた２本の線に沿《そ》って切り，図３のような平行四辺形を作ります。

図1

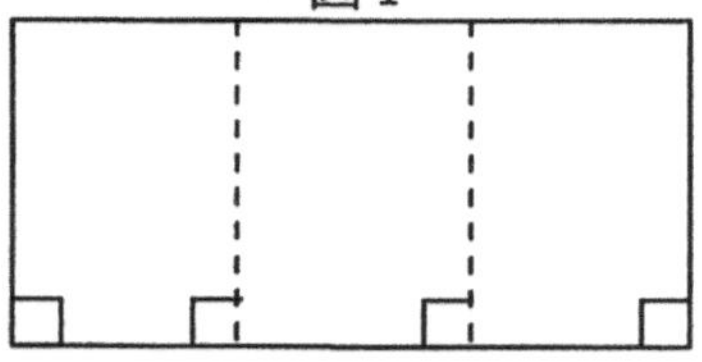

図2

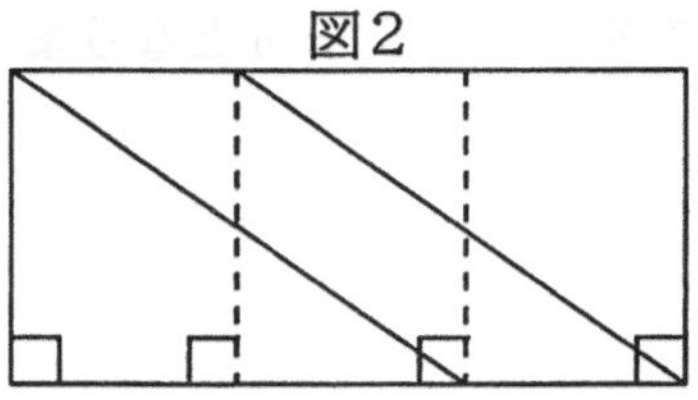

図3

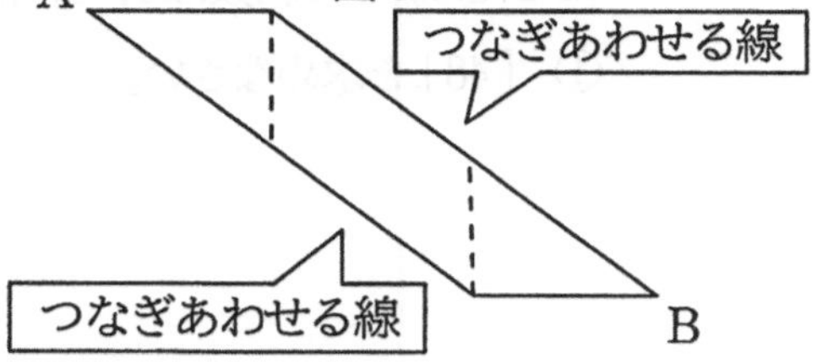

図３の２本の「つなぎあわせる線」をつなぎあわせて，円柱の側面を作ります。

下の図のうち，２点Ａ，Ｂと「つなぎあわせる線」の位置が，作られた円柱の側面と一致《いっち》しているものを，次の**ア**～**カ**の中から１つ選び，記号で答えなさい。

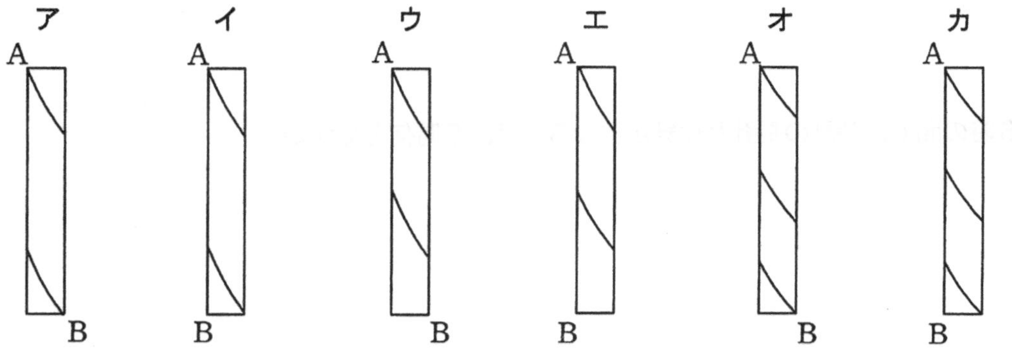

3　直方体の形をした深さが75 cmの２つの水そうＡ，Ｂがあり，水そうＡの底面積は250 cm^2 です。深さ75 cmの位置を高さ０cmとして水面の高さをはかります。それぞれの水そうにはある量の水が入っていて，水そうＡ，Ｂの水面は，それぞれ高さ40 cm，30 cmの位置にあります。水そうＡから水をくみ取り，こぼすことなく水そうＢに水を移すと，水そうＡ，Ｂの水面の高さが，それぞれ37 cm，35 cmになりました。

また，水そうＡの底面は水平のまま上の方向に毎分３cmの速さで動かすことができます。ただし，(2)，(3)では，水そうＡの底面は，最初に高さ０cmの位置にあるものとします。また，底面を動かしたとき，底面より下に水がもれることはありません。

このとき，次の問いに答えなさい。

(1)　水そうＢの底面積を求めなさい。

(2)　水そうＡの水面の高さが37 cmの状態《じょうたい》から，上の方向に水そうＡの底面を動かすのと同時に，水そうＡに毎分４Ｌの割合で水を入れ始めます。このとき，水そうＡの水面が高さ75 cmの位置になるのは，水を入れ始めてから何分後ですか。

(3)　水そうＢの水面の高さが35 cmの状態から，水そうＢに毎分３Ｌの割合で水を入れ始めます。その１分後に，水そうＡには水面の高さが37 cmの状態から(2)のように底面を動かし，それと同時に水そうＡに毎分４Ｌの割合で水を入れ始めます。水そうＡ，Ｂの水面の高さが同じになるのは，水そうＡに水を入れて始めてから何分後ですか。もし，水そうＢの水面の高さが75 cmになった場合は，その直後から水そうＢに水を入れることをやめて，水そうＢの底から毎分３Ｌの割合で水を出すことにします。

4

修くんと道子さんの会話文を読み，①，②，③にあてはまる数を答えなさい。

修くん：次の式の☆にあてはまる数が，何になるか道子さんわかる？

$$\frac{1}{4}+\frac{1}{16}+\frac{1}{64}+\frac{1}{☆}+\cdots\cdots$$

道子さん：分母の数に注目すればいいんでしょ！

4の次の数が16だから，4×4＝16，16の次の数が64だから，これも16×4＝64。

だから，☆は64×4＝①となるね。

修くん：その通りだよ。この分数をたし続けていくと，どんな数になるのかな～？

先生が，このたし算を計算すると$\frac{1}{3}$に近づくって言ってたよ。

道子さん：へえ～そうなんだ～。

修くん：そのとき，先生は下の図1をヒントにしたらいいよって言ってたけど，道子さんはこの図から$\frac{1}{3}$に近づくことが分かる？

図1

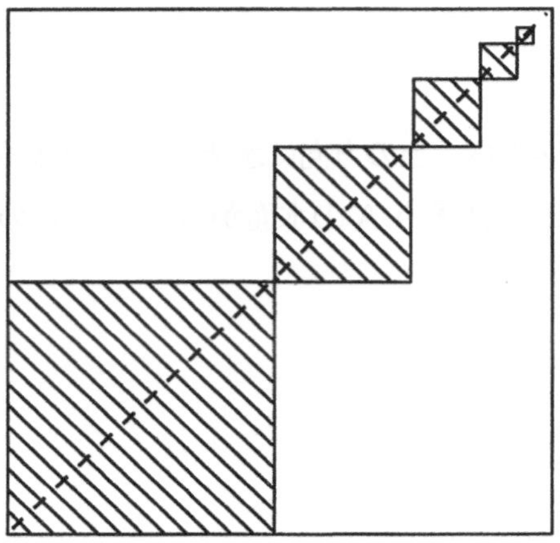

道子さん：１辺の長さが1の正方形の中にある四角形も正方形として考えればよさそうね。

左から順に，１辺の長さが$\frac{1}{2}$，次は$\frac{1}{4}$，その次は$\frac{1}{8}$の正方形として考えると，

それぞれの面積は$\frac{1}{4}$，$\frac{1}{16}$，$\frac{1}{64}$となるね。正方形の面積を利用したらよさそうね。

修くん：先生は，図2のように，２本の線をひいて，四角形ABCDの面積を考えてみようって言ってたよ。

図2

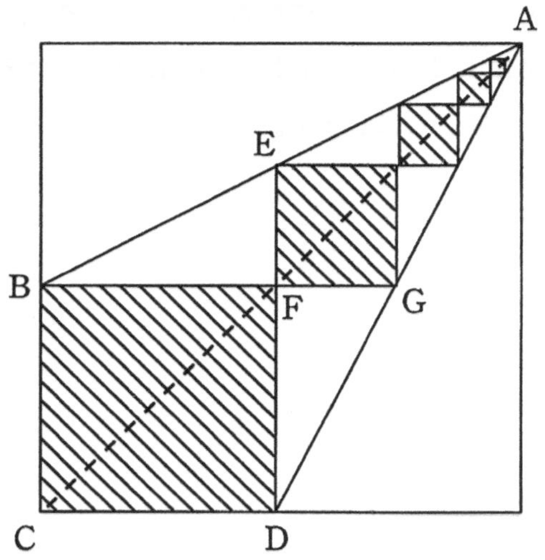

（文章は次のページに続く）

道子さん：四角形 ABCD の面積は ② とすぐ分かるね。この四角形 ABCD を見てみると，

６つの点 B，C，D，G，F，E を頂点とする図形アが，どんどん小さくなりながら，つながっているように見えるね。

図形ア

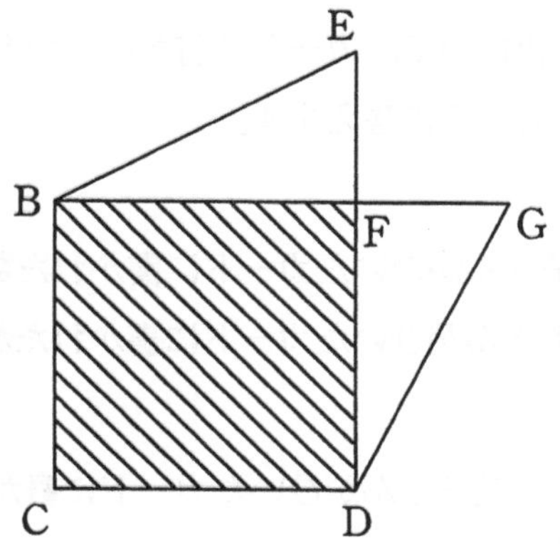

修くん：ほんとだね。同じ形をした図形がずっと続いているね。図形アを取り出して考えてみようよ。

道子さん：正方形 BCDF の面積について考えてみると，これは図形アの面積の ③ 倍になるね。

修くん：ということは，図２の斜線がついている正方形の部分の面積の合計を考えることができるね。

5　次の文章中の ① ～ ⑦ にあてはまる数を答えなさい。

修くんと道子さんは，あるカードゲームをしています。袋の中に 1，2，3，4，5 の数字が書かれたカードが1枚ずつあり，最初に道子さんがカードを1枚ひいて，元《もと》に戻《もど》します。この時点で，道子さんがひいたカードは，修くんには分かりません。次に，修くんがカードを1枚ひいて，カードに書かれた数を道子さんに伝えます。道子さんは，修くんがひいたカードに書かれた数を聞いて，次のように答えます。

・ 修くんがひいたカードに書かれた数が，道子さんがひいたカードに書かれた数よりも大きければ「上」と答えます。
・ 修くんがひいたカードに書かれた数が，道子さんがひいたカードに書かれた数以下であれば「下」と答えます。

修くんは，ひいたカードを1回ずつ元に戻して，道子さんがひいたカードに書かれた数が分かるまで，くりかえしカードを1枚ずつひいて，道子さんに「上」か「下」かを答えてもらいます。

修くんが1回目にカードをひいて，道子さんがひいたカードに書かれた数が分かる場合について考えてみましょう。

これは，道子さんがひいたカードに書かれた数が ① で，修くんがひいたカードに書かれた数が ② になるときと，道子さんがひいたカードに書かれた数が ③ で，修くんがひいたカードに書かれた数が ④ になるときの2通りあります。ただし， ① は ③ より小さい数とします。

次に，修くんが1回目にカードをひいても，道子さんがひいたカードに書かれた数が分からないときを考えましょう。

たとえば，修くんが 1回目に3が書かれたカードをひいて，道子さんが「下」と答えると，道子さんがひいたカードに書かれた数は，3か4か5であることが修くんには分かります。修くんが2回目に4が書かれたカードをひいて，道子さんが「上」と答えると，道子さんがひいたカードに書かれた数は，3か2か1なので，2回目で道子さんがひいたカードに書かれた数が3であることが分かります。

それでは，道子さんがひいたカードに書かれた数が4であり，修くんがカードをくり返しひいて，ちょうど2回目にカードをひいたときに，道子さんのカードに書かれた数が分かるときを考えてみましょう。

これは，修くんがひいたカードに書かれた数が，1回目が4で，2回目が ⑤ のときと，1回目が5で，2回目が ⑥ のときの2通りあります。

さらに，道子さんがひいたカードに書かれた数が4であり，修くんがカードをくり返しひいて，ちょうど3回目にカードをひいたときに，道子さんのカードに書かれた数が分かるときを考えてみましょう。

たとえば，修くんがひいたカードに書かれた数が，1回目が3，2回目が5，3回目が4であるときがこの場合です。すべての場合を考えると修くんのカードのひき方は，全部で ⑦ 通りとなります。

2021年度

修道中学校　入学試験問題

【理科】

時間40分

表紙を除いて４ページ

受験上の注意　テストが始まるまでによく読んでください。

1．テスト終了《しゅうりょう》のチャイムが鳴るまで，テスト教室を出てはいけません。
2．腕時計《うでどけい》のアラームを鳴らしてはいけません。
3．休憩《きゅうけい》時間に付添《つきそい》の人に会ってはいけません。
4．からだの具合が悪くなったら，監督《かんとく》の先生か腕章《わんしょう》を着けた生徒に申し出てください。
5．問題用紙は回収しないので持ち帰ってください。
6．机の上に計算・下書き・落書きなどをしてはいけません。
7．自分の持ってきたメモ用紙，下敷《したじ》きや電卓《でんたく》を使ってはいけません。
8．机の中に物を入れてはいけません。
9．テストはまじめな態度で受けてください。テスト中によそ見をしたり先生の指示が守れない人は合格になりません。
10．問題の内容についての質問はいっさいしてはいけません。もし，印刷のわからないところなどがあったら，静かに手を挙げてください。
11．筆記用具，ものさし，コンパスなど物の貸し借りをしてはいけません。
12．答えは全《すべ》て解答用紙に書いてください。
13．解答用紙には名前は書かず，受験番号だけを算用数字で書いてください。
14．先生の「はじめなさい」の指示で鉛筆《えんぴつ》をとり「やめなさい」の指示があったらすぐに鉛筆を置いてください。
15．テスト中に物を落とすなど困ったことがあったら，静かに手を挙げてください。

1 季節ごとに見られる植物や動物，星や星座について，次の各問いに答えなさい。

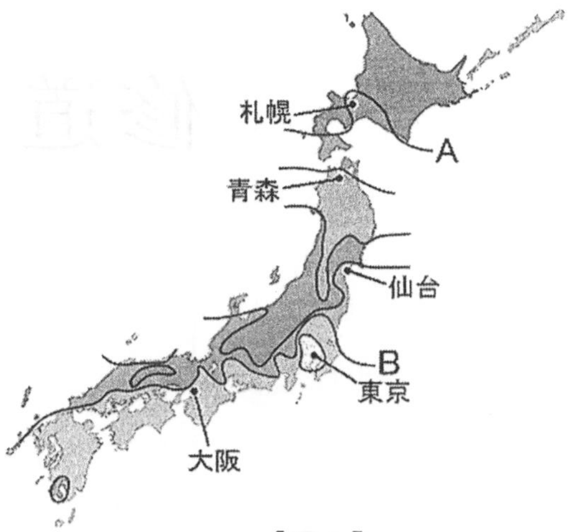

【図１】

問１　春になると，ソメイヨシノなどのサクラの花がさいているのを見かけます。**図１**のように，同じころにサクラの花がさき始めると予想される地点をつないで地図に表したものを，サクラ前線といいます。**図１**中の**A**と**B**の日にちは，どちらかが３月25日で，どちらかが４月30日です。３月25日なのは，**A**と**B**のどちらか，記号で答えるとともに，そのように考えた理由を説明しなさい。

問２　春になると，キャベツ畑でモンシロチョウの成虫をよく見かけるようになります。キャベツに産みつけられたモンシロチョウの卵も見つけ，家に持ち帰って卵から幼虫がかえって成長する様子を観察しました。

（１）卵から産まれたばかりの幼虫の大きさ（体長）として，次の**ア**～**ウ**から最も適当なものを１つ選んで，記号で答えなさい。

ア　1mm くらい　　**イ**　5mm くらい　　**ウ**　1cm くらい

（２）卵から産まれた直後の幼虫が初めにすることを，次の**ア**～**エ**から最も適当なものを１つ選んで，記号で答えなさい。

ア　キャベツを食べる　　**イ**　糸をかける　　**ウ**　卵のからを食べる　　**エ**　皮をぬぐ

（３）幼虫はキャベツだけでなく，キャベツと同じアブラナの仲間の植物の葉も食べます。アブラナの仲間の植物を，次の**ア**～**ウ**から１つ選んで，記号で答えなさい。

ア　ダイコン　　**イ**　ミカン　　**ウ**　サンショウ

（４）幼虫のからだの大きさ（体長）の変化のグラフとして最も適したものを，次の**ア**～**エ**から１つ選んで，記号で答えなさい。

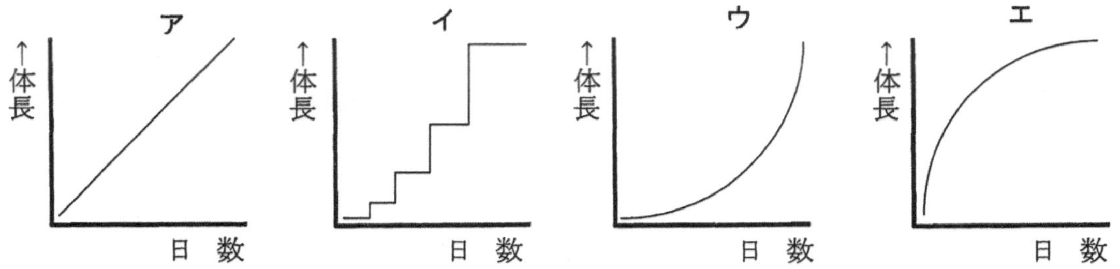

問３　夏になると，草むらでカマキリをよく見かけます。しかし，カマキリは草を食べません。草を食べないのに草むらでよく見かける理由を説明しなさい。

問４　夏になると，林の中でカブトムシを見かけるようになります。**図２**は，カブトムシを腹側から見たものです。胸にあたるのはどの部分ですか。**図２**中の**A**～**E**の記号を使って，その範囲《はんい》を答えなさい。

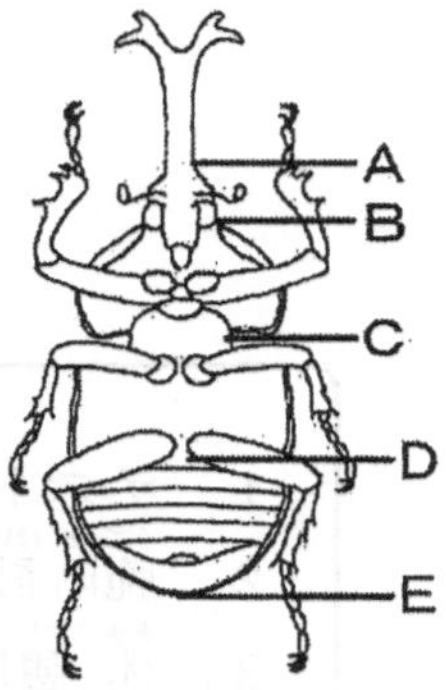

【図２】

問５　**図３**は８月15日の20時に北の方角の夜空を観測して星座をスケッチしたものです。円は，**図３**中の星座が時間とともに移動するときの通り道を表していて，円の中の点線は，円を等しい間隔《かんかく》で区切っています。

（１）**図３**中の星座の名前を答えなさい。

（２）**図３**中の星**A**は，時間がたっても位置がほとんど変わらない星です。この星の名前を答えなさい。

（３）観測してから４時間後の24時に，星座が見える位置を，**図３**中の（あ）～（お）から１つ選んで，記号で答えなさい。

（４）北の空には，他にも**図４**のような星の集まりも見られました。**図３**中の星座に対する**図４**の中の星**B**の位置を，**図３**中の①～⑥から１つ選んで，記号で答えなさい。

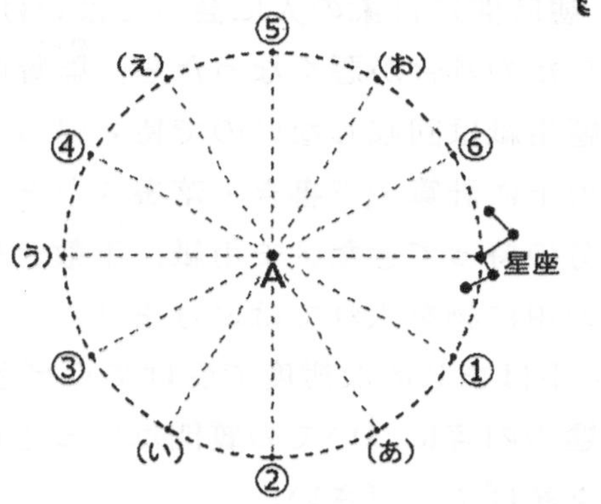

【図３】

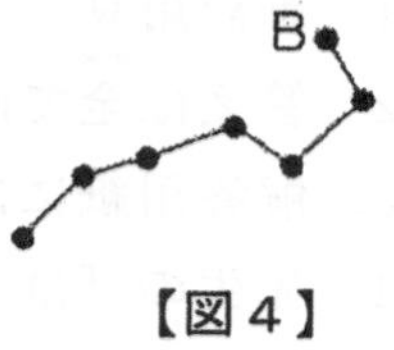

【図４】

2021(R3) 修道中
教英出版　理5の2

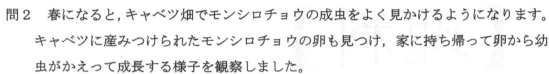

問6　秋になると，春から夏にかけて見かけていたツバメを見かけなくなりました。その理由を説明したのが次の文です。文中のAには，後の**ア〜エ**から最も適当な国を１つ選んで，記号で答えなさい。文中のBには，当てはまる言葉を答えなさい。

「ツバメは（A）のように，冬でも日本より（B）い国で冬を過ごすために，長い距離《きょり》を移動してわたりすむから。」

ア　ロシア　　**イ**　オーストラリア　　**ウ**　タイ　　**エ**　韓国《かんこく》

問7　**図5**は，２月５日に南の方角の夜空を観測して，冬の大三角をつくっている星をふくむ３つの星座をスケッチしたものです。

（１）**図5**中の**A**と**B**の星をふくむ星座の名前を答えなさい。

（２）**図5**中の**C**と**D**と**E**の星をふくむ星座の名前を答えなさい。

（３）**図5**中の**A〜H**の星のうち，青っぽい色をしている１等星を１つ選んで，記号で答えなさい。

（４）**図5**中の**A〜H**の星のうち，赤っぽい色をしている１等星を１つ選んで，記号で答えなさい。

（５）（３）と（４）で答えた星はどちらも１等星ですが，色がちがって見えます。その理由を説明しなさい。

（６）**図5**中の**A〜H**の星のうち，冬の大三角をつくっている星を３つ選んで，記号で答えなさい。

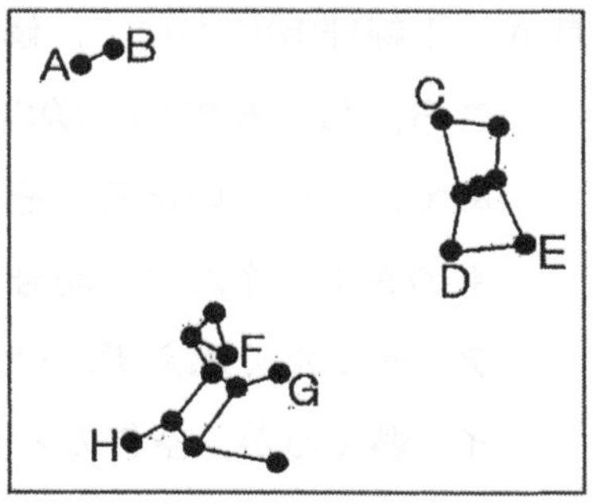

【図５】

2　次の修君と道子さんの会話を読んで，下の各問いに答えなさい。ただし，問２〜問６については，修君と道子さんが行った実験結果にもとづいて答えなさい。また，ちっ素の割合の変化は，ろうそくの燃え方に影響《えいきょう》しないものとします。

修　君　空気の入った集気びんの中に火のついたろうそくを入れてふたをしてみると…（実験中）…。しばらくして火が消えるね。もう一度ろうそくに火をつけて，集気びんの中に入れてみると…（実験中）…。今度はすぐに火が消えたよ。

道子さん　ろうそくが燃える前と，燃えたあとの空気のちがいは何だろう。それぞれの空気が入った集気びんに［　A　］を入れてふってみるね。…（実験中）…。燃えたあとの空気の方だけ［　A　］が白くにごるわ。

修　君　ろうそくを燃やす前の空気と燃やしたあとの空気で，気体検知管を用いてふくまれる気体の体積の割合を調べてみよう。…（実験中）…。燃える前の空気には，ちっ素が78%，酸素が21%ふくまれていて，残りの1%はそれ以外の気体だね。二酸化炭素について調べてみると，0.1%未満でほとんど存在していないよ。それに対して，燃やしたあとの空気では，ちっ素の割合は変わらないけど，酸素は4%減り，二酸化炭素は増えて4%になっているよ。

道子さん　ちっ素，酸素，二酸化炭素の３つの気体を，それぞれ別々の集気びんに入れて，その中に火のついたろうそくを入れて燃え方のちがいを調べてみるね。…（実験中）…。ろうそくは酸素の中でだけ燃えるわ。

修　君　ろうそくの火が消えた原因は何だろう。空気中の酸素が4%減ったことと二酸化炭素が4%に増えたことの，両方なのかな。それとも，どちらか一方だけが原因なのかな。ちっ素の割合は，実験結果に影響しないものとして，その原因を調べる実験を考えよう。

道子さん　私は，集気びんにちっ素75%，酸素［　①　］%，二酸化炭素［　②　］%の気体を入れて，ろうそくが燃えるかどうか調べてみるわ。これで燃えなかったら，火が消えたのは二酸化炭素の増加のみが原因といえそうね。

修　君　それではぼくは，集気びんにちっ素［　③　］%，酸素［　④　］%の気体を入れて，火のついたろうそくを入れてみるね。これで燃えなかったら，火が消えたのは酸素の減少のみが原因といえそうだね。

………（それぞれ実験中）………

道子さん　私の実験では，空気中と同じように，ろうそくが燃えてしばらくして消えたわ。

修　君　ぼくの実験では，ろうそくの火はすぐに消えたよ。

道子さん　これらの結果から，(a)ろうそくの火が消えた原因がわかったね。

修　君　ところで，呼吸するときはき出す息を集気びんに集めて，火のついたろうそくを入れてふたをするとどうなるかな。

道子さん　はき出す息にふくまれる(b)気体の体積の割合を調べると，結果が予想できるね。

問１　文中の A にあてはまる語句を**漢字**で答えなさい。

問２　文中の ① ～ ④ にあてはまる数値を答えなさい。ただし，集気びんの中の気体は，十分に混ざりあっていて，各気体の体積の割合を合計すると 100%になるものとします。

問３　文中の下線部(a)を具体的な数値を用いて **20 字以内**で答えなさい。ただし，解答らんに数値を記入するときは，次の（例）にしたがうこと。　　（例）5 → １文字　　55 → ２文字　　555 → ３文字

問４　下線部(b)について，修君と道子さんは，はき出した息から水蒸気をのぞき，ふくまれる気体の体積の割合を調べたところ，ちっ素 78%，酸素 18%，二酸化炭素 3%，その他の気体が 1%でした。この水蒸気をのぞいた息を集気びんに集めて，火のついたろうそくを入れてふたをすると，結果はどのようになると予想されますか。次の**ア**～**ウ**から最も適当なものを１つ選んで，記号で答えなさい。

ア　まったく燃えず，火が消える。

イ　燃えるが，空気のときよりもかなり燃えにくく，すぐに火が消える。

ウ　空気のときと同じように燃える。

問５　修君と道子さんは，下の**ア**～**カ**の気体を入れた６つの集気びんを準備しました。そして，この中に火のついたろうそくを入れてふたをすると，結果はどのようになると予想されますか。次の（１）～（３）にあてはまるものを，下の**ア**～**カ**からすべて選んで，記号で答えなさい。ただし，集気びんの中の気体は，十分に混ざりあっているものとします。

（１）空気のときよりよく燃える。

（２）空気のときとほとんど同じように燃える。

（３）まったく燃えず，火が消える。

ア　ちっ素 20%，二酸化炭素 50%，酸素 30%の気体

イ　ちっ素 60%，二酸化炭素 20%，酸素 20%の気体

ウ　ちっ素 50%，酸素 50%の気体

エ　ちっ素 85%，酸素 15%の気体

オ　二酸化炭素 50%，酸素 50%の気体

カ　二酸化炭素 80%，酸素 20%の気体

問６　修君と道子さんは，アルミニウムに塩酸を注いだときに発生した気体（以下，この気体を気体 X とします）について調べてみました。そして，気体 X はよく燃える性質があり，燃えるときには，気体 X と酸素が２：１の体積の割合で反応して水ができることがわかりました。そこで，修君と道子さんは，下図の実験装置を使って次のような実験を行いました。これについて，下の（1），（2）に答えなさい。ただし，空気には，体積の割合でちっ素が 78%，酸素が 21%，その他の気体が 1%ふくまれており，気体 X は酸素のみと反応するものとします。また，気体の体積の測定は，同じ温度のもとで行うものとします。

＜実験＞

① プラスチックのつつに，気体 X 5.0 ㎤と空気 10.0 ㎤を入れました。

② この気体が混じりあったものに点火すると，気体 X が激しく反応して水ができました。

③ 気体 X が反応したあと，プラスチックのつつの中の気体の体積を測定しました。

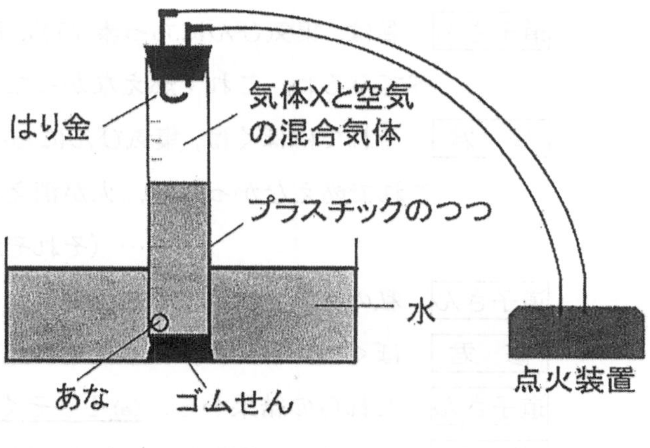

【図】

（１）上の②で点火したとき，反応しないで残るのは気体 X と酸素のどちらですか。ただし，気体 X と酸素は２：１の体積の割合で反応し，気体 X と酸素のどちらかは，反応により完全になくなるものとします。

（２）上の②で点火したあと，プラスチックのつつの中のちっ素の体積は，混合気体の体積の何%ですか。小数第１位を四捨五入して**整数**で答えなさい。ただし，反応によってできた水は液体とします。

3 身のまわりには，「てこの原理」を利用したものがたくさんあります。下の各問いに答えなさい。

【A】ホッチキスは，力を加えるところA，力がはたらくところB，支点となるところCの位置が重要です。

図１のホッチキスは，CからAとBまでの距離《きょり》が，それぞれ AC=5.0cm　BC=4.5cm でした。

問１　てこにおいて，Bのように力がはたらくところを何といいますか。**漢字**で書きなさい。

問２　このホッチキスでは，Bで針を押し出す力は，Aを押す力の何倍になりますか。**整数**，または**分数**で答えなさい。

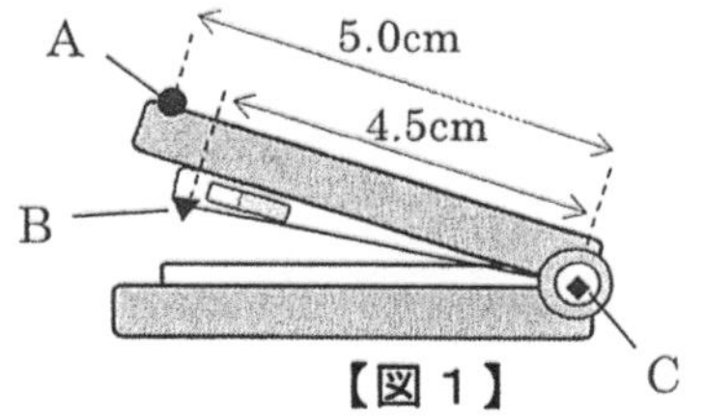

【図１】

軽い力で閉じることのできる別のホッチキスは，**支点の異なる２つのてこ**を組み合わせることで，針を押し出す力を大きくしています。

『１つ目のてこ』では，**図２**のように，C_1を支点として，A_1を押して力を加えると，B_1に力がはたらきます。C_1からA_1とB_1までの距離はそれぞれ A_1C_1=5.0cm　B_1C_1=1.0cm でした。

問３　B_1にはたらく力は，A_1を押す力の何倍になりますか。**整数**，または**分数**で答えなさい。

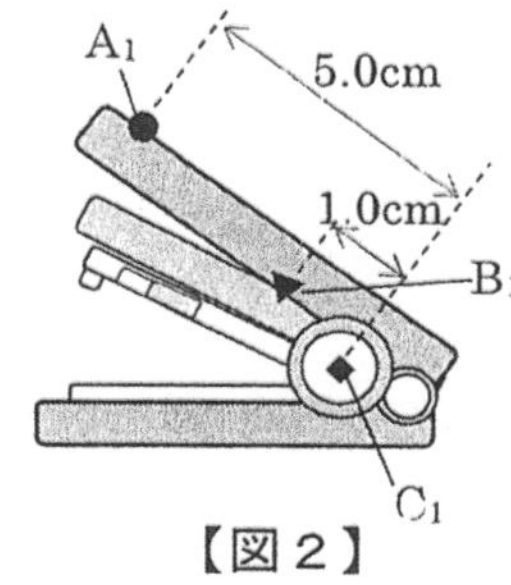

【図２】

『２つ目のてこ』では，**図３**のように，『１つ目のてこ』のB_1にはたらく力で『２つ目のてこ』のA_2を押します。そして，C_2を支点とし，B_2で針を押し出します。C_2からA_2とB_2までの距離はそれぞれ A_2C_2=2.0cm　B_2C_2=5.0cm でした。なお，『２つ目のてこ』がはたらくとき，『１つ目のてこ』の支点C_1にはたらく力は影響《えいきょう》しません。

問４　B_2で針を押し出す力は，A_1を押す力の何倍になりますか。**整数**，または**分数**で答えなさい。

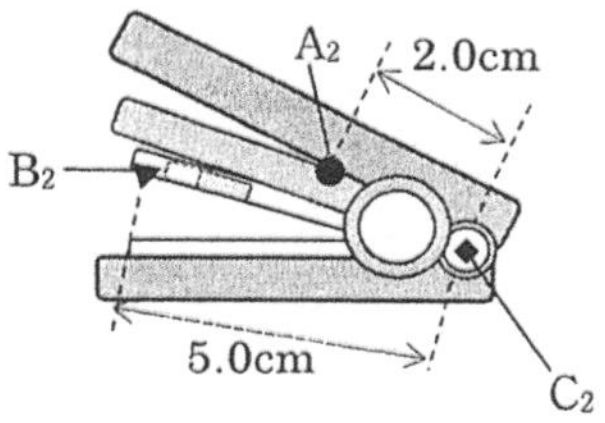

【図３】

【B】モビールとよばれるつり合いを利用した部屋かざりがあります。モビールの作り方を考えてみましょう。ただし，棒の重さは考えなくてもよいものとします。

図４のように３つのおもりでモビールを作ります。左はしに20gのおもりをつけました。

問５　**棒A**が水平につり合うためには，何gのおもりを①につけるとよいですか。

問６　20gと①を合わせた重さが**棒B**の左はしにはたらきます。**棒B**が水平につり合うためには，何gのおもりを②につけるとよいですか。

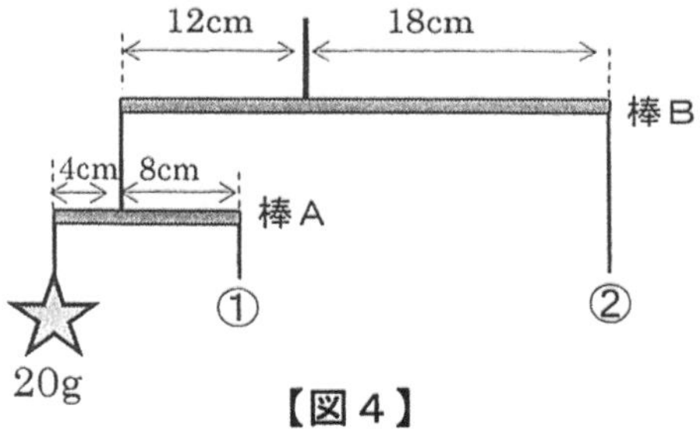

【図４】

図５のように，**棒A３本**と**棒B１本**を使ってモビールを作ります。それぞれの棒は真ん中に糸をつけてつりさげ，左はしに5gのおもりをつけました。

問７　すべての棒が水平につり合うためには，右はし⑥には何gのおもりをつけるとよいですか。

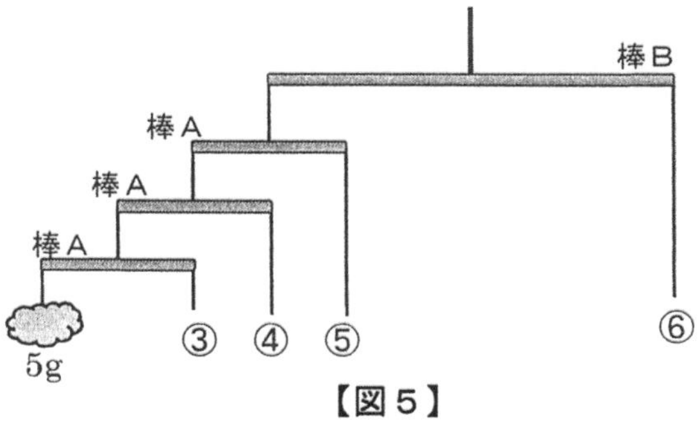

【図５】

【C】図６のように本体（黒部分）は同じ大きさでも，クリップを開くのに手ごたえがちがう２つのクリップ(a)と(b)があります。

問８　(b)のクリップは，本体に突起《とっき》があることで，クリップを開く手ごたえが小さくなります。普通の(a)のクリップと比べて，(b)のクリップはどうして手ごたえが小さくなるか，理由を説明しなさい。

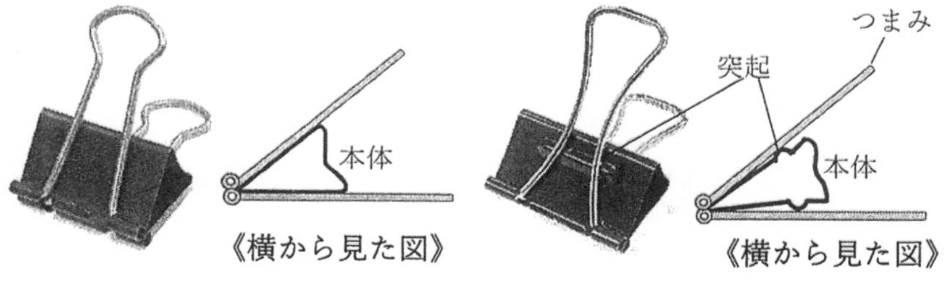

(a)　普通《ふつう》のクリップ　　(b)　突起のあるクリップ

【図６】

2021年度

修道中学校　入学試験問題

【社会】

時間40分

表紙を除いて５ページ

受験上の注意　テストが始まるまでによく読んでください。

1．テスト終了《しゅうりょう》のチャイムが鳴るまで，テスト教室を出てはいけません。
2．腕時計《うでどけい》のアラームを鳴らしてはいけません。
3．休憩《きゅうけい》時間に付添《つきそい》の人に会ってはいけません。
4．からだの具合が悪くなったら，監督《かんとく》の先生か腕章《わんしょう》を着けた生徒に申し出てください。
5．問題用紙は回収しないので持ち帰ってください。
6．机の上に計算・下書き・落書きなどをしてはいけません。
7．自分の持ってきたメモ用紙，下敷《したじ》きや電卓《でんたく》を使ってはいけません。
8．机の中に物を入れてはいけません。
9．テストはまじめな態度で受けてください。テスト中によそ見をしたり先生の指示が守れない人は合格になりません。
10．問題の内容についての質問はいっさいしてはいけません。もし，印刷のわからないところなどがあったら，静かに手を挙げてください。
11．筆記用具，ものさし，コンパスなど物の貸し借りをしてはいけません。
12．答えは全《すべ》て解答用紙に書いてください。
13．解答用紙には名前は書かず，受験番号だけを算用数字で書いてください。
14．先生の「はじめなさい」の指示で鉛筆《えんぴつ》をとり「やめなさい」の指示があったらすぐに鉛筆を置いてください。
15．テスト中に物を落とすなど困ったことがあったら，静かに手を挙げてください。

1　次の文章は，世界遺産を持つ都道府県Ａ～Ｆについて説明したものです。これを読んで，下の地図を参考にしながら，あとの問１～問６に答えなさい。

Ａ　東部に平野が広がっており，森林や農地に比べて住宅・工業用地の面積の割合が大きいです。また，政治や文化の中心にもなっているという側面も持っています。そして，本州の南約【１】kmの太平洋上には，貴重な固有種が存在することで世界遺産として登録されている島々も存在しています。

Ｂ　畜産がさかんで肉牛，ぶた，にわとりの飼育頭数はいずれも全国上位となっています。また，南部に存在する島が世界遺産となっており，島の標高の低い場所は温暖な地域にみられる森林が広がっている一方，標高が高くなるにしたがって寒冷な地域に多い樹木もみられます。

Ｃ　大都市へ出荷するキャベツの量は，旬《しゅん》の時期とずれた夏に多くなっています。また，質の良い【２】の生産を目指し建設された工場が世界遺産として登録されています。この工場は西洋の技術を取り入れたもので，ここで多くの工女たちが働き，出身地にその技術を伝えていきました。

Ｄ　雪が多く積もりますが，地域には様々な工夫がみられ雪とともに暮らすまちづくりが進められています。また，北部をふくむ地域に世界最大級のブナの原生林が分布しています。人の手がほとんど加えられていないため貴重な生態系が保たれていることから，世界遺産として登録されています。

Ｅ　台風が多く来る地域で，伝統家屋には様々な工夫が施《ほどこ》されています。しかし，せまい島が多く水不足におちいることも多いです。かつてこの地域に暮らしていた【３】王国の人々の文化に関連する遺跡群《いせきぐん》が散在しています。

Ｆ　南西部に存在する島が世界遺産となっています。島そのものが神とされており，海に浮《う》かぶ社殿《しゃでん》は航海の守り神として信仰されています。また，社殿の背後にそびえる【４】も崇拝《すうはい》の対象となっており，現在でも原生林が存在し豊かな自然が残っています。

問１　Ａ～Ｅの都道府県名を書きなさい。

問２　文章中の【１】～【４】にあてはまる語をそれぞれ次のア～エから一つずつ選んで，記号で答えなさい。

【１】　ア　1　　イ　10　　ウ　100　　エ　1000
【２】　ア　生糸　　イ　毛糸　　ウ　鉄鋼　　エ　綿糸
【３】　ア　アイヌ　　イ　蝦夷　　ウ　大和　　エ　琉球
【４】　ア　江波山　　イ　黄金山　　ウ　富士山　　エ　弥山

問３　次の表は2017年の工業地帯・地域ごとの製造品出荷額割合（％）を示したもので，①～③は阪神，京葉，関東内陸，④～⑥は金属，化学，機械のいずれかです。①・②にあてはまる工業地帯・地域の名前をそれぞれあとのア～ウから，④・⑤にあてはまる工業分類名をそれぞれあとのエ～カから一つずつ選んで，記号で答えなさい。

	④	⑤	⑥	食料品	繊維	その他
①	39.9	21.5	13.1	15.8	0.2	9.5
②	17.0	20.7	36.9	11.0	1.3	13.1
③	9.6	11.6	45.9	15.1	0.7	17.1
北九州	5.6	16.3	46.6	16.9	0.5	14.1
京浜	17.7	8.9	49.4	11.0	0.4	12.6
中京	6.2	9.4	69.4	4.7	0.8	9.5
東海	11.0	7.8	51.7	13.7	0.7	15.1
瀬戸内	21.9	18.6	35.2	8.1	2.1	14.1

『日本国勢図会　2020/21』より作成

ア　京葉　　イ　阪神　　ウ　関東内陸　　エ　金属　　オ　化学　　カ　機械

問４　次の表は月別平均気温（1981年～2010年の平均値）と平均降水量（1981年～2010年の平均値）を示したものです。①～④はＡ～Ｄの都道府県庁所在地のいずれかです。①～③にあてはまる都市名を書きなさい。

	1月	2月	3月	4月	5月	6月	7月	8月	9月	10月	11月	12月	全年
①	0.1	0.5	3.6	9.6	14.6	19.2	22.9	24.9	20.4	14.0	7.9	2.9	11.7(℃)
	119.2	89.1	96.5	112.8	122.8	117.7	188.2	176.9	160.3	157.2	185.8	160.1	1686.2(㎜)
②	8.5	9.8	12.5	16.9	20.8	24.0	28.1	28.5	26.1	21.2	15.9	10.6	18.6(℃)
	77.5	112.1	179.7	204.6	221.2	452.3	318.9	223.0	210.8	101.9	92.4	71.3	2265.7(㎜)
③	3.5	4.0	7.3	13.2	18.0	21.5	25.1	26.4	22.4	16.5	10.8	6.0	14.6(℃)
	26.2	32.1	61.5	78.1	101.9	145.2	197.3	202.3	220.6	115.5	44.7	23.1	1248.5(㎜)
④	5.2	5.7	8.7	13.9	18.2	21.4	25.0	26.4	22.8	17.5	12.1	7.6	15.4(℃)
	52.3	56.1	117.5	124.5	137.8	167.7	153.5	168.2	209.9	197.8	92.5	51.0	1528.8(㎜)

『2020データブック　オブ・ザ・ワールド』より作成

問５　Ｅは他の地域に比べ，降水量が多い特徴《とくちょう》があります。実際に，この都道府県の県庁所在地の降水量は日本の降水量の平均値を大きく上回っています。しかし，水不足になやまされることが多いという側面もあります。その理由を「**森林**」，「**川**」という言葉を使い説明しなさい。

問６　Ｆをふくむ瀬戸内地方は，同じような緯度にある中部地方南部の沿岸地域や九州地方北部の沿岸地域に比べ降水量が少ない傾向《けいこう》があります。その理由を「**南北**」，「**湿った**」という言葉を使い説明しなさい。

2　次の問１～問10に答えなさい。

問１　５世紀になると，現在の奈良県や大阪府あたりを拠点《きょてん》にしていた政権が，九州から関東までの豪族を従えるようになったと考えられています。このことは考古学（注）上のどのような事実からわかりますか。解答欄《らん》にしたがって，わかりやすく説明しなさい。

（注）考古学：遺跡や遺物などから過去の人間の活動などを研究する学問

問２　８世紀中頃《ごろ》の聖武天皇は，仏教の力をかりて人々の不安をしずめ，国を守ろうとしたといわれています。このことは，どのような事実からそういえますか。解答欄にしたがって，わかりやすく説明しなさい。

問３　12世紀末，源頼朝は東国の鎌倉に幕府を開きました。頼朝がこの地を拠点にした理由として，鎌倉が源氏ゆかりの地であったこと，鎌倉が守りやすい土地だったこと，鎌倉が京都から遠く離《はな》れた地であったことなどが考えられますが，他にも理由があったと考えられます。どのような理由か，わかりやすく説明しなさい。

問４　江戸幕府の第２代将軍徳川秀忠は，父家康が1615年に攻め落とした大阪城のあとに，より規模の大きな大阪城を1620年から築き始めました。なぜ秀忠は1615年まで大阪にあった城より大きな城を築いたと考えられますか。わかりやすく説明しなさい。

問５　大正時代，平塚らいてうなどは，女性の自由と権利の拡大をめざす運動を続けました。彼女らがこのような運動を続けることができた理由の一つに，大日本帝国憲法のある定めが関係していると考えられます。どのような定めか，わかりやすく説明しなさい。

問６　マンガ家こうの史代《ふみよ》さんの代表的な作品に『この世界の片隅に』があります。この作品は，今から75年あまり前の広島・呉に生きる主人公すずの日常をえがいたものです。今から４年ほど前には映画化され，全国で公開されたので，観たことがある人がいるかもしれません。この作品には，主人公すずが，タンポポやすみれなどを材料にして朝ご飯をつくる場面があります。すずは，なぜタンポポやすみれを使ったのですか。わかりやすく説明しなさい。

著作権上の都合により省略いたします
教英出版編集部

タンポポなどを使った朝ご飯を食べるすずの家族

問７　弥生時代の指導者の一人に，邪馬台国の女王卑弥呼がいます。学校の授業にちゃんと向き合っていれば，皆さんは卑弥呼についてあるイメージができているものと思います。

そこで問題です。ある映画会社が，卑弥呼を主人公にした映画を作ろうとしているとしましょう。ただし，卑弥呼が実際に生きた弥生時代を背景にしてもおもしろくないので，卑弥呼が現代にタイムスリップした映画にしたいと考えています。みなさんがこの映画を作る責任者なら，タイムスリップした卑弥呼にふさわしい配役（注）はどのようなものだと思いますか。

この問題は，今このテストを受けているみなさんのこれまでの学びをもとにつくっています。みなさんがこれまでの学びを参考にして卑弥呼にふさわしい配役を考えるとすれば，どのような配役がもっとも多く選ばれると思いますか。次のア～ウの配役のなかから選んで，記号で答えなさい。

ア　アニメーションソングを歌う世界的な歌手

イ　手術が得意な天才的な外科の医者

ウ　よくあたる占《うらな》い師

（注）配役：映画や演劇などでの役のわりふり

問８　広島市内には一つだけ国宝建築物が残っています。その国宝建築物を次のア～エから一つ選んで，記号で答えなさい。

ア

イ

ウ

エ

問９　右の写真は，修道中学校・高等学校の本館前に立つ山田十竹先生の銅像です。みなさんのなかには，この銅像の前で記念写真をとったことがある人もいるのではないでしょうか。

　そこで問題です。山田十竹先生が修道中学校・修道高等学校のもとになった学校をつくった頃に行われていたこととして正しいものを次のア～エから一つ選んで，記号で答えなさい。

ア　校庭にいすを並べた「青空教室」での授業
イ　伊藤博文を中心とする憲法制定の準備
ウ　江戸幕府第８代将軍徳川吉宗による政治改革
エ　ザビエルの布教活動

問10　次の①・②の用語を漢字で書きなさい。
①　やまとちょうてい
②　げんしばくだん

3　次の文章を読んで，あとの問１・問２に答えなさい。

　私たちの瞳《ひとみ》はいつも未来をみつめています。昨年から2020年代が始まりましたが，その幕開けは①新型コロナウイルスの感染拡大という大変な困難をともなうものでした。はたして日本の未来はどうなるのでしょうか。それを考えるために，現在日本が抱《かか》えているいろいろな問題を整理してみましょう。

　国の最高法規である②憲法をめぐっては，昨年の③憲法記念日に安倍晋三首相が憲法改正を主張する団体に寄せたビデオメッセージが話題を呼びました。新型コロナウイルス感染症が広がる中で，安倍首相は，「緊急《きんきゅう》事態条項《じょうこう》」に関する自らの考え方を示し，④国会で議論を進めるべきだとうったえました。また，自衛隊が新型コロナウイルス感染症への対応にあたっていることにふれ，自衛隊の存在を憲法に明記すべきだという考えを示しました。憲法改正についてどのように考えるかが，今問われています。

　延期が決定された⑤東京オリンピックの開催《かいさい》については，いまだ先行きが不透明《ふとうめい》です。競技施設《しせつ》や人員の確保，延期にともなう追加費用など課題も山積みで，これらをどのように乗り越《こ》えるのかということに注目が集まっています。

　【１】化も大きな問題です。【１】化が進むと，年金や医療《いりょう》といった社会保障に関わる費用が増大する一方で，働き手が減るので，それをまかなうための保険料や税収は減少していくからです。社会保障の充実《じゅうじつ》と費用の増大への対応をどのように両立させていくかが大きな課題です。

　増加する自然災害の問題もあります。昨年７月に日本各地をおそった豪雨災害は，中国地方にも大きな被害《ひがい》をもたらしました。近年自然災害が増加傾向にあるのは，⑥地球温暖化が関係しているとする見方もありますが，はっきりとしたことは分かっていません。災害から命を守るためには，行政による災害対策だけでなく，私たち一人ひとりが災害に対する知識を持って備えることが大切です。

　日本は近隣《きんりん》諸国との関係においても様々な問題を抱えていますが，とりわけ⑦中国との間で緊張が高まっています。昨年，沖縄県の【２】諸島周辺に中国船が100日以上連続で姿を現し，日本の領海への侵《しん》入をくり返しました。【２】諸島については，日本政府は「そもそも領土問題は存在しない」という立場をとっています。

　唯一《ゆいいつ》の被爆国としての使命も忘れてはいけません。昨年戦後75年を迎《むか》え，８月には広島市・長崎市の両市長が⑧核兵器廃絶《はいぜつ》をうったえる平和宣言を読み上げました。その中で両市長は，日本政府に対して2017年に⑨国際連合で採択《さいたく》された⑩核兵器禁止条約への参加を強く呼びかけました。核兵器の悲惨《ひさん》さを知る国として，日本には世界の核軍縮をリードしていく責務があります。「核なき世界」に向けた日本の覚悟《かくご》が試されているのです。

　今，私たちは誰《だれ》も経験したことがない激動の時代を生きています。このまま何もしなければ，極めて厳しく困難な未来と向きあうことになるかもしれません。未来を明るいものにするためには，みなさんのような若者が社会のことをよく学び，自由な発想のもと，問題の解決に向けて行動を起こしていくことが必要になります。これから修道中学校に入学し，共に学ぶなかで，日本の未来を変える人物になっていくことを願っています。

問１　文章中の【１】・【２】にあてはまる語を書きなさい。

問２　下線部①～⑩に対応する，次の各問いに答えなさい。

①　新型コロナウイルスをめぐる報道では，私たちが聞き慣れないカタカナの言葉が多数用いられました。次の(1)～(3)の意味として適当なものをそれぞれ次の**ア**～**カ**から一つずつ選んで，記号で答えなさい。

(1)　ロックダウン　　(2)　パンデミック　　(3)　ソーシャル・ディスタンス

ア　感染者の急増　　**イ**　感染者の集団　　**ウ**　感染症の世界的流行

エ　社会的距離《きょり》　　**オ**　在宅勤務　　**カ**　都市封鎖《ふうさ》

②　右の図は，1947年に当時の文部省が中学１年生用の社会科の教材としてつくった『あたらしい憲法のはなし』に登場する絵です。この絵の中の(1)～(3)にあてはまる語の組み合わせとして正しいものを次の**ア**～**エ**から一つ選んで，記号で答えなさい。

ア　(1) 主権在民主義　　(2) 社会主義　　(3) 軍国主義

イ　(1) 資本主義　　(2) 民主主義　　(3) 軍国主義

ウ　(1) 主権在民主義　　(2) 民主主義　　(3) 国際平和主義

エ　(1) 資本主義　　(2) 平等主義　　(3) 国際平和主義

③　憲法記念日は何月何日ですか。

④　国会の役割として適当なものを次の**ア**～**カ**からすべて選んで，記号で答えなさい。

ア　内閣総理大臣を指名する。

イ　外国と交渉《こうしょう》を行い，条約を結ぶ。

ウ　裁判官をやめさせるかどうかの裁判を行う。

エ　天皇の国事行為《こうい》に対して助言と承認《しょうにん》を与《あた》える。

オ　最高裁判所長官を指名する。

カ　予算の議決を行う。

⑤　東京オリンピックに関する説明として**誤っているもの**を次の**ア**～**エ**から一つ選んで，記号で答えなさい。

ア　1964年に東京オリンピックが開催された後に大阪万博が開かれたが，今回の東京オリンピックの後にも大阪で万博が開かれることになっている。

イ　オリンピックが延期になったのは，今回の東京オリンピックで３回目である。

ウ　1964年に東京オリンピックが開催されるのにあわせて，東海道新幹線がつくられた。

エ　今回の東京オリンピックの次に夏季オリンピックが開催されるのは，フランスのパリである。

⑥　次の文章は，地球温暖化を食い止めるために結ばれたパリ協定について説明したものです。文章中の（１）・（２）にあてはまる語句をそれぞれあとの**ア**～**カ**から一つずつ選んで，記号で答えなさい。

パリ協定は，2015年にパリで開催された地球温暖化対策について話し合う国際連合の会議の中で採択されました。パリ協定では，世界の平均気温上昇《じょうしょう》を（１）以前に比べて２度未満に抑《おさ》えることを目標とし，可能であれば1.5度に抑えるよう努力することとしています。さらに今世紀後半には，世界全体の温室効果ガス排出《はいしゅつ》量を（２）にすることを目指しています。

ア　産業革命　　**イ**　第一次世界大戦　　**ウ**　第二次世界大戦

エ　実質ゼロ　　**オ**　19世紀初めと同じ　　**カ**　20世紀初めと同じ

⑦　昨年，中国国内のある都市でデモなどがたびたび行われたことをきっかけとして，全国人民代表大会（日本の国会に相当）で「国家安全維持《いじ》法」が成立しました。ある都市とはどこですか。

⑧　核兵器に対する日本の立場は非核三原則に表れています。非核三原則を解答欄にしたがって書きなさい。

⑨　国際連合に現在加盟している国の数を次の**ア**～**エ**から一つ選んで，記号で答えなさい。

ア　173　　**イ**　183　　**ウ**　193　　**エ**　203

⑩　核兵器禁止条約は，核兵器の全廃と根絶を目的としています。日本がこの条約に参加していないのはなぜでしょうか。わかりやすく説明しなさい。

2021年度

★教英出版編集部注
問題音声は教英出版ウェブサイトで。
リスニングID番号は解答集の表紙を参照。

修道中学校　入学試験問題

【C．T．】

時間50分

表紙を除いて3ページ

受験上の注意　テストが始まるまでによく読んでください。

1．**このテストは放送を使って行われます。放送をよく聞いて，その指示に従ってください。**
2．テスト終了《しゅうりょう》のチャイムが鳴るまで，テスト教室を出てはいけません。
3．腕時計《うでどけい》のアラームを鳴らしてはいけません。
4．休憩《きゅうけい》時間に付添《つきそい》の人に会ってはいけません。
5．からだの具合が悪くなったら，監督《かんとく》の先生か腕章《わんしょう》を着けた生徒に申し出てください。
6．問題用紙は回収しないので持ち帰ってください。
7．机の上に計算・下書き・落書きなどをしてはいけません。
8．自分の持ってきたメモ用紙，下敷《したじ》きや電卓《でんたく》を使ってはいけません。
9．机の中に物を入れてはいけません。
10．テストはまじめな態度で受けてください。テスト中によそ見をしたり先生の指示が守れない人は合格になりません。
11．問題の内容についての質問はいっさいしてはいけません。もし，印刷のわからないところなどがあったら，静かに手を挙げてください。
12．筆記用具，ものさし，コンパスなど物の貸し借りをしてはいけません。
13．答えは全《すべ》て解答用紙に書いてください。
14．解答用紙には名前は書かず，受験番号だけを算用数字で書いてください。
15．先生の「はじめなさい」の指示で鉛筆《えんぴつ》をとり「やめなさい」の指示があったらすぐに鉛筆を置いてください。
16．テスト中に物を落とすなど困ったことがあったら，静かに手を挙げてください。

1 放送を聞いて後の問に答えなさい。

問１　放送で出題します。

問２　放送で出題します。

問３　放送で出題します。

2 放送を聞いて後の問に答えなさい。

問１　英語の先生の名前はなんですか。

問２　英語はどのような言語だと言われていましたか。

問３　授業に必要なものは何ですか。

問４　英語を上達するコツは何だと言われていましたか？

3 放送を聞いて後の問に答えなさい。

問１　放送で出題します。

ア　100円　　イ　200円　　ウ　ヘルメット　　エ　雨合羽
オ　カギ１つ　　カ　カギ２つ　　キ　登録用紙　　ク　学生証

問２　放送で出題します。

問３　放送で出題します。

問４　放送で出題します。

【地図】

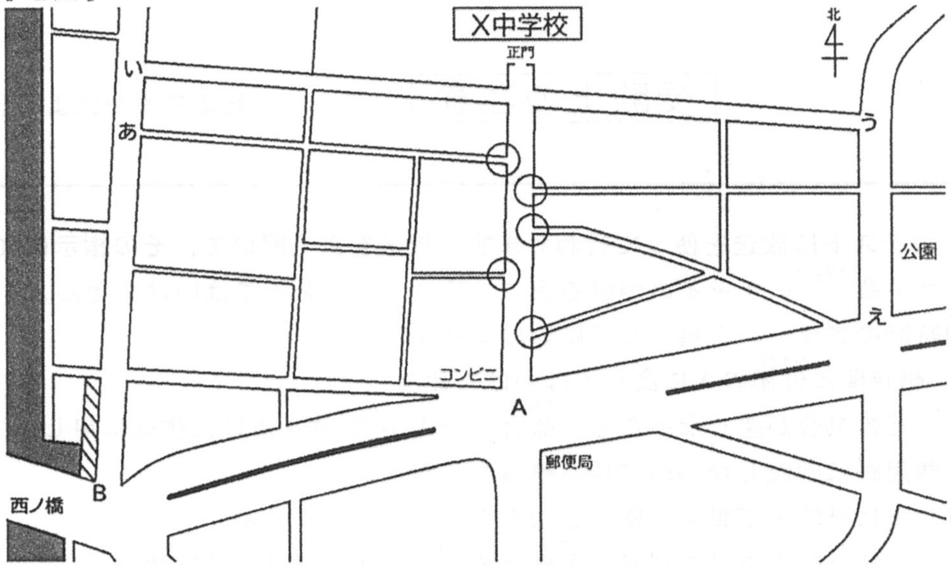

4　放送を聞いて後の問に答えなさい。

博物館出口での聞き取り調査結果の集計表（作成途中）

住んでいる所	男女別の人数	おとな	子ども
広島県内	男性　18　人	人	人
	女性　　　人	人	人
広島県以外	男性　　　人	人	人
	女性　　　人	人	人

問１　放送で出題します。

問２　放送で出題します。

問３　放送で出題します。

問４　放送で出題します。

問５　放送で出題します。

5　放送を聞いて後の問に答えなさい。

問１　ＡＩを表す言葉を四字熟語で答えなさい。

問２　話の中で述べられた，ＡＩが見られる身近な例を２つ答えなさい。

問３　ＡＩの知能が人間の知能を超《こ》えるのは何年であると言われていますか。

問４　この話を聞いてＡＩのある未来についてあなたは「希望」が大きいと思いますか，それとも「不安」が大きいと思いますか。理由とともに答えなさい。

6 放送を聞いて，後の問に答えなさい。なお，問題用紙の問の下にある「メモ１」～「メモ６」は放送の内容を参考にして利用してください。また，それらのメモの下にある英語の文字の並びは，必要に応じて自由に利用してください。

問１　放送で出題します。

問２　放送で出題します。

問３　放送で出題します。

メモ１	A B C D E F G H I J K L M N O P Q R S T U V W X Y Z

メモ２	IBM → HAL

メモ３	－１

メモ４	SHUDO

メモ５	ETGPA

メモ６	CARP

＊　この下にある英語の文字の並び（アルファベット）は必要に応じて自由に利用してください。
ここに何を書いても採点には影響しません。

A B C D E F G H I J K L M N O P Q R S T U V W X Y Z

A B C D E F G H I J K L M N O P Q R S T U V W X Y Z

A B C D E F G H I J K L M N O P Q R S T U V W X Y Z

A B C D E F G H I J K L M N O P Q R S T U V W X Y Z

A B C D E F G H I J K L M N O P Q R S T U V W X Y Z

2021年度　修道中学校入試問題

国語　解答用紙

210110

↓ここにシールをはってください。

受験番号

※125点満点
（配点非公表）

一

解答は、楷書《かいしょ》でていねいに書きなさい。

問一
①
②
③　い
④
⑤
⑥
⑦
⑧
⑨
⑩

問二
①
②
③
④
⑤

問七

二

問一

問二

問三

問四

問五
b
c
d

問六

三

問一

問二

問三

問四

という姿勢が必要なのに、…

問五

問六

問七

問八

2021年度　修道中学校入試問題

算 数　解答用紙

210150

↓ここにシールをはってください。

受 験 番 号

※125点満点
（配点非公表）

1

(1)	(2)	(3)
(4) cm²	(5) cm²	(6) g

(7)

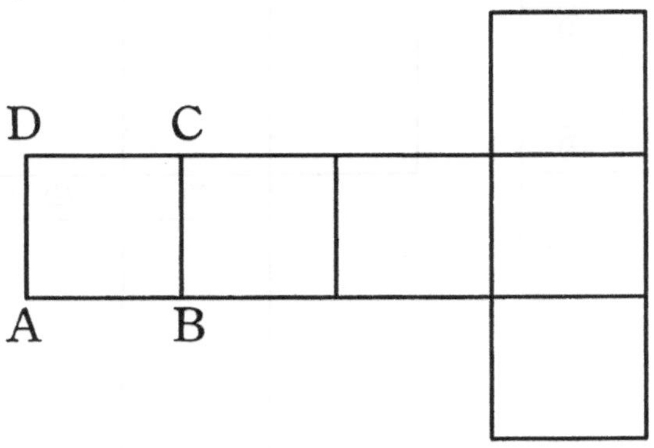

2

(1) ①	(1) ②	(2) 5時 分
(3) 度	(4) 通り	(5)

3

(1)	(2)	(3)
cm²	分後	分後

4

①	②	③

5

①	②	③	④
⑤	⑥	⑦	

2021年度　修道中学校入試問題

理 科　解答用紙

210140

↓ここにシールをはってください。

受験番号

※100点満点
(配点非公表)

1

問 1	
記 号	理　由

問 2				問 3
(1)	(2)	(3)	(4)	

問 4	問 5				問 6	
	(1)	(2)	(3)	(4)	A	B
と　　の間	座					

問 7			
(1)	(2)	(3)	(4)
座	座		

(5)	(6)		

2

問 1	問 2			
	①	②	③	④

問 3

問 4	問 5			問 6	
	(1)	(2)	(3)	(1)	(2)
					%

3

問 1	問 2	問 3	問 4
	倍	倍	倍

問 5	問 6	問 7
g	g	g

問 8

2021年度　修道中学校入試問題

社 会　解答用紙

210120

↓ここにシールをはってください。

受験番号

※100点満点
(配点非公表)

1

問 1				
A	B	C	D	E

問 2			
1	2	3	4

問 3			
①	②	④	⑤

問 4		
①	②	③

問 5

問 6

2

問 1
５世紀には九州から関東で　　　　　　　　　　こと。

問 2
聖武天皇が　　　　　　　　　　こと。

問 3

問 4

問 5

問 6

問 7	問 8	問 9	問 10	
			①	②

3

問 1	
1	2

問 2				
① (1)	(2)	(3)	②	③ 月 日
④		⑤	⑥ (1)	(2)
⑦	⑧ 核兵器を			⑨
⑩				

2021年度　修道中学校入試問題

C．T．解答用紙

210130

↓ここにシールをはってください。

受験番号

※100点満点
（配点非公表）

1

問1	チームの　　番目	問2	チーム	問3	チーム

2

問1	先生	問2	言語
問3			
問4			

3

問1	
問2	
問3 問4	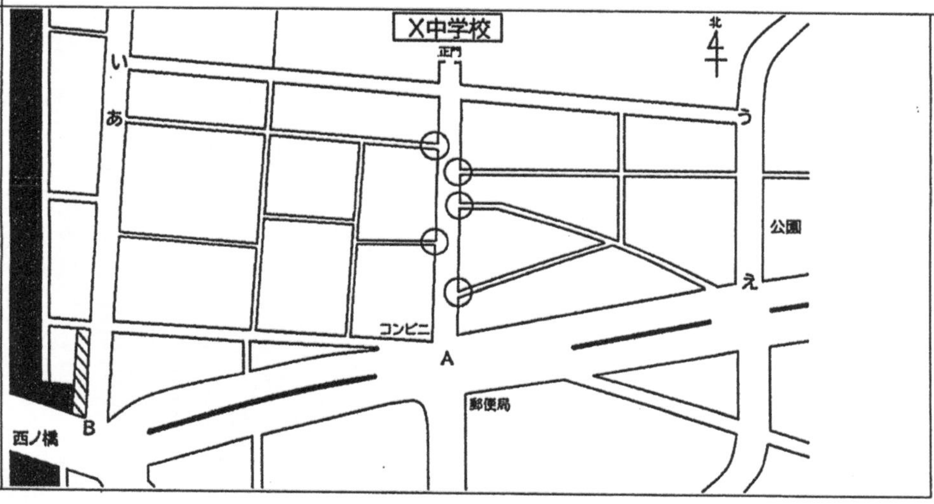

4

問1	人	問2	人	問3	人	問4	人	問5	人

5

問1		問2		
問3	年			
問4	（　　　　　）が大きい。なぜなら，（ ）から。			

6

問1		問2			問3	